青春之火与理论之光

新时代大学生理论宣讲社团工作案例汇编

复旦大学博士生讲师团　编

上海人民出版社

本书系2022年度上海学校德育创新发展专项“伟大建党精神的宣传教育现状和对策研究”（2022-dycx-206）和复旦大学咨政支持计划“新时代善用‘大思政课’的体系建构和路径创新研究”的阶段性成果。

主　编：陈　洁　孙冰心
副主编：谈思嘉　范佳秋　王周俊
统　筹：谈思嘉　左宗正

目录

一、提高政治站位，强化思想引领

探索高校思政工作新模式
汇聚广大青年建功新时代

——清华大学博士生讲师团“立言计划”的实践探索

一、基本情况

在清华大学博士生讲师团各种形式的宣讲中，宣讲实践是一道靓丽的风景线。将宣讲与实践结合起来，既有利于学生走出校门检验其知识储备和宣讲水平，并在实践宣讲中进一步内化知识、完善自我，又有利于促使新时代的青年走出校门，推动新时代的理念精神播撒到祖国各地。为此，清华大学党委研究生工作部、研究生团委特设立清华大学博士生讲师团讲师培养方案——“立言计划”。该计划通过理论传授、技能培训、专家指导、社会实践等方式全过程、全方位地培养理想信念坚定、政治素质过硬、理论功底扎实、表达能力突出的骨干讲师、青年马克思主义者和堪当复兴大任的时代青年。

自 2018 年 5 月起，清华大学博士生讲师团“立言计划”学员，紧密围绕习近平新时代中国特色社会主义思想之路和红色基因传承之路，以“走一路、学一路、讲一路”的形式，聚焦党的十九大精神、改革开放四十周年、建党一百周年、全面建成小康社会、党的十九届六中全会精神、科技创新等时代主题，广泛面向各地青年干部群众开展宣讲，开创性地探索了高校思政工作模式，取得了“育人育己、服务社会”的良好成效。四年间，清华大学博士生讲师团“立言计划”学员赴浙江、福建、河北和陕西等11个省份广泛开展宣讲实践活动100余场，取得了强烈的反响和广泛的好评。

二、案例背景

清华大学博士生讲师团“立言计划”以习近平新时代中国特色社会主义思想形成之路和红色基因传承之路为主线，广泛开展宣讲实践，动员广大青年干部群众参与学习，逐渐形成了以“走一路、学一路、讲一路”为核心的新模式，螺旋式强化思政工作效果。“走一路、学一路、讲一路”的宣讲实践模式，基础在“走”、目的在“学”、关键在“讲”，三者有机统一、相互促进，形成“育人育己、服务社会”的强大合力。具体宣讲实践列举如下：

2018年5月和8月，前往浙江嘉兴、湖州、金华、宁波和舟山等五个市基层实践学习，并面向农村、社区、企业和其他基层的干部等青年群体进行了20场宣讲，覆盖1500余人，得到团浙江省委书记朱林森的充分肯定和宁波、金华、舟山等多地媒体的报道。

2018年6月至9月，三赴福建，在福州、龙岩和宁德面向机关、社区、学校和农村各青年群体进行了21场宣讲，覆盖600余人，得到福建地方媒体的广泛关注和报道。

2018 年 9 月至 10 月，前往陕西和河北宣讲实践，面向延安和正定的党员、村民、青年干部等宣讲，得到当地党政机关的高度重视和听众群体的热烈欢迎。

2019 年 5 月，赴山东临沂市开展实践宣讲活动，面向临沂大学马克思主义学院、鲁南制药集团股份有限公司、临沂市行政服务中心，分别结合“新时代青年的历史责任”“党史与青年信仰”“传承中华优秀传统文化”“两会精神解读”“党管意识形态”等主题开展了宣讲交流活动。

2019 年 6 月，前往山东菏泽踏足革命和建设老区，扎根新中国成立初期的奋斗历史，学习了老一辈对“中国精神”的践行；并结合专业研究，向当地民众讲述民族精神、精准扶贫工作在新时代之我见，讲述青年人对中国精神在当今和未来中国之新义的思考与愿景。

2020 年 7 月，前往四川省南充市仪陇县，福建省龙岩市长汀县，浙江省杭州市余杭区三地，围绕“革命老区脱贫攻坚”与“大国发展”主题，开展“线下实地 + 线上云端”实践宣讲活动。

2020 年 11 月，前往河北省石家庄市井陉矿区开展实践宣讲活动，结合“党政建设与社会治理”主题，开展主题宣讲、实地调研、座谈交流、参观学习等形式多样的活动。其后前往革命圣地西柏坡开展组织生活会，集体参观调研西柏坡革命纪念馆、党的七届二中全会原址与西柏坡中共中央旧址，共同倾听革命故事，回顾革命岁月，感悟红色精神。

2021 年 3 月，前往习近平精准扶贫思想首倡地湖南省湘西土家族苗族自治州花垣县十八洞村，围绕当地脱贫攻坚的先进经验开展实践调研，并进行党史学习教育和基层实践服务，与当地开展红色“1+1”支部共建、校地合作交流座谈等活动。

2021年11月，前往中国共产党历史展览馆集体学习，包括宣讲、参观和分享三个环节，旨在打造沉浸式、互动型的党史学习教育，在参观革命文物中传承精神，在探访先辈足迹中洗礼思想，传递理论上清醒、政治上坚定的青年声音，强化与时代同行、为祖国奉献的青年责任。

2021年12月，前往北京市西城区西长安街街道开展理论宣讲与实践调研活动，为社区两委班子成员、驻区单位党员、新业态新就业群体、地区居民党员宣讲党的十九届六中全会精神及社会治理新思路。

三、主要做法

（一）在“走一路”上做文章

“走一路”是促进“学”和“讲”的基础环节，关键在于回答好“走哪里”“怎么走”两个问题。讲师团集中围绕习近平新时代中国特色社会主义思想形成之路和红色基因传承之路，将总书记工作过、奋斗过的地方，革命老区、贫困山区、前沿地区作为宣讲实践的落脚点。

“走哪里”：党旗所指、时代所向、青年所需。一是选择反映党和国家重大关切的实践地，通过宣讲实践凝聚青年听党话、跟党走。系列实践选择了“红船精神”的启航地嘉兴、精准扶贫的策源地宁德、“两山理念”的策源地湖州、“延安精神”的形成地延安，引领青年浸润红色文化、培育红色基因、坚定理想信念。二是选择反映时代主题的实践地，以“改革开放40年”主题为代表的金华，以“海洋经济强国”主题为代表的宁波、舟山等地成为了重要选择，引领青年汇聚时代潮头、洞悉发展脉搏、激荡奋斗力量。三是选择汇聚青年的实践地，讲师团走进福州台江青春社区里、走进正定选调生群体间、走进上杭县的青年学生中，引领青年共同探讨发展主题，明确青年责任，肩负使命担当。

“怎么走”：将理论与实践、历史与现实相结合。一是将理论与实践相结合，在实践地探寻党的理论方针政策的产生过程和现实基础。讲师团在实施乡村振兴战略的横坎头村、在改革开放蓬勃发展的义乌、在摆脱贫困的寿宁都留下了自己考查书本理论指导改革实践的足迹。二是将历史与现实相结合，探究具体问题的历史经验和未来趋势。从嘉兴红船的悠悠波纹到古田会议旧址的嘹亮军歌，从松毛岭的慷慨悲壮到杨家岭窑洞对的自信昂扬，助力青年在实践中探寻历史的记忆，从梁家河的知青岁月到福州苍霞旧城换新颜，从塔元庄村的脱贫致富到柏杨村的发展振兴，促进青年在历史中体悟不变初心。

（二）在“学一路”上下功夫

“学一路”是联结“走”和“讲”的中心环节，关键在于回答好“学什么”和“怎么学”两个问题。讲师团将理论与实践结合，进行全过程的学习活动，将学习习近平新时代中国特色社会主义思想落到实处。

“学什么”：书本上学理论、群众中学经验、榜样上学精神。讲师团成员紧紧围绕习近平新时代中国特色社会主义思想的鲜明主题，广泛开展多样化学习。一是从书本上学理论，讲师团在实践出行前就《习近平的七年知情岁月》《知之深　爱之切》《摆脱贫困》《之江新语》《干在实处，走在前列》《习近平谈治国理政》等著作进行了具有针对性的阅读研讨，厘清习近平新时代中国特色社会主义思想的发展轨迹，为实践探索筑牢了理论基础。二是从群众中学经验，在实践中向基层青年干部群众学习生产生活经验，少一点书卷气、多一些泥土气，深入认识国情、增长本领。三是从榜样身上学精神，在陕北梁家河，讲师团重温了《习近平的七年知青岁月》的点滴，学习青年习近平读“有字之书”又读“无字之书”的成长之路；在河北正定聆听县委党校老师讲“知之深　爱之切——习近平在正定的难忘岁月”的主题报告，学习习近平同志“从心底里热爱人民，把老百姓搁在心里”的群众观；在福建宁德，讲师团感受了“中国扶贫第一村”赤溪村翻天覆地的变化，学习习近平同志结合实际，干工作、办实事的本领，在学习榜样的过程中找到个人成长的方向。

“怎么学”：行前学，实地学，总结学。讲师团各宣讲实践支队组成学习小组和临时党支部，形成全过程的学习氛围。一是坚持行前学，讲师团出行前坚持进行集体备课，重点学习党的十九大精神“八个明确”和“十四个坚持”，针对宣讲地的主要特点开展集体研讨，致力打造更接地气的宣讲。二是坚持实地学，讲师团青年与梁家河村党支部的青年交流法治乡村的理念，与长汀县的青年交流网络助力乡镇发展，向宁德赤溪村的青年干部学扶贫经验，向福州马尾社工机构青年学习社区治理，在与当地青年的交流中增长本领、学有所得。三是坚持总结学，坚持在校外宣讲结束后进行集体总结和盘点。对宣讲实践中运用还不够扎实的理论进一步地读原文、悟原理，对实践中的经典案例进行整理和研讨，使之成为新的宣讲素材，在实践后形成了“不忘初心　牢记使命：红船精神的时代意义”“从义乌经验看改革开放40年的经济成就”“精准扶贫的探索与实践：回溯宁德的扶贫经验”等课程，进一步引领广大青年。

（三）在“讲一路”上抓落实

“讲一路”是集中体现“走”和“学”的关键环节，要回答好“讲什么”和“怎么讲”两个问题。讲师团充分发挥青春宣讲的优势与特长，想青年之所想、讲青年之所讲，将“天下事”讲成“身边事”，将“书面语”翻译成“知心话”。

“讲什么”：理论政策、理想信念和专业知识。一是以党的理论政策为主体，紧紧围绕习近平新时代中国特色社会主义思想和党的十九大精神进行宣讲，将改革开放、脱贫攻坚战、“一带一路”和乡村振兴战略等重大时代课题分为经济建设、政治建设、社会建设、文化建设和生态文明建设五个方面有针对性地进行解读，有助于提高听众理论水平和政策素养。二是以理想信念为动力，讲社会主义共同理想和中华民族伟大复兴的中国梦，以十九大规划的未来30年发展蓝图为核心对实现“两步走”和最终建成社会主义现代化强国的恢宏前景进行生动阐释，进一步坚定各个群体对马克思主义普遍真理的信仰和团结进取、努力奋斗的信心。三是以专业知识为载体，讲生产工作所需的专业知识，参加宣讲实践的讲师超过70人次，主讲人来自马克思主义学院、能源动力与工程系、工程物理系、社会科学学院、法学院、航天航空学院、五道口金融学院等21个院系，主题涵盖经济金融、生态环境、工程科技等多个专业领域，实现了文理交融。

“怎么讲”：创新内容形式，创新传播手段。一是针对新受众，创新内容形式。针对广大基层青年群体工作经验丰富，但理论知识相对缺乏、信息渠道相对闭塞、前沿知识相对不足的特点，讲师团成员做到“因材宣讲”，在内容中多增加科学常识的普及和背景知识的介绍，在表现形式上添加多媒体元素，在话语体系上少用理论术语，尝试用最质朴的语言阐释复杂问题。在延安宝塔区冯庄乡，来自工程物理系的2018级硕士生黑泽新用陕北方言做了一场别开生面的宣讲，赢得听众阵阵掌声和喝彩。二是顺应新形势，创新传播手段。在浙江嘉兴的“青禾大讲堂”宣讲中运用网络平台进行直播，来自马克思主义学院的2017级博士生徐铭拥的主题宣讲《新时代青年党员的历史使命》，点击量达9万余次。宣讲“上网”，既服务于更多有需求的青年群体，又提升讲师团的新型宣讲能力，还能扩大宣讲影响力。

四、工作经验

（一）搭建了汇聚青年、锻炼青年、联动青年的平台

一是通过外出宣讲实践汇聚青年力量，通过宣讲让基层青年收获了新鲜感，让基层青年有了生活的调味剂和工作的加油站。横坎头村的青年村民代表听完任威严“解读《习近平的七年知青岁月》”的宣讲后激动地说：“从来没想过还能这样开展党支部学习，而且讲师跟我们年纪差不多大，听起来更有意思。”宣讲还提升了听众的理想信念，用青年习惯的话语体系讲什么是“古田会议精神”、什么是共产党人的初心和使命，进一步坚定了基层青年对马克思主义的信仰。舟山港的青年码头工人对讲师们说：“之前总说要实现共产主义，但又觉得它离我们很远。但听你们讲了2035和2050计划，觉得离目标又近了。”二是通过外出宣讲实践提升青年的政治素养和理论水平，帮助他们在一定程度上解决平时工作中理论不足、知识不足的问题。在河北正定，有的青年干部对讲师说：“平时也学十九大报告，但是因为不理解，学了就忘，有时也想引用习总书记的讲话，怕说不好也不敢用。这次听懂了，以后也能给别人讲明白了。”

讲师团的宣讲形式还对各地共青团工作带来了启发，福建多地团干部表达了想向讲师团学习宣讲模式的意愿，计划之后也成立讲师团，更好地对基层青年进行思想引领。三是通过外出宣讲实践建立了同校外青年的长期联系，从而实现对众多青年的持久激励，起到了“唤起青年千百万同心干”的作用，做到了在思想上“代表青年，赢得青年和依靠青年”，在实践地青年当中掀起了一股学习和实践习近平新时代中国特色社会主义思想的新热潮，形成了校内校外青年的思想联动。

（二）实现了“育人育己、服务社会”的良性互动

育人：新理念、新形式。一是打破了传统宣讲的育人观念，树立了“一路一地皆有宣讲，一言一行皆可育人”的新理念。在外出宣讲实践中，讲师团把每一次座谈会当作宣讲会，把清华大学的育人理念、讲师团的成长历程以及新时代青年的历史使命等正能量加以传递；把每一次与当地青年的谈话当作宣讲会，把党的最新理论成果、方针、路线和政策用青年习惯的方式加以宣传，把“书面语”翻译成“知心话”；把每一次与老乡的聊天当作宣讲会，在认真倾听群众想法和意见的基础上为他们答疑解惑。二是在传统的宣讲会组织形式上，讲师团也进行了大胆创新，改变了以往单一的“讲师讲，听众听”的模式，设置了更多互动环节，预留更多的时间给听众提问。新的宣讲方式虽然对讲师提出了更高的要求，但换来的是宣讲对象实实在在的满足感和获得感。

育己：更坚定，更专业，更实践，更国际。一是将所见所闻所感内化于心，理想更加笃定，信仰更加坚定，让宣讲更有力量。一同到嘉兴瞻仰红船，组织以“红船精神”为主题的临时党组织活动，共同学习新《中国共产党章程》，重温入党誓词；同福建共青团一起学习党的十八大精神，牢记总书记嘱托，坚定理想信念，练就过硬本领，勇于创新创造，矢志艰苦奋斗，锤炼高尚品格，引领青年，服务青年，把最大多数青年紧紧凝聚在党的周围。二是学习了专业知识，既培养了讲师队伍的“红”，又延展了讲师团队的“专”。一次次共同参观、调研、走访的过程，就是一场场“学术轻交流”“思想微沙龙”。工程物理系博士林镇阳为了给宁波钢铁公司的职工做好以“能源革命和人类命运共同体”为主题的宣讲，专门组织了学生骨干中能源、动力相关专业的进行集体研讨。三是提升了实践能力，在共同学习中虚心向当地青年学习，学习组织群众、服务群众和干基层工作等方面的能力，改变讲师以往的单一面孔，培养“全面发展”的综合素质，提升应对各类复杂问题的能力，增强在社会实践中“既能动口又能动手”的解决实际困难的本领。四是提升了国际化水平，在浙江省安吉县天荒坪镇余村，来自阿富汗的外籍讲师沙明为村民们做了主题为“贫困与当代世界”的报告，青年村民对沙明流利的普通话很感意外，讲师们也从沙明身上了解到很多阿富汗及“一带一路”沿线国家建设的情况，增长了视野，拓展了格局。

五、工作成效

经过二十多年的成长历练，博士生讲师团已逐渐成为清华大学开展思想政治工作的重要创新载体，践行立德树人目标的重要方式，发挥服务社会职能的重要举措。未来讲师团将继续发挥主观能动性，充分凝聚青春力量。一是要持续优化“走一路、学一路、讲一路”的外出宣讲实践模式，实现既服务基层又锻炼队伍的深度融合和双向促进，夯实前期筹备、实地学习、宣讲实践和总结归纳各个环节，形成更加精致、精细的活动范式。二是要常态化推进培养和锻炼后备讲师人才的“立言计划”，将清华大学研究生团委、研究生会学生骨干纳入到培养体系当中，形成阶梯式培养层次和专业化锻炼平台。三是要推广宝贵经验，发挥“领头羊”作用，将好的办法分享给其他高校，扩大博士生讲师团的影响力和覆盖面，进一步提升宣讲能力和服务水平。清华大学博士生讲师团将继续坚持不忘育人初心，争做理论宣传的“扩音器”、青年视野的“传声筒”、时政热点的“翻译官”，将“天下事”讲成“身边事”，将“书面语”讲成“知心话”，助力推动习近平新时代中国特色社会主义思想入脑入心，与时代同向同行，为时代立言立行，以实际行动认真学习宣传贯彻党的二十大精神！

（黄 日，施华杰，龚柯钱）

清华大学博士生讲师团

清華大学
博士生讲师团
清華大学
博士生讲师团
立言计划宣讲实践

大学生理论社团理论学习、宣传与实践融合机制创新

——北京科技大学求是学会的实践探索

一、基本情况

北京科技大学求是学会（以下简称“社团”）的历史可以追溯到1992年成立的马列主义研究会。1995年，马列主义研究会改组，求是学会正式成立。求是学会以“探索人生、探索社会”为宗旨，以组织学生开展马克思主义理论学习、宣传和实践活动为主，学习运用马克思主义的立场、观点和方法，了解社会、思考人生、研究国情。团中央书记处第一书记贺军科同志为求是学会题词，寄予“努力当好引领校园文化的旗手”的殷切期盼。

经过多年的发展，求是学会建立起学校求是总会、学院求是分会、班级求是小组“三位一体”的组织体系，成为北京科技大学全校最大的学生组织之一。求是学会主要有“成长彩虹活动月”和“理论星光活动月”两大品牌活动。每学年的第一学期举办“成长彩虹活动月”系列活动，包括“走好大学第

一步宣讲公开课”“朗诵大赛”“求是园地”“宣讲大赛”“纪念‘一·二九’趣味跑”等。这些活动为学生提供了锻炼、成长、成熟、成才的舞台，帮助学生特别是新生适应大学生活，描绘出属于自己的绚丽彩虹。每学年的第二学期举办“理论星光活动月”系列活动，通过外出宣讲、暑期社会实践、“党史知识竞赛”、“演讲大赛”等将理论与实践结合起来，提高学生的思想政治素养。此外，还穿插有不定期的针对不同热点问题的座谈会、求是论坛、成果展及社团内部建设活动等。

二、案例背景

“00后”大学生思维活跃，兴趣广泛，传统的讲座、读书会等理论学习形式对他们吸引力较弱。对此，求是学会坚持在“真学真懂真信真用”上下功夫，不断优化创新既有品牌活动，探索新的活动形式。

“思悟行进”活动的构想，起源于一次不成功的读书会。那次原本设想由社团成员利用假期时间，自选一本马克思主义经典著作阅读，在开学后的读书会上分享读书收获。但在读书会上只有副会长一个人进行了分享，大部分社团成员在参加读书会的时候甚至连书都没有拿。经过调查发现，在社团活动中大部分社团成员一听到要读经典著作，就不由自主地产生畏难心理。再加上社团成员都面临着保研、出国等学业压力，电竞、追剧等娱乐诱惑，没有强大的驱动力，是很难坚持读原著、悟原理的。

“思悟行进”既是活动目标，也是活动内容。该活动将理论学习、宣传和践行融会贯通，从学生感兴趣、有话说的热点问题出发，引发学生深入思考，引导学生从阅读经典著作中“悟道解惑”，再通过宣讲、社会实践等形式及时巩固理论学习成果，最终实现思想进步、素养提升。

三、主要做法

（一）理论学习“有味道”

“思悟行进圆桌派”——一个好问题是理论学习的强大动力。“思悟行进圆桌派”是现在社团里最受欢迎的活动，也是社团吸引新成员的主要亮点之一。“圆桌派”采取“圆桌闲谈”的形式，邀请一位主持人、一位嘉宾和若干青年学生参与，氛围较为轻松。每期“圆桌派”精心设计青年关心、存在困惑的热点话题，鼓励青年深入思考和分析社会问题，提出自己的观点或困惑，在主持人及嘉宾的引导下，逐步深入问题的本质。

具体来说，以一次关注“消费主义”的“圆桌派”活动为例，首先是在社团内征集社团成员感兴趣的话题，有学生提出最近抖音、快手等短视频平台上炫富、浪费的事件很多，想知道应该怎样看待和分析这种社会现象。社团骨干经过讨论，认为这类社会现象确实引起了不少青年的困惑，决定开展一次深入分析和讨论“消费主义”的“圆桌派”，并邀请指导单位北京科技大学马克思主义学院研究社会思潮的老师做嘉宾。在“圆桌派”上，社团成员先是梳理社会上“消费主义”的种种表现，讨论应该怎样看待一些错误观点。主持人和嘉宾不时进行引导，嘉宾介绍了其学术研究成果，深入分析了这种错误社会思潮产生的深层次原因，留下供社团成员进一步思考的问题，如李大钊在北京大学工作收入很高，去世时家产却只有一块大洋，大部分工资都用作了党组织的经费，他是靠什么抵御住了“消费主义”的侵蚀?“圆桌派”的形式，改变了传统说教式、灌输式的理论学习，拉近了教育者与被教育者之间的距离，在闲谈中使青年受到教育，潜移默化地实现对青年思想的引领。“圆桌派”活动中，主持人及嘉宾还引导青年更加深入地思考，引导青年通过读书解决自己的困惑，为后续的理论学习活动打好基础。

“思悟行进读书汇”——读书要读出味道来。有一则流行甚广的关于陈望道的故事，其中提及“真理的味道是甜的”。为什么真理的味道是甜的?在“思悟行进读书汇”上社团成员找到了答案。翻开那些经典著作，感悟革命先辈们分析、解决问题的过程，其中蕴涵的深邃思想，字里行间所显示出来的深刻内涵跃然纸上。在社团活动中我们发现，组织大家学理论读原著，最重要的是要读出“味道”来。关键有两点，一是内容形式能否切合青年的认知特点和学习习惯，能否从“小故事”切入，引导青年思考“大道理”；二是能否让青年从书中汲取养料，也就是从书中得到对现实问题的启示。为了做到这两点，在读书之前，我们会详细梳理作者的写作背景、面临的时代问题，读完之后集体讨论问题是否得到解决，解决问题的逻辑是什么样的，对我们有何启示。

以上述“圆桌派”活动最后留下的问题为例，李大钊去世时家产只有一块大洋的党史故事，引发了学生走近李大钊、深入感悟李大钊的兴趣。对此，我们拿出一学期的时间，举办了李大钊著作系列“读书汇”。先是请马克思主义学院的老师为我们推荐了十几篇李大钊经典著作，然后，围绕青年李大钊确立马克思主义信仰的过程这条线索，认真研读，分组主讲。共同品读红色记忆里的“传世之作”，感悟百年党史上的“珍贵瞬间”。有社团成员说，通过品读，感受到了经典著作蓬勃的生命力，看到了李大钊身上信仰的光芒穿越历史，熠熠生辉。相较于传统的“读书会”，“读书汇”的形式更加丰富。除了社团成员自己读书分享外，还邀请了李忠杰、韩庆祥、刘书林、秦宣、肖贵清等名师名家参与“读书汇”活动。比如，党的十九大闭幕的第二天，我们就邀请了中央党校韩庆祥教授主讲北京市首场大学生学习习近平新时代中国特色社会主义思想活动，受到了《焦点访谈》等媒体报道。特别是近年来，乘着马克思主义学院数字化建设这股东风，我们在线上开展面向全国的“读书汇”活动，播放量能达到上万次。

（二）理论宣传“玩花样”

在上述“读书汇”活动中，通过品读，学生发现了许多与青年相关的很“燃”的名言警句，例如“青年锐进之子，宜有江流不转之精神，屹然独立之气魄。吾人在世，不可厌今而徒思过去，宜善用今，以努力为将来之创造”。在这些基础上，我们设计了宣讲，编排了党史小短剧，用经典著作回应当代青年的思想困惑。小短剧多次在校园内宣讲，受到了团中央书记处书记徐晓、教育部党史学习教育第二巡回指导组组长张光强等领导的认可和广大师生的欢迎。之后，我们又将这样的做法进一步推广，邀请党史专家、思政课教师、辅导员、离退休老党员等与青年共话党史，鼓励青年学生发掘党史中的金句名篇、感人故事，通过朗诵、演说、情景剧等多种形式抒发爱国爱党情感，展现新时代青年的理想与担当。

除了编排情景剧之外，求是学会在开展理论宣讲方面还做了很多探索。我们曾前往北京的赵全营镇、768厂社区、北汽公司、石头社区等企业和社区，密切结合职工和居民的生活实际，为他们带去了气势恢宏的诗朗诵《气满乾坤、梦舞神州》、鞭辟入里的主题演讲《新时代、新思想、新征程》、诙谐幽默的情景剧《畅谈十九大，发展新规划》等等。总之，求是学会以丰富多彩的形式、鲜活生动的事例展现新时代中国特色社会主义的制度优势和发展成就，以青年学子特有的视角感知和讲述国家发展的沧桑巨变。

（三）理论践行“见真章”

崇尚实践是北京科技大学的优良传统，2007 年，求是学会成员徐洪业开展的“京城乞丐调查”曾经轰动一时。近年来，求是学会一直坚持通过社会实践、志愿服务等多种方式积极践行所学理论，立志做知行合一的新时代青年马克思主义者。从 2017 年开始，求是学会每年组织学生社会实践大团，前往全国各地开展实践，以青春视角感受祖国发展现状，提高社团成员关心国家的责任意识，拓宽社团成员的知识面，培养德才兼备、全面发展的高素质人才；同时大力鼓励社团成员发挥所长，积极为中国社会发展献计献策。

2017 年，求是学会组织了“寻访中国精神”社会实践团，前往全国各地革命老区，探访承载中国精神的遗址与人物。社团成员重走行军路，用自己的脚步丈量艰险的山路，感悟不怕牺牲、前赴后继的坚定信仰；将《沂蒙山小调》改编成《新时代沂蒙颂》，歌咏军民水乳交融、生死与共的人民情怀。2018 年正逢改革开放四十周年，求是学会组建了“改革开放观察”社会实践团，分别赴全国改革开放典型地区，开展改革开放精神、成果、经验等方面的调研和宣传活动。社团成员深入基层，触摸泥土，走进居民家中搜集老物件、老照片，与人民群众促膝长谈，感受生活变迁。我们采撷改革开放中的一两片浪花，以折射改革开放的蓬勃大潮，整理出一部反映 40 年变迁的《改革开放百姓记忆》。2019 年至 2021 年，求是学会组建了新中国成立70周年、中国共产党成立100周年寻访实践团，收获了红色故事集、实践论文集、调研报告集、访谈录……沉甸甸的实践成果承载着革命事迹、红色精神。重走行军路、改编红色歌曲、采访历史亲历者……每次社会实践，求是学会的学生都亲身感悟不怕牺牲、前赴后继的坚定信仰，自觉成为红色基因的传承者。

除了暑期社会实践之外，求是学会还利用课余时间组建“北京革命史迹寻访”社会实践团。北京的革命史迹资源非常丰富，从戊戌变法到全国解放战争，涉及了中国近现代革命历史的整个过程，包括大量的革命博物馆，革命纪念馆，革命者旧居，革命烈士陵园，纪念碑、堂、祠……但是这些革命史迹有的保护不够，有的开发利用不足，尚未发挥应有的作用。求是学会的社团成员决心重拾革命记忆，利用课余和假期时间走访了北京市几乎全部的革命史迹，整理相关史料和文献，考察108处革命史迹，最终形成50余万字的《北京革命史迹寻访考察报告》。

四、工作经验

大学生理论社团是大学生学习马克思主义理论的重要阵地。作为学生基于自身兴趣自发形成的学生组织，理论社团具有思想开放、方式灵活、氛围轻松、朋辈带动等特点，在大学生思想政治教育和学生思想发展过程中发挥着重要作用。办好理论社团，需要持之以恒，多方发力。就理论社团自身而言：第一，要旗帜鲜明开展理论学习，不能忘却理论社团成立的初衷；同时，不断探索形式新颖、构思独特的活动内容和形式，充分激发社团成员的主观能动性，变被动灌输为主动学习。第二，要坚持知行合一，多开展有理论社团特色的社会实践活动，让社团成员在社会实践中接触社会，认识社会，感悟社会，体会团队协作、合作共赢的精神，凭借自己的专业知识为社会贡献自己的力量，在社会实践的过程中巩固理论学习成果，更加积极主动地改造自己的主观世界。第三，要加强社团成员能力培养，依托学校团委、马克思主义学院、学校宣传部等，为理论社团开展活动组织、公文写作、公众号运营等技能的培训，在社团活动中锻炼社团成员，形成理论社团整体的能力提升。

五、工作成效

求是学会成立至今，先后获评北京市“十佳理论社团”、全国“钢铁行业红旗团支部”，编辑出版《大学生头脑中的邓小平理论》《旗帜与行动》《青春的里程》等理论学习成果，相关事迹受到了《求是》《光明日报》《解放军报》《新闻30分》《焦点访谈》《新闻联播》等媒体报道，一大批社团成员毕业后逐步走向国家机关工作岗位和思想政治理论教学一线。

“思悟行进”活动开展以来，在理论学习方面，每周编辑出版理论学习周报，已累计发布120余期，理论社团成员在《思想教育研究》《北京教育（德育）》等期刊发表学术论文十余篇。在理论宣传宣讲方面，社团每年前往社区、企业开展理论宣讲十次以上，原创理论宣讲作品《十九大顶呱呱》《一场跨越时空的对话》等受到校内外广泛好评。2021年4月6日、4月9日、9月27日，《光明日报》分别以“深刻：时空对话中的共情”“师生读书汇中话党史”和“搞活形式，学通内涵”为题对相关活动进行了报道。在社会实践方面，获得全国大中专学生暑期社会实践三下乡“百强团队”三次、北京高校思想政治理论课社会实践优秀团队四次，获评北京高校思想政治理论课社会实践优秀论文评选特等奖、一等奖多次，出版《弘扬中国精神　培育核心价值》《红色记忆——北京革命史迹寻访》（三册）等图书。

（袁正臣，高　新）

党史学习教育
读书汇
北科大新闻网

北京科技大学“寻访中国精神，培育核心价值”暑期实践团出征仪式

理论宣讲要在"解渴"、管用、记得住上下功夫

——吉林大学博士生讲师团的实践探索

一、基本情况

吉林大学博士生讲师团（以下简称"吉大博讲团"）创立于2010年6月，是吉林大学党委研究生工作部领导下的研究生群团组织。吉大博讲团是吉林大学探索以朋辈宣讲和浸润教育为理念开展思想政治教育的重要载体，通过围绕党的理论、方针、政策以及时政热点开展学习和宣讲，实现思想政治教育工作"事、时、势"的统一。在十余年的发展历程中，吉大博讲团秉持"展学术之翼，播文明之火"的理念，以立德树人为根本任务，扎根高校、深入基层、走进一线，努力构建思想政治教育新模式，扎实推进育己育人的思政教育工作体系，培养了一批又一批坚定的青年马克思主义者，有效提升了思政工作的时代感、实效性和感召力，自2010年创办以后，已在校内外成功举办各类学术沙龙及教育宣讲活动千余场，宣讲轨迹遍布吉林省各大高校、企事业单位、党群社区及政府基层单位。党的十九大以后，吉大博讲团仅在校内开展的理论宣讲活动就有300余

场，产生广泛的影响力。守正创新、具有吉大特色、教学相长的讲师队伍，以及紧密结合听众思想实际、紧密结合生活实际、紧密结合群众路线的宣讲原则是吉大博讲团的一贯特色。

2022年，吉林大学博士生讲师团重新调整组织架构，规范组织制度，规划发展路径。目前，吉大博讲团拥有高水平的专家指导团队，由中央马克思主义理论研究和建设工程专家、教育部长江学者特聘教授、国家“万人计划”哲学社会科学领军人才韩喜平教授，国家“万人计划”教学名师邵彦敏教授，国家“万人计划”青年拔尖人才孙贺教授等专家组成；拥有多学科、专业化、经验足的讲师团队，由来自21个研究生培养单位的博士研究生组成，共40余人，其中金牌讲师3名。吉大博讲团用实干诠释吉大精神，用认真讲述新时代青年本色，用言行一致践行吉大学子的责任与担当。

二、案例背景

2022年4月25日，五四青年节前夕，习近平总书记到中国人民大学进行考察调研并发表重要讲话。随后，中央教育工作领导小组秘书组、教育部党组印发《关于教育系统深入学习贯彻习近平总书记在中国人民大学考察时重要讲话精神的通知》（以下简称《通知》），就做好学习宣传贯彻落实有关工作作出部署。为深入学习领会习近平总书记在中国人民大学考察时的重要讲话精神，吉林大学迅速掀起学习宣传贯彻热潮。吉林大学博士生讲师团在吉林大学党委研究生工作部的领导下开展了“深入学习领会习近平总书记在中国人民大学考察时重要讲话精神”系列宣讲活动。

三、主要做法

在“深入学习领会习近平总书记在中国人民大学考察时重要讲话精神”系列宣讲活动中，吉大博讲团一如既往地在“解渴”、管用、记得住上下功夫，把这一基本理念和要求贯彻到宣讲全周期之中，在筹划准备环节、宣讲开展环节、反馈反思环节采取一系列行之有效的措施，促成了此次宣讲的成功。

一是坚持集体备课和专家指导相结合，确保宣讲正确性。以学先行、先学先悟、专家导学指导把关的集体备课和专家指导机制是吉大博讲团提高青年讲师宣讲质量和效果的重要方法。讲正确、讲清楚、讲明白是理论宣讲“解渴”、管用、记得住的基本要求。讲师必须先学清楚、搞明白，才能避免出现“念歪经、念偏经”的错误，这是做好习近平总书记重要讲话精神的精准传递者和生动诠释者的重要前提。专家辅助导学是帮助青年讲师们正确领会讲话精神、精准把握宣讲重点的重要方法。党委研工部协调马克思主义学院，为博讲团聘请具有深厚理论功底、丰富宣讲经验的指导教师进行宣讲导学、指导和把关。例如，此次宣讲聘请的指导教师是中央马克思主义理论研究和建设工程专家，曾多次借调中宣部工作，多次参与理论读物编写和理论宣讲工作。在专家导学的帮助下，讲师对讲话精神、宣讲重点都有了深刻的认识，解决了一知半解、领会不通透的问题。此外，专家还在授课选题、课件制作、讲授技巧等方面作了具体指导和政治把关，帮助青年讲师进一步完善了宣讲专题设计，提升了理论宣讲能力。

二是坚持择优出课，确保高质量宣讲。吉大党委研工部和吉大博讲团始终秉持“成熟一门课，推出一门课”的原则遴选优质课程。推出宣讲课程的质量直接关系宣讲的成效，只有站位高、聚焦准、内容精、形式活的课程才能让宣讲起到“解渴”、管用、记得住的作用。吉大博讲团在集体学习结束后，组织全体讲师自愿选报题目，并完成宣讲稿和PPT初稿，而后按照同课异构的方式和择优选拔的原则，参考讲师个人研究专业背景，在每个选题中挑选一门精品宣讲课程在全校范围推出。最终，金牌讲师刘一帆，以“思政课是落实立德树人根本任务的关键课程”为题，从“这堂课很必要：人生的扣子从一开始就要扣好”“这堂课党重视：我们党历来高度重视思政课建设”“这堂课认真学：老师要用心教，学生要用心悟，达到沟通心灵、启智润心、激扬斗志”三方面进行宣讲。金牌讲师胡靖，根据习近平总书记在中国人民大学考察调研时提出的传承红色基因，加强校史资料的挖掘、整理和研究的要求，以“讲好吉大故事，传承红色基因”为题，深情回顾了百年党史中的吉大故事，并提出新时代吉大人如何续写青春新篇章的思考。金牌讲师陈超，以“走出建设中国特色世界一流大学的新路”为题，从为党育人、为国育才，以中国为观照、以时代为观照，严爱相济、润己泽人三个维度深刻阐述了习近平总书记所指出的建设中国特色世界一流大学的新路。讲师宁新杰，以“构建中国特色哲学社会科学”为题，阐释了什么是哲学社会科学以及中国特色哲学社会科学“特”在哪里，并结合党的历代主要领导人的重要论述讲解了哲学社会科学的重要性和构建中国特色哲学社会科学的紧迫性，以及如何构建中国特色哲学社会科学的问题。讲师陈洋，以“争做堪当民族复兴重任的时代新人”为题，从理论上解读了“什么是时代新人”，并就“如何做堪当民族复兴重任的时代新人”进行阐述。

三是坚持讲后反馈、复盘反思，了解宣讲成效，提升宣讲能

力。讲得好不好，要看受众喜不喜欢，有没有做到“解渴”、管用、记得住，受众群体的评价和意见是重要衡量指标，必须要看宣讲后的反馈。讲后反馈和总结提高是改进和进一步提升青年讲师宣讲能力的重要环节。吉大博讲团十分重视这一环节，将其固定化、制度化。吉大党委研工部与各研究生培养单位有着良好的沟通与反馈机制，及时回收各培养单位研究生对每场宣讲的意见，集中反馈至博讲团，为后续宣讲改进和完善提供帮助。此次系列宣讲结束后，党委研工部将反馈意见汇总给五位讲师。五位讲师以线上腾讯会议的形式召开集体复盘反思交流会，通过复盘的方式，分析各自在宣讲中的成功经验和不足教训，相互提出改进建议，特别对于共同存在的问题进行深入探讨，寻求解决方案。交流会结束后，培训部将会议纪要报告给学校党委研工部负责教师。

四、工作经验

新时代大学生理论宣讲是打通高校理论武装“最后一公里”的重要途径，是党的宣传战线的组成部分。宣传工作的落脚地在“传”，着手点在“宣”，只有聚焦“传”的效果来“宣”，才能做好宣传工作。从吉大博讲团的宣讲工作案例可以得出的一个重要启示就是，要在“解渴”、管用、记得住上下功夫做好宣讲工作。这就需要青年讲师处理好以下三个方面的问题：

一是坚持理论宣讲的政治性和严肃性。必须从政治性和严肃性上看待和认识高校学生理论宣讲。习近平总书记指出：“宣传思想工作就是要巩固马克思主义在意识形态领域的指导地位，巩固全党全国人民团结奋斗的共同思想基础。”“意识形态工作是党的一项极端重要的工作。”新形势下，意识形态领域斗争复杂尖锐。“历史和现实都警示我们，思想舆论阵地一旦被突破，其他防线就很难守得住。在意识形态领域斗争上，我们没有任何妥协、退让的余地，必须取得全胜。”宣讲就是有逻辑性、有条理性地在一定范围内公开宣传党的创新理论和路线方针政策、中央重大工作部署、中央关于形势的重大分析判断。青年讲师必须在思想上深刻认识到宣讲工作是一项严肃的具有很强专业性、政治性的事务，不能将其与个人演讲、工作报告、学术研究汇报、科普等混为一谈。

二是坚持宣传要求和受众需要相结合。高校学生理论宣讲既要符合中央对宣讲的要求，也要满足受众群体对宣讲的需要。提高宣讲质量和水平，关键是把握好时、度、效，增强吸引力和感染力，让大家爱听爱看、产生共鸣。基层宣讲的要旨在于通俗易懂，保证受众能够听得懂、听得进、愿意听，讲到受众心坎里，做到“解渴”、管用、记得住。高校学生理论宣讲的受众主要是学生群体，因此，开展宣讲要关注青年的特点。在内容上，要想青年之所想，讲青年之所讲，努力将“天下事”讲成“身边事”，将“书面语”讲成“知心话”，让宣讲的内容浸润广大青年、入脑入心。在宣讲方式上，要探索学生喜闻乐见的方式，例如可以采用微直播、微宣讲、微记录等多种网络传播方式进行宣讲。总而言之，就是用学生群体喜欢的内容和方式，达到讲清楚蕴含其中的学理、道理、哲理、情理，以深刻内涵滋养人、以时代精神感召人的效果。

三是坚持标准化流程和创新性方式相结合。宣讲是程序性的工作内容，不是随意的活动。开展宣讲工作必须严格按照宣讲标准流程进行，该有的环节不能缺失。对于讲师来说，前期对宣讲原素材的集中研读和培训、打磨讲稿和 PPT、试讲修改、讲后反思总结经验教训等环节都是必备环节。前期学习很重要。讲师必须在学习中对标中央要求、领悟中央精神，对宣讲内容的前因后果、历史现状等都有充分的了解，做到自己先行把要点吃深吃透。讲稿PPT打磨很重要。讲稿和PPT是宣讲的基础性工具，要做到先有讲稿、后有PPT，内容有理有据、有声有色、环环相扣、引人入胜。讲后反思很重要。对已完成的宣讲进行经验教训总结才能更快促进青年讲师自我进步。

五、工作成效

从学校研究生工作部收到的1000余份学习心得反馈中可以明显看出，此次宣讲在推动习近平总书记重要讲话精神入脑入心入行上起到了良好效果，强化了认同感、激发了使命感。例如：马克思主义学院一名博士研究生在观看直播宣讲后表示，“作为一名马克思主义中国化研究专业的学生，学习了总书记的重要讲话，深感自己责任重大，一定要学好、用好马克思主义这一强大思想武器，努力研究当代中国亟须解答的理论问题、实践问题，努力成为一名合格的思政课教师”。法学院一名硕士研究生谈道，“学习习近平总书记的重要讲话让我更加深刻地认识到，专业学习应以中国为观照、以时代为观照，立足中国实际，解决中国问题，不断推进法学理论创新，为完善中国特色社会主义法学体系贡献青春力量”。“深入学习领会习近平总书记在中国人民大学考察时重要讲话精神”系列宣讲活动既全面系统又突出重点，既有理论又有实践。系列宣讲结束后，学校在读研究生普遍对此次系列宣讲有很高评价，纷纷表示收获颇丰，认为这是一场“思想春雨”，非常亲切“解渴”。

（刘一帆，李天娇）

“总结百年奋斗史・接续赶考新时代”
党的十九届六中全会精神学习教育宣讲系列活动——
博士生讲师团走进建设工程学院研究生党支部
宣讲人：博士生讲师团、吉林大学马克思主义学院　刘一帆
2021年12月14日

坚守本色　锐意创新

——复旦大学博士生讲师团的实践探索

一、基本情况

复旦大学博士生讲师团（以下简称“复旦博讲团”）成立于2002年，是全国高校中最早成立的大学生理论宣讲团体之一。二十余年间，复旦博讲团秉承“学以致用双向增进，宣传理论服务社会”的宗旨，组织研究生深入基层党支部、机关、企业、中小学校、农村等宣讲党的理论，足迹遍布中国大地，累计为各类机构和单位开展理论宣讲3500多场，覆盖受众将近55万人次，受到社会各界广泛好评，并曾先后荣获全国“四个100”最佳志愿服务组织、全国基层理论宣讲先进集体、中国青年志愿者优秀组织奖等荣誉。2019年，复旦博讲团的宣讲事迹受到中宣部黄坤明部长的肯定，并于同年受邀赴京面向中宣部机关及直属单位600余位干部开展宣讲。

二、案例背景

2022 年是复旦博讲团成立二十周年。2002 年成立之初，复旦博讲团以“复旦大学 21 世纪研究生学术实践互动讲师团”为名，团队仅有 14 人的规模。二十年时间里，在复旦大学党委的关心、指导和支持下，在 1200 多位讲师的接续奋斗下，复旦博讲团蓬勃成长。

历经二十年发展，复旦博讲团团结凝聚了一批有理想、有信念的研究生，建立起了一套可复制的大学生理论宣讲机制，总结了一系列长效发展经验。时值党的二十大胜利召开，复旦博讲团将自身二十年实践经验与学习宣传贯彻党的二十大精神紧密结合，将大学生理论宣讲新模式、组织发展新经验等不断推广，示范和带动高校学生理论社团的发展，引领更多青年投身理论宣讲、思想引领、服务社会，提升高校学生学习、研究、宣传党的创新理论的浓厚氛围，持续推进党的理论在基层落地生根，引领青年和基层群众为全面建设社会主义现代化国家、实现两个百年奋斗目标、推进中华民族伟大复兴而团结奋斗、贡献力量。

三、主要做法——坚守“三个本色”，筑牢青年宣讲价值基石

一是坚守听党话跟党走的政治本色。复旦博讲团始终把党的理论、路线、方针、政策作为宣讲的首要内容，从 2007 年开始，复旦博讲团每年都会开展理论主题宣讲，党的十八大和十九大的主题宣讲带来了团队规模的两次飞跃。党的十九大

后，复旦博讲团每年组建主题宣讲团，围绕党的十九届四中、五中全会与改革开放40周年、新中国成立70周年、《共产党宣言》精神、脱贫攻坚、“四史”、百年党史、抗疫精神、学习党的二十大精神等10多个主题，建设课程超过200门。为宣讲好党的二十大精神，复旦博讲团设计了二十大主题理论宣讲“1+5+X”方案，做好党的二十大精神解读，产出“一系列原原本本学课程＋五个牢牢把握宣讲课程＋多种类宣讲产品”，通过构建多维度、多形式的主题宣讲产品矩阵，全面系统讲好党的二十大精神。

二是坚守从群众中来到群众中去的服务本色。2004年起复旦博讲团从复旦走向社会，2014年从上海迈向全国。二十年来，复旦博讲团坚持理论宣讲的服务属性、公益属性，依托高校思政教育与学术资源，将社会所需立为宣讲靶向，用校内所学回应群众需求。基层群众想听什么，我们开发什么——宣讲内容、形式符合广大受众的利益诉求，同时结合高校专业教育、实践育人，让学生扎根基层、贴近群众，让理论深入人心、落地生根。针对不同受众，复旦博讲团创新分众传播模式，把理论讲到群众的“急难愁盼”上，并根据听众的反馈，对课程和讲师开展分级评定评优。群众在哪里，课程就在哪里，二十年来，讲师团进过军营、进过企业、进过社区、进过大中小学，也下过田间地头。“面向群众认真上好每一节课”是复旦博讲团的态度和承诺。

三是坚守立德树人、教学相长的育人本色。讲以学为先，学以致用是高校学生开展理论宣讲的实践逻辑，也是大学生理论宣讲的主要特点。复旦博讲团在学有所得的基础上，进一步将专业所研、理论所悟转化为科普素材，这既是一种理论到实践的具体化，同时也蕴含实践指向理论的升华。这种“输入”

与“输出”的双向促进早已成为复旦博讲团开展工作的题中之义。通过集体备课、实践参访、田野调查等一系列讲师培养活动，不断磨砺讲师的心性、深化理论认知、提升家国情怀，也将宣讲与研究结合在一起，与职业选择联系在一起，与品格的坚定联结在一起。讲师有家国情怀、人民情怀，才能做更接地气的学问。过去二十年间，复旦博讲团培养了诸多金牌讲师，他们在各行各业学以致用、发光发热，并以实际行动服务社会，展现复旦博讲人的面貌。

四、工作经验

（一）探索“四个走向”，强化青年宣讲引领实效

近年来，基层对理论阐释的要求越发深入，群众的需求也越发丰富。如何在新时代讲好党的创新理论、培养好学思践悟的理论宣讲青年？面对这些挑战，复旦博讲团在复旦大学党委的领导下锐意进取，不断探索。

一是课程内容，从分散走向系统。经过二十余年的探索，复旦博讲团根据听众反馈，做到三个“有的放矢”。一是设计上有的放矢，紧紧围绕学生与社会需求，逐步建立起了“百科全书”式的大型讲座资源库，根据需求设计了包含党的理论、时政热点、法治中国、健康中国、人文百科、自然科普在内的六大课程体系，邀请校内各院系有针对性地补足块面中缺失的课程。二是推广上有的放矢，基层社区对于科普、医疗、人文课程的需求高，复旦博讲团给社区推出针对性的课程套餐，在科普课程外增加几门合适的理论课程，增强党的理论普及度，形成引领效应。三是宣讲上有的放矢，复旦博讲团坚持细分受众、

回应关切，通过调研、走访等方式，总结群众关心的热点、难点问题，把理论讲到群众的“急难愁盼”上。宣讲受众可自主选择讲座主题，沟通讲座内容、宣讲场地、人数规模、讲座时长，复旦博讲团根据点课方需求做个性化调整，保证讲座的最佳效果，实现讲座大中小规模的一体化、规范化，使得理论宣讲真正地走入基层、走近群众。

二是宣讲形态，从单一走向多元。面对新时代媒体传播的新特点，复旦博讲团将宣讲从单一课堂推向情景化、网络化和互动式发展。在内容编排上增加身临其境的宣讲素材；内容呈现上增加网络产品形式；讲述角度上注重主讲人和听众的情况，“贴着”讲、“实着”讲。2022年下半年，复旦博讲团和学习强国上海学习平台合作推出“研读新时代”系列视频，从“青年视角”和“个人经历”出发讲述大课题，每个主讲人和主题之间都有联系，以小见大、以青年看世界，形成网络视频产品，单集播放量突破210万次。党的二十大胜利召开后，复旦博讲团推出红色巴士研学实践“党的二十大精神专线”，用一辆红色巴士串联起沪上红色地标，讲师团的讲师化身为移动课程“讲解员”，通过上车听讲解、下车进场馆的方式把党的二十大精神备成一门“行走的党课”，辐射引领全校学生沉浸式研学。

三是组织架构，从一级扩展到二级。近三年间，在各院系的大力支持下，复旦博讲团建设了15家分团，涵盖文、社、理、工、医各学科大类，从组织上探索理论宣讲类社团建设的新形式。复旦博讲团总团为分团提供管理指导和资源供给，为每个分团明确提供课程建设重点；分团则为主团提供资源共享，在保障一定量具有院系学科特色的分团自有课程基础上，在系统性课程建设方针的指导下，协同开发主题宣讲类课程，确保课程建设的深度与广度，在校内形成具有互补优势的校、院两级宣讲矩阵。

同时，复旦博讲总团通过组织集体备课交流、制定讲师培养计划、开展星级分团评定、支持建设经费等方式助力分团发展。

四是示范引领，从相互切磋到宣讲共同体。在开展好自身的理论宣讲基础上，复旦博讲团积极引领和带动上海市各级各类理论宣讲团体相互交流、共同进步。复旦博讲团作为骨干或秘书单位参与筹建了上海市高校学生理论宣讲社团联盟、上海市大学生理论宣讲联盟，覆盖沪上五十余所高校。通过定期举办论坛、培训、联合宣讲等活动，和兄弟高校的学生理论宣讲团队共同打造品牌项目，打磨精品宣讲课程。复旦博讲团连续5年主办上海市高校学生理论宣讲微课程比赛，课程报名数累计达到400个。复旦博讲团在全国范围内积极联合其他高校理论宣讲社团开展联合宣讲，融通高校理论宣讲资源，先后组织北京大学、武汉大学、西安交通大学等十余所高校参与各类联合宣讲二十余场，和兄弟高校的宣讲团一起共研互促讲好党的理论。

（二）建设“三大体系”，健全青年宣讲质量保障

过去二十余年，尤其是在党的十八大以来的宣讲实践中，复旦博讲团探索了许多良好的建设经验。近年来，复旦博讲团将这些经验系统梳理完善，形成三套体系。

一是课程质量的“八环节”控制体系。为讲好基层群众切实需要的理论宣传，复旦博讲团通过遴选、选题、备课、三轮试讲、跟讲、反馈共计八个环节，辅之以集体学习、集体备课、专家指导三类课程辅导，建立涵盖备课—宣讲—反馈的全流程加强质量监督把控机制，注重在各个环节都严控课程内容，打磨讲师技巧。遴选环节即把好讲师的入口关。讲师选拔突出政治素质和专业素养，复旦博讲团在研究生党建类社团、校院两级学生骨干、党团支部骨干中广泛建立讲师库，做到了人才培育的源头前移，建立讲师申报面试制度，严格选拔考核，坚持优中选优，保障了人才选拔政治上的可靠性与能力上的优质性。选题环节即把好课程的方向关。复旦博讲团建立至少三轮的选题审核机制，组织集体学习会、讨论会，聘请专家指导老师参与选题讨论，严格把控选题方向、选题质量。备课环节即把好课程的内容关。通过自学备课、集体备课、分组备课等形式，复旦博讲团促进讲师在学中备课、在研中备课，课程讲稿分别由老讲师、专家指导老师进行多轮审核和集体讨论。三轮试讲环节即把好课程的效果关。在完成课程讲稿的初步审核修改后，复旦博讲团对新讲师组织三轮试讲，分别由老讲师、相关专业专家老师、教育和授课相关的专业老师对课程内容、授课技巧进行集中把关。跟讲环节即把好课程的传播关。在讲师进行宣讲时，复旦博讲团1∶1配置工作人员全程跟随讲师进行跟讲，和点课单位建立联系，在现场记录宣讲情况，并收集受众的反馈和意见。反馈环节即把好课程的长效建设关。在定期收集和整理受众反馈意见的基础上，团内组织讲师开展集中学习和研讨会，逐一就受众意见进行讨论、反思，并结合时政理论的发展更新，不断有针对性地提升讲稿和讲课技巧，保障课程质量的长效化。通过以上八大环节，复旦博讲团的课程建设质量得到有效保障，讲师在备课、宣讲的过程中也不断促进自我反思、自我提升，其自身的理论素养、综合能力也得到了长足的提升。

二是传播推广的“3+6”模式。通过三大分众渠道与六大课程模块相结合，开展分众化精准化宣讲。面向党员、居民和定点单位分设三大类分众传播渠道，一方面是鼓励和指导讲师针对不同类型的受众，在基础性教学大纲的基础上形成同一门课的不同版本；另一方面，复旦博讲团在课程设置上面向不同群体具有鲜明的导向，面向定点单位根据单位具体情况和要求设计定制课程。六大课程模块中，党的理论宣讲课程主要面向高校、社区、国企、机关的党政干部组织党的创新理论学习；时政热点、法治中国课程主要面向农村村民、社区居民等普及涉及国家安全、经济发展、社会保障、生态环境保护等方面的国家政策精神；科普和传统文化课程集中面向中小学、基层社区开展。

三是管理激励的“三分法”。通过分类管理、分级激励、分阶培养，提升讲师的积极性，形成打磨完善课程的良性氛围，将讲师的服务和个人成长结合起来，真正实现以学促讲、以讲促学的双向增进。分类管理，包括分学科管理和分团两级管理两个方面，在分学科管理方面加强不同专业、校区讲师之间的互动交流，在分团管理方面形成校院两级讲师管理机制。分阶培养，采取“四阶段分期”，即第一阶段兴趣激发，通过相近专业以老带新机制引导新讲师激发宣讲兴趣、深耕宣讲专业领域；第二阶段理论素养积累，开展系列理论培训、读书会研讨会，提升理论素养；第三阶段实践能力培养，通过调查研究、红色寻访等形式增强讲师自主探索的能力和意愿；第四阶段就业引导，加强对讲师的生涯规划和就业引导，组织实习实践活动。分级激励，复旦博讲团积极拓展讲师的选用与培养渠道，建立分级激励制度，以一个学年为一个考核周期，以学期内完成授课量、跟讲场数以及授课满意度反馈等为多重考核标准，依据学年综合表现，进行星级讲师的评定，依据讲师星级情况，复旦博讲团在课程建设资金支持、评奖评优、实习实践推荐、宣传推广等方面给予更大支持。

五、工作成效

复旦博讲团二十年坚持宣讲理论的初心，把党的理论、路线、方针、政策作为宣讲的首要内容，突出宣讲的政治属性，先后推出“《共产党宣言》精神”、百年党史、党的二十大精神学习等多系列主题宣讲课程。复旦博讲团坚持服务基层的导向，在校内引导各院系孵化有专业背景的分团15个，开发了包含理论、政策、法律、金融、科普、文化、医疗卫生等在内的多个课程集群。2019年5月，时任中宣部部长黄坤明同志在上海调研期间，充分肯定了复旦博讲团的工作经验与成效。按照黄部长批示精神，复旦博讲团于2019年6月26日在中宣部机关“讲政治、强本领”大学习主题讲坛，汇报工作心得。

复旦博讲团二十年坚持立德树人的本心，深入基层一线提供兼具政治性、专业性、通俗性的主题宣讲，针对党员、基层居民和定点单位等三类主要受众群体，开展分众化、精准化宣讲，引导大众接受新理论、新思想、新方略；丰富乡村、偏远地区理论学习资源，助力宣讲进基层、宣传入人心。党的十八大以来，复旦博讲团组织讲师走进上海新时代文明实践各级阵地，走过近百个乡村和红色地标，通过一系列实践服务活动引领复旦研究生学子走进中西部乡村和社区一线，在基层实践中学思践悟，为当地治理的进一步推进与经验总结提供参考。

复旦博讲团二十年坚持广泛引领的恒心，在校内外营造浓厚理论宣讲氛围。2016年，在上海市教卫工作党委指导下，复旦博讲团牵头成立上海市高校学生理论社团联盟，推动提升高校学生学习、研究、宣传马克思主义的浓厚氛围，合力打造高校学生理论社团建设。上海市高校学生理论社团联盟成立之后，复旦博讲团牵头举办上海市高校学生理论社团联盟2017年联席会议、第二届高校学生理论社团建设研讨会等，推动了联盟成员单位整合资源、优势互补、协同发展、共同提高，推进上海市高校学生思想政治教育工作和校园文化建设。2019年，在上海市委宣传部、市教卫工作党委的指导下，上海市大学生理论宣讲联盟正式成立，联盟的秘书处也设在复旦博讲团。复旦博讲团还放眼全国，与国内各高校理论宣讲团队开展了深入交流合作，举办多场集体备课、联合宣讲，于2022年举办“与党同心　跟党奋斗”复旦大学博士生讲师团二十周年庆祝活动暨大学生理论类社团宣讲工作案例论坛，引领全国大学生加强理论学习，实现了立足上海、辐射全国、放眼世界，把自身的理论宣传模式、经验推广到更远处，在全国范围内促进形成高校理论宣讲互动联动。

二十余年间，复旦博讲团在学思践悟中坚定理想信念，在奋发有为中践行初心使命，取得了一系列育人成果，先后获得上海市杰出大学生志愿者服务队（2005年）、杨浦区青年志愿者先进集体（2005年）、上海市志愿服务先进集体（2007年）、上海市教育系统迎世博百个大学生志愿者服务团进社区活动优秀项目（2009年）、上海市青年中心优秀社团（2009年）、上海教育系统校园文化优秀项目（2010年）、上海市志愿服务先进集体（2011年）、上海市中国梦主题群众性宣讲活动优秀宣讲团（2014年）、杨浦区先进基层党组织（2016年）、复旦大学先进基层党组织（2016年）、复旦大学优秀学生集体（2016年）、复旦大学优秀学生集体标兵（2016年）、杨浦区终身教育十年突出贡献奖（2016年）、全国“四个100”最佳志愿者服务组织（2016年）、上海市基层理论宣讲先进集体（2017年）、全国基层理论宣讲先进集体（2017年）等荣誉。

六、总结

二十载风雨征程，二十年持续接力。复旦大学博士生讲师团团结凝聚了一批有理想有信念的研究生，以星星之火呈燎原之势，在此过程中建立起了一套可复制的大学生理论宣讲机制，总结了一系列长效发展经验。复旦大学博士生讲师团将继续以习近平新时代中国特色社会主义思想为指导，不断加强自身理论学习，丰富课程内涵，发挥示范引领效应。面向未来，复旦博讲团将一如既往用真心讲好中国故事，用实干担当青年使命，以实际行动与党同心、跟党奋斗，发挥在青年理论宣讲中的带头作用，为在新时代新征程上宣传好党的理论而不懈努力、持续奋斗，书写青年理论宣讲更灿烂的明天！

（孙冰心，范佳秋，左宗正，纪明岑，赵易安）

中宣部机关“讲政治、强本领”
大学习主题讲坛
主　题：砥砺初心 永久奋斗——青年马克思主义者的成长与担当
主讲人：复旦大学博士生讲师团
复旦大学博士生讲师团

以青春之声　传理论之魂

——上海交通大学“声入人心”学生理论宣讲团的实践探索

一、基本情况

上海交通大学“声入人心”学生理论宣讲团于2018年成立。宣讲团以马克思主义学院青年学生为授课主体，以宣传阐释党的创新理论为根本使命，以饱含青春气息深刻生动的宣讲为特色，努力做到理论与实践、历史与现实、内容与形式的有机统一，广泛深入大中小学、企事业单位、党政机关、基层社区开展宣讲活动，取得了良好的社会反响。截至2022年，宣讲团累计开展宣讲活动600余场，时长20000分钟，受众达3万余人，对象涉及青年学生、党员干部、企业职工、基层群众，足迹遍布上海、湖南、湖北、江西、河南、陕西、福建、贵州、山西等16个省份。宣讲团已经成为上海交通大学宣传习近平新时代中国特色社会主义思想的一张靓丽名片。

二、案例背景

习近平总书记在2018年全国宣传思想工作会议上指出："要加强传播手段和话语方式创新，让党的创新理论'飞入寻常百姓家'"。为贯彻落实总书记重要讲话精神，上海交通大学充分发挥青年学生在理论宣讲中的独特优势，精心组建学生理论宣讲团，积极传播党的创新理论，助力讲好中国共产党的故事。

三、主要做法

一是把彻底的理论讲彻底，打造宣传新思想的理论轻骑兵。马克思指出："理论只要说服人，就能掌握群众；而理论只要彻底，就能说服人。"朝着这一努力方向，宣讲团始终把宣传习近平新时代中国特色社会主义思想作为重中之重，下苦功夫学习领会这一重要思想所蕴含的理论逻辑、实践逻辑、历史逻辑，注重以权威的文本、科学的论证和严密的逻辑全面展现新思想的理论魅力、习近平总书记的人格魅力和中国发展的成就魅力。

党的十九届六中全会召开后，宣讲团第一时间联合上海市闵行区新时代文明实践中心、上海市黄浦区团委、上海大学等单位开展宣讲工作，精心培训、选派成员参加上海市十九届六中全会精神宣讲志愿者工作，着力提升宣讲新思想的理论深度。时任上海市委书记李强同志勉励宣讲团要继续发挥青年宣讲团的作用，把学思践悟落到实处，融入宣讲当中。

为做好党的二十大精神宣传工作，宣讲团举办"交辉二十——贺百年芳华　扬青春之声”微宣讲主题活动，引导青年学生深入学习领会党的二十大精神。

二是挖掘理论宣讲的历史底蕴，争做讲好党史故事的红色宣传员。历史是最好的教科书，也是最好的营养剂。习近平总书记指出：“全面宣传党的历史，充分发挥党的历史以史鉴今、资政育人的作用，是党和国家工作大局中一项十分重要的工作。”宣讲团以总书记重要讲话为根本遵循，注重挖掘理论宣讲的历史底蕴，以学习宣传党的历史为重点，引导宣讲对象做到知史爱党、知史爱国。

为庆祝党成立百年，2021 年宣讲团积极参加党史学习教育活动，立足上海这党的诞生地、初心始发地、伟大建党精神的孕育地，与中共一大会址、二大会址、四大会址、共青团中央机关旧址、上海市中共党史学会等单位共同开展全方位、立体式宣讲活动。在庆祝中国共产党成立 100 周年倒计时 100 天之际，宣讲团推出“青年话党史，声动树英模——党史故事 100 讲”党史学习课程，基于严谨客观的历史事实，通过原创漫画、录制音频等形式生动讲述党史上的感人故事，营造党史学习浓厚氛围。此后，宣讲团继续开展“手绘巨幅长卷、庆祝建党百年”红色党史故事手绘活动，让党史学习教育更富青春气息。

三是面向社会生活大课堂，培养“大思政课”建设的有力助攻手。2021 年 3 月 6 日，习近平总书记在看望参加全国政协十三届四次会议的医药卫生界、教育界委员并参加联组会时强调，思政课不仅应该在课堂上讲，也应该在社会生活中来讲，“大思政课”我们要善用之。宣讲团在注重理论宣讲的同时，不断拓展传播理论的平台，用好社会生活大课堂，推动党的创新理论和鲜活的社会实践相结合，成为上海交通大学“大思政课”建设的重要载体。

为助力大中小学思政课一体化建设，2019年以来，宣讲团先后与上海市黄浦区教育党工委、黄浦团区委携手共建区级共产主义学校，走进初高中大学课堂，在华东师范大学、同济大学第二附属中学、徐汇中学、七宝外国语小学举办200余场宣讲活动。2020年，面向300余名高中生开展25次线上主题宣讲，带领中学生读原著、学原文、悟原理。2021年，宣讲团带领中学生前往“渔阳里”团中央机关旧址纪念馆开展宣讲活动，引导学员与新四军老战士面对面交流，在理论宣讲中培养中学生的爱国情怀与责任担当。

宣讲团注重从火热的社会生活中激扬青春，从党的历史中汲取思想营养，赓续红色血脉，提高宣讲本领。近年来，先后赴陕西延安、福建建宁、湖南湘潭、湖北红安、贵州遵义、山西太原等地深度调研，形成系列调研报告，被多家媒体广泛报道并获学校社会实践特等奖。同时，通过采访革命精神的传承者，形成口述史料与理论内容相结合的系列主题宣讲和视频微党课《青松长青——抢救老战士口述史料，传承新四军铁军精神》，获得了良好社会反响。

四是积极适应战“疫”现实需要，勇做抗疫一线的宣讲先锋队。马克思指出：“理论在一个国家实现的程度，总是取决于理论满足这个国家的需要的程度。”准确把握理论宣讲的现实要求，在国家和人民群众需要之时以理论宣讲提振信心、坚定信念，是做好宣讲工作的必然遵循。

五是致力提升分众化宣讲效果，做努力创新宣讲形式的探索者。回顾党的宣传思想工作可以发现，我们党历来注重根据不同受众需求的差异性，有针对性地推进理论大众化。习近平总书记指出：“要适应分众化、差异化传播趋势，加快构建舆论引导新格局。”宣讲团借助上海交通大学优质师资资源，建立实施名师导学工程长效机制，形成名师名家领衔、青年教师带领、学生成员宣讲的“三三制”宣讲团队，把理论研究和理论宣讲结合起来，在名师指导下根据不同受众的理论需求，采取灵活多样的方式进行有的放矢的理论宣讲。

针对青少年学生，宣讲团善于在“沉浸体验式”宣讲中升华理论认知。带领共产主义学校的中学学员开展红色寻访主题活动，通过按图寻址、语音答题、朗读朗诵等任务，探寻区内红色历史遗迹，缅怀英雄人物。适应企事业单位需要，宣讲团善于在“专业性主题设置”下深化理论认识。宣讲团先后以“科学家精神”为主题走进中国船舶工业集团公司第七〇八研究所，以“上海近代印刷发展史”为主题走进上海中华印刷博物馆进行宣讲，做到“规定动作”和“自选动作”有机结合，取得了良好的社会效果。针对基层社区群众，宣讲团善于在“浅入深出”中提升听众理论素养。在讲清“是什么”的前提下，深入到“为什么”，再提炼出“怎么样”。先后走进上海市江川路街道、吴泾社区、南洋博士新居进行宣讲，助力党的创新理论“飞入寻常百姓家”。

四、工作成效

宣讲团事迹产生了广泛社会影响，先后被新华社、中央电视台、《人民日报》、《光明日报》、《解放日报》、中国教育电视台等主流媒体广泛报道，宣讲团推出的党史故事受到“学习强国”等平台的关注转发，宣讲团成员登上“新闻联播”分享学习习近平总书记重要讲话精神的经验。宣讲团成员获上海市“我们都是答卷人”党史知识竞赛总冠军，宣讲团项目获第十七届“挑战杯”全国大学生课外学术科技作品竞赛红色专项活动一等奖，宣讲团入选校“三全育人”示范案例，获校级十佳志愿服务项目等。

未来，宣讲团将以学习领会宣传贯彻党的二十大精神为主题，以更加饱满的热情和更加专业的水平，持续丰富宣讲内容、创新宣讲形式，进一步打造有高度、有深度、有温度的学生宣讲品牌，以理论之声回应时代之问，以青春之我激扬奋斗之志，不断推动习近平新时代中国特色社会主义思想走进大众、深入人心，为实现中华民族伟大复兴的中国梦奉献青春力量！

（贾鹏飞，任祝景）

上海交通大学马克思主义学院
“声入人心”学生理论宣讲团
黄浦区
中学生共产主义学校

邢云文

聆先锋之声　效榜样之行

——东华大学“学习进行时”学生理论宣讲团的实践探索

一、基本情况

“学习进行时”学生理论宣讲团基于“三全育人”理念，始终将“价值引领”放在工作首要位置，围绕习近平新时代中国特色社会主义思想，立足立德树人、铸魂育人根本任务，充分发挥学生的榜样力量和朋辈引领，基于易班等网络思政平台，通过配备指导教师、定期理论学习、宣讲课程研讨、打造网络微课集群等形式，逐步构建起“浸入式学习—多角度辅导—立体化宣讲”的递进式、系统化的理论学习和宣讲机制，在育人方面形成了显著特色，构建起校内理论学习与线上宣传新阵地。

宣讲团充分把握时代脉搏，利用网络平台做好线上理论宣讲，制作习近平“新时代·新思想”大学生理论宣讲视频 50 余段，将学习课程列入全校公共选修课（文化素质类），推进习近平新时代中国特色社会主义思想理论宣讲“进课堂”“进网络”。截至 2022 年，理论宣讲视频点击量达 5 万余次，学生讨论帖达 5000 余条。多名学生宣讲员入选“学习宣传贯彻党的十九大精神上海学生巡讲团”和“东华大学习近平总书记重要讲话精神讲师团”，在学校新生入学教育、毕业典礼等重要场合进行宣讲，并先后前往包括上海外国语大学、上海大学、上海中医药大学等在内的10余所高校进行宣讲，总计宣讲人次超45000；宣讲团积极参加教育部、上海市等各类理论宣讲比赛及展示活动，获得上海市级及以上奖项30余项。

二、案例背景

为深入学习宣传习近平新时代中国特色社会主义思想，切实贯彻落实习近平总书记关于教育的重要论述，引导广大学生自觉用习近平新时代中国特色社会主义思想武装头脑、指导实践，鼓励广大学生用青年视角讲好中国故事、发好时代新声，东华大学成立“学习进行时”学生理论宣讲团，聚焦价值引领，立足立德树人，充分发挥学生的榜样力量和朋辈引领，通过配备指导教师、定期理论学习、宣讲课程研讨等形式，逐步构建起一体化、全方位的育人体系。“学习进行时”学生理论宣讲工作室由东华大学学生处牵头负责，教务处、马克思主义学院等部门协同联动，充分发挥学生的主体作用，引导学生用朋辈的力量宣传新时代新思想，在育人上取得了显著成效，培养了一批聚焦理论学习和理论宣讲的新时代新思想的主动学习者、积极宣传者和模范践行者。

三、主要做法

一是全员育人：建强队伍、协同联动，奏响全员联动的

“大合唱”。学校牢牢把握立德树人、铸魂育人的根本任务，构建一体化、全方位的育人体系。“学习进行时”学生理论宣讲团由东华大学党委副书记牵头负责，学生处、教务处、马克思主义学院等部门协同联动。

学生处主要负责宣讲团成员的遴选、培训及宣讲指导，通过连续两年举办以“学习时代新思想，助力祖国新发展”为主题的学习习近平新时代中国特色社会主义思想校园宣讲比赛，选拔了一批政治素养高、宣讲能力强的学生，组建了“学习进行时”学生理论宣讲团，现有成员20人，同时选拔一批在理论宣讲方面具有丰富实战经验的一线辅导员担任宣讲指导老师，在宣讲方式、形式呈现等方面给予充分指导。教务处主要负责宣讲团网络课程的视频拍摄、课程上线、选课排课以及学分认定等工作，着力推进习近平新时代中国特色社会主义思想以理论宣讲的形式进课堂。马克思主义学院重点在学生理论知识的学习、理论素养的积累等方面给予指导，为网络思政宣讲团配备了理论功底深厚的专业教师在马克思主义理论等方面进行理论指导。

二是全过程育人：精准定位、联动过程，下活思想引领的“一盘棋”。“学习进行时”学生理论宣讲团定位学生成长成才的全过程，根据学生成长的不同阶段，凝练宣讲重点、设计宣讲内容，系统性地开展理论宣讲，推进宣讲团成员以朋辈的力量鼓励学校学生聆先锋之声、效榜样之行，勇做有理想敢担当的新时代大学生。

新生入学教育阶段，制定主题多样、内容丰富、结构紧凑的“宣讲菜单”提供给各学院，将系列理论宣讲课程纳入新生入学教育的必要环节。各学院结合专业特色自主选择相应课程，邀请宣讲团成员进行20—30分钟的宣讲。“学习进行时”学生理论宣讲团在全校各学院围绕“新时代、新青年、新要求、新使命”“大学生的个人奋斗梦与民族复兴的中国梦”等主题开展宣讲，坚定新生理想信念。日常教育环节，宣讲团积极与各学院支部结对，参与到学生支部的主题党日活动中，依托重要主题活动、把握重大时间节点，在国庆节学校举办的升旗仪式·国旗下的讲话与庆祝中华人民共和国成立70周年、庆祝党成立100周年等活动中，围绕“坚定四个自信，与祖国共奋进”“做社会主义核心价值观的积极传播者”等主题开展宣讲；毕业季，在毕业典礼等大型活动中，宣讲团成员纷纷登上讲台，开展“时代新征程，青年新要求”“成就自我，圆梦未来”等宣讲，引导其他学生放飞青春梦想，勇担时代责任与使命，到祖国需要的地方奉献自我。截至2022年，累计举办100余场，覆盖学生50000余人。

三是全方位育人：整合平台、立体推进，激发立体化育人的“鲜活力”。宣讲团坚持在全方位育人上进行积极探索和实践，在把握好重大时间节点开展宣讲活动的同时，还不断拓展和丰富宣讲平台，推进新时代新思想进社区、进街道。例如，宣讲团成员针对垃圾分类设计的理论宣讲课程“做好垃圾分类，开启‘新时尚’的生活”先后进入上海松江广富林街道、方松街道、东华大学附属实验学校等开展宣讲，充分彰显新时代大学生的正能量。

在做好线下理论宣讲的基础上，学校充分发挥网络育人功能，将理论宣讲移至网络空间，打造“互联网＋宣讲”的“移动式”宣讲模式，借助易班平台推广宣讲团的宣讲视频和课程，有效推进习近平新时代中国特色社会主义思想学习“进网络”。制作习近平“新时代·新思想”“中国共产党党史微课”等大学生理论宣讲微课60余门，将这些理论学习课程列入全校公共选修课（文化素质类），课程设置2个学分，实现了微课学习、在线研讨、撰写心得、学习互评等网络学习形式一体化，深化推进习近平新时代中国特色社会主义思想学习“进课堂”“进网络”。截至2022年，理论宣讲视频点击量达5万余次，学生讨论帖达3000余条。

同时，宣讲团在易班平台推出“新时代·新思想”“学习新语”“学习新声”等理论学习专栏，聚焦新时代新思想，从习近平总书记一系列重要讲话、文章等入手，结合文字、音频、微视频等形式，力求用接地气的语言讲好中国故事、传播中国声音。截至2022年，推送题为《文化兴国运兴，文化强民族强》《培育和践行社会主义核心价值观》《硬发展背后的中国精神》《推进绿色发展，建设美丽中国》等的线上宣讲视频，播放量达30000余次。

四、工作经验

一是做好宣讲团的队伍建设，实现“立体化”宣讲新模式。“学习进行时”学生理论宣讲团进一步做好队伍建设，在队员遴选、导师配备、课程研讨、宣讲培训等方面做好相关建设。同时进一步拓展宣讲的对象群体，从学生群体进一步拓展到教师群体，将宣讲由新生入学教育、学生文化素质拓展教育向青年教职工培训、五四表彰大会等拓展，进一步实现“立体化”宣讲的新模式。

二是建设宣讲网络微课系统，打造“移动式”宣讲新系统。“学习进行时”学生理论宣讲团始终坚持用时代的语言阐述总书记的新思想，利用学生喜爱的网络平台和“网言网语”对学生进行宣讲教育，持续完善“思政大课”“学习新语”“学而时习之”等精品理论宣讲栏目，聚焦新时代新思想，建设成为以学生为宣讲主体，以价值引领为宣讲目的，上下呼应、内容聚合、立体多样的理论宣讲微课系统，充分发挥学生讲师的朋辈作用和网络平台的辐射作用，引导学生主讲人从传统被动式学习转变为主动研究性学习，用榜样之声传递青春正能量。

三是完善宣讲保障机制，拓展网络思政宣讲的实践和传播范围。“学习进行时”学生理论宣讲团不断完善机制体制，通过出台一系列激励措施，保障措施鼓励学生强化理论学习、提升宣讲能力，打造出更多优秀的理论宣讲作品，进一步实现价值引领的育人目标。同时，进一步拓展理论宣讲的实践和传播范围，着力推进理论宣讲进课堂、进网络、进社区、进社会实践等，从而拓宽理论宣讲的传播范围和传播效度。

五、工作成效

一是形成良好的理论学习和宣讲氛围。自2018年起，东华大学连续五年举办以“学习时代新思想，助力祖国新发展”为主题的学习习近平新时代中国特色社会主义思想校园宣讲比赛，在此基础上选拔了一批政治素养高、宣讲能力强的学生组建了东华大学“学习进行时”学生理论宣讲团，引导大学生由传统的“课堂听众”变身“授课讲师”，发挥朋辈力量引领学生主动学习新思想、承担新使命。宣讲团中多名成员入选“学习宣传贯彻党的十九大精神上海学生巡讲团”和“东华大学习近平总书记重要讲话精神讲师团”，在学校新生入学教育、毕业典礼等重要场合进行宣讲，并先后前往包括上海外国语大学、上海大学、上海中医药大学等在内的10余所高校进行宣讲，总计宣讲对象达35000余人，该做法也受到光明网、全国高校思政网、《文汇报》、上海教育等主流媒体关注和报道。

二是培养了一批新时代新思想的坚定信仰者。“学习进行时”学生理论宣讲团通过配备专业指导教师、系统理论学习、定期宣讲研讨等环节，训练出一批政治素养强、宣讲水平高的新时代大学生，引导广大学生以朋辈身份发出青春正能量向祖国告白，培养新时代新思想的主动学习者、积极宣传者和模范践行者，在各大比赛中传递中国故事和正能量，育人成效显著。

宣讲团中6名学生连续两年在“上海市高校理论宣讲微课程比赛”中获一、二等奖；1名学生在“庆祝改革开放四十周年——上海高校大学生思政课艺术作品巡展活动”获一等奖；4名学生在“上海高校学生讲思政课公开课展示活动”中获二、三等奖；3名学生在“社会主义核心价值观主题微电影剧本征集活动”中获评上海市一、二、三等奖；2支团队在首届长三角地区高校“新时代·中国说”大学生讲师邀请赛获一、二等奖（同时获“最佳人气奖”）、三等奖。

在上海市教卫工作党委、上海市教委组织的“上海市大学生学习习近平新时代中国特色社会主义思想大比武”系列主题活动中，指导宣讲团成员录制思政课公开课视频作品《用“新时尚”的生活，为美丽中国插上腾飞翅膀》《坐“自信号”列车，与新时代共奋进》参加“上海高校学生讲思政课公开课展示”评比活动，经过层层选拔，《用“新时尚”的生活，为美丽中国插上腾飞翅膀》由上海市教委推荐报送参加教育部举办的“砥砺前行七十载·奋斗成就中国梦”——第三届全国高校大学生讲思政课公开课展示（上海市仅推荐3个作品）。指导宣讲团成员拍摄微电影作品《思政课上“不能输”的赌约》参与“我心目中的思政课——上海高校大学生微电影展示”，经过层层选拔，由上海市报送参加教育部举办的“我心中的思政课”——第三届全国高校大学生微电影展示（上海市仅推荐8个作品）。

三是凝练出“移动式”理论宣讲新模式。工作室在做好线下理论宣讲的基础上，充分发挥网络育人功能，将理论宣讲移至网络空间，借助易班平台推广宣讲团的宣讲视频和理论微课，有效推进习近平新时代中国特色社会主义思想学习“进网络”。学校易班网络思想教育经验，先后被《光明日报》《中国教育报》《解放日报》等多家主流媒体报道。

（赵彦明，王　肖，魏金婷）

我们都是“收信人”
做奋斗在时代前列的
新东华人

我们都是“收信人”
青年人
“松江三人行”
理论宣讲走基层
社会实践活动

矢志成为理论传播的“轻骑兵”

——南昌大学“香樟博声”宣讲团的实践探索

一、基本情况

南昌大学“香樟博声”宣讲团（下文简称宣讲团），是南昌大学组织建立、江西省较早成立的研究生理论宣讲团体，其核心成员由学校文、理、工、医等各个专业的博士、硕士研究生组成，本届成员25人。宣讲团自组建以来，受到南昌大学主要领导的高度重视，为宣讲团授旗并与宣讲团成员亲切交流。同时，学校不断建立健全宣讲团配套的管理制度和奖惩机制，为宣讲团成员每三人配备一名政治素质高、理论水平高、宣讲能力强的指导教师，在研究生院专门为宣讲团设置了工作室，方便成员集中备课和开展理论研究，着力做好宣讲团的后勤保障工作。宣讲团对标一流、凝心聚力，始终高举中国特色社会主义伟大旗帜，把学习宣传贯彻习近平新时代中国特色社会主义思想摆在首要位置，深入学习宣传党的二十大精神，赓续江西红色血脉、传承学校百年文脉，不忘初心、牢记使命，矢志成为传播党的创新理论的“轻骑兵”，让理论宣讲的青年强音始终萦绕在广大师生群众周围。自成立至今，宣讲团立足校内，服务社会，赴九江、鹰潭、吉安等多个城市，累计开展各类主题宣讲 300 余场，覆盖超 10 万余人次。

二、案例背景

2021 年 4 月，为深入开展党史学习教育，南昌大学在全校领域分层分类推进党史学习教育，在此背景下，“香樟博声”宣讲团的前身——党史学习教育博士生宣讲团应运而生，首批核心成员吸纳了政治素质好、宣讲热情高的 19 名博士研究生。宣讲团成立的初衷是发挥“四自教育”（自主学习、自我管理、自我教育、自觉成长）作用，全面提高研究生政治素质和党性修养，引导广大师生学史明理、学史增信、学史崇德、学史力行，厚植爱党、爱国、爱社会主义情怀。此后，在党史学习教育博士宣讲团的基础上，南昌大学组织成立了南昌大学“香樟博声”宣讲团。

三、主要做法

（一）围绕“四大理念”纵深推进，让理论宣讲“冒热气”

在南昌大学党委的坚强领导与党委研究生工作部的悉心指导下，宣讲团聚焦“常态学、主动讲、讲政治、贴实事”四大理念，扎实推进理论宣讲出校门、入社会，既服务全校师生，又为地方经济社会发展提供有力支持。**一是**坚持“常态学”。宣讲团将学习习近平新时代中国特色社会主义思想、深入学习宣传党的二十大精神，特别是将习近平总书记视察江西重要讲话精神以及关于青年工作的重要论述作为“家常便饭”。立足时政热点和关键节点，宣讲团第一时间组织集中学习和集体备课，制定宣讲工作的总体要求、学习内容和有关安排，结合学校有关部署和研究生实际情况组织实施理论宣讲活动。**二是**坚持“主动讲”。南昌大学党委研究生工作部将宣讲团纳入研究生政治理论学习整体布局，为增强学习的时效性与针对性，在学校研究生政治理论学习中下好“先手棋”、走出“加速度”，组织宣讲团成员以线上线下相结合的方式，主动对接院系班级，通过 100 余场政治理论宣讲、迎新校史宣讲，高效、细化覆盖全校 16000 余名研究生。**三是**坚持“讲政治”。宣讲团切实把学懂弄通做实习近平新时代中国特色社会主义思想作为首要政治任务。2022 年，宣讲团结合南昌起义 95 周年、井冈山革命根据地建立 95 周年等重要时间节点开展理论宣讲，在校园内营造出浓厚的理论学习氛围，再次掀起全校师生理论学习热潮，引领广大师生“喜迎二十大，永远跟党走”。宣讲团还围绕党在四个历史时期的重大事件、理论成果、历史人物等方面精心准备系列宣讲课程，主动成为党史理论的“播种机”和“宣传队”。**四是**坚持“贴时事”。宣讲团始终把党的创新理论作为宣讲的主要内容，矢志用先进理论武装新时代青年，自成立以来，先后开展了百年党史、党的十九届六中全会精神、2022 年全国两会精神、习近平总书记在中国共产主义青年团成立 100 周年大会上的重要讲话精神、疫情防控等时政专项、热点时事专题模块宣讲 100 余场，特别是将理论宣讲同贯彻落实习近平总书记视察江西和南昌大学的重要讲话精神相结合，用家常话语和朋辈引领把习近平新时代中国特色社会主义思想送入“寻常百姓家”与“寻常师生中”。

（二）聚焦“三大举措”精准发力，让日常宣讲“添生气”

为进一步提升宣讲实效，让日常宣讲有深度、有态度，宣讲团坚持从“宣讲人员、宣讲平台、宣讲课程”三个层面出发，通过针对性强、实效性高、接受度好的举措精准发力，切实提升宣讲团的硬实力。**一是**坚持“精选优培”抓宣讲人员。为提升成员的理论功底和宣讲水平，宣讲团采取擦亮核心品牌、做好重点项目、完善管理体制、促进文化建设等重要举措，进一步提升宣讲专业化水平，着力拓宽宣讲知识领域，切实扩大和细化宣讲辐射范围，让理论宣讲更加深入人心。围绕“讲学研”三位一体的育人理念，既注重通过青年研究生将党的声音和马克思主义中国化、时代化的最新理论成果播撒到广大师生中，也关心关注宣讲团成员个人在准备、组织、实施宣讲过程中的所学所获。为此，学校通过选拔培养、理论学习、基地实践、集体备课、专家指导等途径和方式加强培育，宣讲团还完善了“选题研讨—备课设计—团内试讲—朋辈反馈—系统总结—金讲研习”的宣讲流程体系，既确保了宣讲效果质量，也提升了成员理论素质。**二是**坚持“由内向外”抓宣讲平台。宣讲团巧妙依托学校红色文化馆、校史馆等既有资源拓展实践平台，立足所在地南昌和江西省内井冈山、瑞金等红色资源发掘宣讲素材和育人元素，让宣讲内容“有意义”“有意思”。此外，宣讲团鼓励成员走出去，采取线上线下联合联动的方式，立足赣鄱、辐射全国，参与校际性、区域性联合宣讲活动，打造形成广阔的宣讲格局。在“问道复兴百年路·青年担当立潮头”全国高校党史宣讲、“大道如砥·这十年”全国高校联合宣讲、“这十年·青年讲”以及“学习二十大·奋进新征程”高校理论宣讲团线上联学宣讲等活动中，宣讲团成员先后与清华大学、北京大学、吉林大学、山东大学、重庆大学、大连理工大学、西北工业大学、郑州大学等全国高校大学生一道开展宣讲，讲述南大故事，传播赣鄱声音，累计吸引省内省外超过60所高校的30000余名学生在线倾听，为时代立言、为青年立行。**三是**坚持“擦亮品牌”抓宣讲课程。宣讲团在时政专项、热点时事模块以外，重点打造了红色沃土里的感人故事、乡村振兴中的动人故事、科研道路上的育人故事三大模块，形成了品牌课程。矢志将发生在江西红土圣地上的革命故事、师生推动乡村振兴的实践故事和瞄准科技攻关第一线的奋斗故事总结出来，传播出去，用年轻人的青春话语将故事讲得更“有意思”，用博士研究生的“宽口径”知识将理论讲得更具“生气”，让系列故事中蕴含的丰厚道理在师生群众心中“落地生根、枝繁叶茂”。

（三）用好“两个载体”多点开花，让专业知识“接地气”

宣讲团扎根基层，将宣讲课程主动对接社会，打好理论宣讲覆盖的“主动战”，用好“政治理论宣讲”和“主题实践活动”两个载体，组织宣讲团成员赴厂矿，进社区，上讲台，下村镇，聚焦时政理论、时事热点、基层治理，以南大人的视角、故事，用通俗形象的语言向群众宣讲，打通理论深入基层的“最后一公里”，形成先进理论的“直通车”，实现理论宣讲多点开花。**一是**以政治理论宣讲为依托，推进宣讲走深走实。先后开展党史学习教育“7个100”和“学习二十大　永远跟党走　奋进新征程”等多项主题宣讲活动，多次赴江西省内多个城市的基层一线，用“大众话”“家常话”甚至“地方话”讲述党的理论，通过“面对面”的互动式宣讲阐释时政热点，让广大群众听得懂、明得了、记得住，努力提升理论宣讲的广泛吸引力、社会影响力和实际服务力。与此同时，让宣讲团的系列课程在基层一线经历“升华”与“淬炼”，真正引导和带动青年师生与人民群众“想在一起、干在一起”。**二是**以暑期“三下乡”、寒假“返家乡”、“我为群众办实事”等主题实践活动为契机，推动理论宣讲下基层，入社区。涵盖多学科、各专业研究生的宣讲团核心成员依托专业知识，在理论宣讲之余凭借“爱心义诊”“普法宣讲”“党史围读会”等形式多样、与专业特色相契合的实践活动，送医下乡、助力乡村振兴，开展环保科普、助力生态文明，送志愿服务、助力社区治理，让“高学历”更“接地气”。

四、工作经验

宣讲团围绕“四大理念”、聚焦“三大举措”、用好“两个载体”，深入推动理论宣讲入脑入心，也通过这种“四三二”层次不断递进，互相配合的方式使得理论宣讲在校园内外广大师生中见行见效，同时还坚持创新宣讲形式，探索“党史 +”“思政 +”“美育 +”的宣讲方式，着力推动教育性与趣味性的充分融合，以“思政 + 美育”“党史 + 音乐”的形式，精心打造原创思政报告剧《青春里的歌》，利用声、光、电等现代技术手段，将情景朗诵、红歌传唱等艺术形式在宣讲中加以呈现，让青年喜闻乐见，让宣讲既叫好又叫座。

五、工作成效

宣讲团既讲理论、践初心，更送服务、办实事，通过将学习政治理论和观照现实结合起来、将实践育人和服务社会结合起来，引导广大师生切实把政治理论学习成效转化为奉献国家、服务人民的实际行动。宣讲团以“贯彻党的教育方针、执行党的基本路线、学习党的重要思想、宣传党的创新理论”为宗旨，线上线下联动、课内课外贯通，拓展育人链条，深挖育人元素，充分发挥朋辈引领和榜样示范作用，实行“模块化、多主题、菜单式”理论宣讲模式，先后形成党史学习教育系列成果，累计开展各类主题宣讲300余场，覆盖超10万余人次，宣讲足迹覆盖南昌、九江、鹰潭、吉安等多个城市。宣讲团相关事迹被《人民日报》客户端、“学习强国”、手机江西网、江西省委组织部“江西选调生动态”公众号等媒体宣传报道20余次。

（郑　璐，陈世中，梅博晗，罗盼琪）

创新 专业 高效
学习二十大 永远跟党走 奋进新征程
——南昌大学研究生学习宣传贯彻党的二十大精神
守正道 送新风 普法宣讲进基层
——南昌大学研究生普法宣传活动

井冈山
南昌大学“香樟博声”宣讲团

宣百年伟业　讲青年之声

——山东大学习近平新时代中国特色社会主义思想青年学习会的实践探索

一、基本情况

中共中央、国务院印发《关于加强和改进新形势下高校思想政治工作的意见》，强调要实施大学生马克思主义自主学习行动计划，更好发挥理论学习骨干的引领作用和学生理论社团的带动作用，加强青年马克思主义者的培养。2017 年 12 月，为响应党中央号召，山东大学习近平新时代中国特色社会主义思想青年学习会（简称“习习会”）在山东大学党委、团委以及山东大学马克思主义学院党委、团委的支持下成立，山东大学二级教授、博士生导师王韶兴为社团指导教师。五年来，“习习会”积极搭建多元化的传播平台与媒介，通过丰富的内容、多变的形式、多样的类型，发动广大山大青年学习好、宣传好、运用好马克思主义，培养社会主义合格建设者和可靠接班人。

作为山东大学的理论型社团，“习习会”致力于青年学习、青年研习、青年践习、青年传习，为青年学子进行马克思主义学习、交流提供了平台。社团内部包含临时党支部、团支部、策划部、实践部、宣传部、秘书处六大部门，分工明确，团结协作，特色鲜明。“习习会”下设青年宣讲团，吸收了广大青年学子投身于讲好中国故事、山东故事、山大故事，发出青年声音，足迹遍布北京、济南、青岛、德州、淄博、济宁、潍坊等地，宣讲达数百次，影响力不断提升，获得广泛社会关注。

二、案例背景

2013 年，习近平总书记到山东曲阜考察发表重要讲话时强调，一个国家、一个民族的强盛，总是以文化兴盛为支撑的，中华民族伟大复兴需要以中华文化发展繁荣为条件。2021 年，习近平总书记在给《文史哲》编辑部全体编辑人员的回信中强调，增强做中国人的骨气和底气，让世界更好认识中国、了解中国，需要深入理解中华文明，从历史和现实、理论和实践相结合的角度深入阐释如何更好坚持中国道路、弘扬中国精神、凝聚中国力量。山东作为文化大省、中华文化的源头和中华文明重要发祥地之一，蕴含着丰厚的文化资源，也正在进行着马克思主义基本原理和中华优秀传统文化的双向互动；同时，山东大学扎根齐鲁大地，在百廿年的发展中，形成了“家国情怀、担当精神、崇实品格、创新素养”的“山大基因”。

山东大学“习习会”青年宣讲团力将马克思主义基本原理和中华优秀传统文化相结合，将山东文化和“山大基因”结合，将“山大红”融入“山东红”“中国红”。坚持用习近平新时代中国特色社会主义思想武装广大青年头脑，发动广大青年学习好、宣传好、运用好党的理论创新成果，讲好中国故事，传播好中国声音，展现可信、可爱、可敬的中国形象、山东形象、山大形象。

三、主要做法

山东大学“习习会”坚持学思践悟相结合，在发展中不断成长，在日常工作中做到“四个坚持”。

一是坚定政治立场，时刻把握正确方向。作为理论学习型、宣讲类社团，立场一定要正，在思想上政治上行动上同党中央保持高度一致，不论是个人发表的言论还是宣讲稿、宣讲课件等，都保持正确的政治立场，时刻绷紧政治立场这条“弦”，时刻把握政治性这个最基本最重要的标准。基于此，山东大学“习习会”青年宣讲团坚持从选拔、培训、备课、试讲到宣讲都坚持严标准、高要求，力争打造马克思主义理论宣传的高地。山东大学马克思主义学院王韶兴教授作为指导教师，对于社团发展、理论宣讲都十分重视，时常进行指导、把关。

二是坚持朋辈互助，发挥专业优势。青年作为富有活力的群体，容易产生思想碰撞的火花，加强朋辈之间的交流互助，有助于青年学子取长补短，共同进步。山东大学“习习会”坚持本硕博联动，本科生占比百分之四十，研究生占比百分之六十，同时成员覆盖面涉及二十一个院系，涵盖济南六大校区。不同年龄、不同专业的学生汇集在一起，在交流分享中，产生思维的碰撞，绽放智慧之花。同时，“习习会”青年宣讲团积极参与并主办全国高校理论宣讲活动，在与其他高校的合作中汲取经验并加强友谊。社团特色活动——“读原著、学原文、悟原理”经典读书会每周定期举行，读书会主要包括四大主题：第一，学生导读；第二，自主阅读；第三，问题解读；第四，专家领读。读书会为广大青年学子提供了朋辈学习交流共同进步的平台，也为宣讲团提供了宣讲的材料支撑。

三是坚持知行合一，脚踏实地开展宣讲。宣讲作为宣讲团的中心工作，对于理论宣讲类社团的发展有着至关重要的意义，因此需要精益求精。“习习会”青年宣讲团在每次宣讲前，都会反复揣摩、试讲，精心做好前期准备工作，确保万无一失。在联系接收单位之前，既考虑听众的人员构成，又考虑听众的知识基础。团队成员通过集体学习、集中研讨、集体备课等方式，不断加强沟通交流，实现了团队成员在思想上的统一；团队正式宣讲前坚持进行预宣讲，团队内部进行交流，查找问题，及时修改。在宣讲过程中，准确阐述党的理论、政策，做到讲解有深度；尊重宣讲受众，用喜闻乐见的语言方式进行宣讲，做到讲解有温度；及时学习党的新理论，结合时事，做到讲解有效度。“习习会”青年宣讲团坚持知行合一，一年多的时间里，先后奔赴陕西省延安市、山东省滨州市西王村、淄博市傅山村、济南市三涧溪村、北京师范大学、山东青年政治学院、齐鲁师范学院等进行交流学习。坚持“学”与“讲”的统一，2021 年 9 月 14—17 日，青年宣讲团 7 名骨干成员参加共青团济南市委学习宣传贯彻习近平总书记在庆祝中国共产党成立 100 周年大会上的重要讲话精神暨济南全市青年宣讲骨干培训班，并顺利结业。2021 年 11 月 24 日，与山东大学成仿吾英才班、“四史”青年宣讲团开展学习贯彻党的十九届六中全会精神联学会。党的十九届六中精神中央宣讲团成员、中央党史研究室原主任欧阳淞到会进行领学，使大家对党的十九届六中全会精神有了更深的理解，对于后期宣讲党的十九届六中全会精神打下了坚实的基础。坚持因地制宜，充分运用地域优势。山东作为孔孟之乡、文化大省，在孕育、延续中华文明过程中具有不可替代的作用。“习习会”坚持运用不同条件，线上、线下宣讲相结合，进学校，进社区，进企业，多次参与并主办高校联合宣讲活动，不断探索宣讲新模式。

四是坚持贴近群众，切实优化宣讲效果。理论类宣讲社团以理论输出为导向，以群众接受为目的，因此要在如何让听众接受上下功夫。这考验着宣讲者的理论功底，也考验着宣讲活动的形式与语言是否符合受众需求。这需要宣讲者真正走到群众中间，发挥青年的优势，用多样活动吸引听众，用自身活力感染受众，用理论优势武装群众。“习习会”宣讲团在进行宣讲时积极采取大家喜闻乐见的话语和表达方式，比如在面向社区中老年干部、群众的宣讲中，宣讲团成员带领大家唱《没有共产党就没有新中国》《歌唱祖国》《东方红》等红歌调节气氛，让宣讲在一片如火如荼中进行；在面向中小学学生的宣讲中，宣讲团成员结合当下的流行音乐歌词以及影视剧进行宣讲；在面向年龄大的共产党员的宣讲中，结合《毛泽东文集》，引发大家的共鸣……总之，面向不同受众，运用不同的语言，更便于大家接受。2021 年 12 月 21 日，“习习会”青年宣讲团受邀参加济南市县东巷社区“红色宣讲跟党走，冬至饺香暖人间”主题活动，当天采用边包饺子边宣讲的形式，在同社区的党员群众一起包饺子的同时，向大家宣讲党的十九届六中全会精神。社区的老同志向大家讲述他们参与国家建设的故事。在节日的氛围中，宣讲团成员及在场党员群众的热情十分高涨，真正把“国家事”说成“身边事”，讲成“百姓话”“心里话”。

四、工作经验

作为理论宣讲类社团，“习习会”力争打造一个马克思主义理论学习、研究、宣传和人才培养的坚强阵地，并在实践中形成了如下经验。

一是加强理论学习，强化理论武装。理论宣讲的目的是把党的理论成果说清楚、讲明白，为广大群众所理解，所接受，所拥护，因此宣讲者自身的业务要精、基础要实，对党的理论成果要有全面把握，要将把握大局与重点突出历史细节相结合，这就需要宣讲团成员不断加强理论学习，用党的最新理论成果武装头脑。“习习会”在“经典读书会”的开展中，本着“每周研习”“本硕博联动”“校内外互通”的原则，以不同方式加强经典研读、理论学习。多次邀请专家学者领学，和专家“对话”，汲取养分，提升发展的内生动力。

二是以实践为抓手，坚持学以致用。理论的价值在于实践，学习的目的在于运用。因此，要将实践作为总抓手，准确把握党的创新理论成果，并使其“飞入寻常百姓家”。青年宣讲团坚持把学懂弄通尤其是做实作为根本任务，重视实践的力量，通过调研考察，充分挖掘山东所蕴含的优秀传统文化以及红色基因，让文化资源“说话”；将调研到的材料进行分析研究，形成系统文稿，以宣讲的方式进行弘扬，让青年马克思主义者“讲话”。

三是不断探索活动新方式。不断创新社团活动方式，策划主办了高校线上联合巡回宣讲、线上经典阅读积分挑战赛等活动，吸引众多高校同学参与。基层理论宣讲的方式也在不断探索和创新，从单主体转变为双主体，从理论输出转变为交流对话，把“我们想说的”和“受众想听的”“受众也想说的”结合起来，同社区党员干部、群众进行双向交流，从个人生活变化感悟时代变迁及其中蕴含的政策发展轨迹与理论成果，营造热烈的宣讲氛围。

五、工作成效

“习习会”以强烈的时代使命感、责任感不忘初心，以青年视角阐释党的理论，用青年话语宣传党的主张，用青年声音讲述中国故事，立足新时代，传递新思想，培养了一批批“坐下来能写，站起来能说，走出去能做”的青年马克思主义者，获评学生社团工作先进集体，所参加的社会实践多次获得校级优秀，多名宣讲员被聘为济南市宣讲团与历下区宣讲团成员。

“习习会”扎根齐鲁大地，具有强烈的社会责任感和奉献精神，热心社会志愿服务，进行理论宣讲数百次，取得了良好的宣传效果，影响范围广，社会评价高，多次收到来自不同单位的感谢信，多次被新华网、山东卫视、《大众日报》、《齐鲁晚报》等知名媒体宣传报道。

高校理论类宣讲社团是学子发出青年声音、讲好中国故事、贡献青春力量的平台与载体，建设好、发展好青年宣讲团意义重大。山东大学“习习会”会进一步加强自身建设，坚持担当青年责任，在社会实践中贡献自身力量，展现青春风采。

（周顺洁，武文豪）

十九届六中全会精神宣讲
山东大学
习近平新时代中国特色社会主义思想
青年学习会

山东大学
习近平新时代中国特色社会主义思想
青年学习会

让有信仰的青年学生讲信仰
信仰越讲越坚定

——华中科技大学研究生红色理论学讲团的实践探索

一、基本情况

2017年6月，为讲好党的十八大以来取得的历史性成就和历史性变革，迎接党的十九大胜利召开，华中科技大学坚持“用青年话语，发时代新声”，在全校范围内选拔优秀学生党员组建研究生红色理论学讲团，先学后讲、学讲结合，将青年学生的话语特色、专业背景与党的创新理论相结合，常态化深入朋辈群体开展宣讲，探索出了一条基层理论宣讲与青年政治骨干培养相结合的育人模式。五年间，学讲团围绕党的十九大及历次全会精神、习近平新时代中国特色社会主义思想、党史学习教育等主题，立足青年视角，“用身边事讲天下事、用家常话说大道理”，推出微课程百余门，开展理论宣讲1500余场，覆盖听众16万余人次。

经过五年的发展积淀，在“学”与“讲”的双重“淬炼”中，学讲团日益成长为华中科技大学“新时代党旗领航工程”

中的一张靓丽名片，让有信仰的青年学生主动讲信仰，信仰越讲越坚定。团队坚持“学讲结合”，实现了育己育人的有机统一，80%以上的毕业生最终选择走上了社会治理和立德树人一线，通过理论宣讲找准了人生航向。在学讲团的带动下，华中科技大学掀起了一场“学讲”风潮，越来越多的优秀学子加入学理论、讲信仰的行列。团队相关工作受到过新华社、人民网、“学习强国”、教育部党史学习教育简报、湖北省党史学习教育简报、中国网络教育电视台等主流权威平台的推荐报道，入选湖北省党史学习教育办公室编撰的《党史学习教育典型案例》，获评华中科技大学“青年五四奖章（集体）”。

二、案例背景

学讲团诞生于党的十九大召开前夕，始终走在学习宣传贯彻党的十九大及十九届历次全会精神的最前沿，见证了新中国成立七十周年盛典和中国共产党的百年华诞，亲历了党的二十大胜利召开，深度融入党史学习教育工作大局，在服务华中科技大学立德树人生动实践中，实现了跨越式发展，日益成长为华中科技大学朋辈理论宣讲和朋辈育人的生动名片。

三、主要做法

经过长期探索，特别是党史学习教育以来的生动实践，学讲团探索出了一套特色鲜明、成效显著的育人模式，主要做法体现在以下五个方面。

一是学生工作战线与思政课教学战线携手同心，整合多方育人资源建设学讲团。学讲团成绩的取得在很大程度上得益于华中科技大学优势育人资源的有效整合，在体制机制上学讲团由学生工作部和马克思主义学院共同指导建设，实现了思政理论课教学第一课堂与校园文化活动第二课堂的有效衔接。这种学生工作战线与思政理论课战线齐抓共管的工作机制有效保障了学讲团在组织建设和内容建设上都能得到有力支撑。除此之外，学讲团的建设还得到了校内各相关职能部门、院系的大力支持，集全校之力建设学讲团的格局已经基本形成。

二是坚持发挥朋辈教育优势，青年讲给青年听，“用青年话语，发时代新声”。青年学生进行理论宣讲，有青年人特有的优势。学讲团积极把青年学生的学习、生活、实践与党的创新理论相结合，用青年人的视角和话语来进行阐释，积极从学生的专业出发进行微党课选题，把学校青年自身的故事搬上讲台，以小见大、生动深刻，努力推动党的创新理论更加接地气、更加贴近学生，更加注重引发青年人的共鸣。在学讲团的带动下，“学讲现象”在华中科技大学蔚然成风，学校总结推广学讲经验，开展朋辈教育精品项目立项，鼓励更多的青年学生投身朋辈教育行列，服务带动更多的青年学生成长进步，凝聚“头雁领航”价值。

三是坚持“让有信仰的青年学生讲信仰”，实现育己育人的有机统一。团队入口坚持从严把关，优中选优，形成了自主报名、院系推荐、笔试面试的讲师选拔模式，讲师来源有保障。学讲团成员构成以学生干部为主体，全体成员均为中共党员，各级各类校级及以上荣誉获得者近50人，团队成员综合素质在全校所有学生组织社团中居于前列。“让有信仰的青年学生讲信仰，信仰将越讲越坚定。”通过长期的理论学习与宣讲，这批优秀学生党员进一步坚定了理想信仰，提升了综合素质，将理论宣讲的宝贵经验转化成个人发展的有效助力，毕业生中 80% 以上选择走上服务社会治理和立德树人一线。

四是坚持“学讲结合”，把“学”置于“讲”的前面，让育人者先受教育。让青年学生进行理论宣讲，本身就是一个深度学习的过程。只有学得扎实，才能讲得精彩。重视理论学习、先学后讲，是青年学生进行理论宣讲的必要环节，也是学讲团区别于一般意义上“宣讲团”的根本区别。学讲团已初步形成了鼓励自学、专家导学、实践助学的常态化学习体系，“学讲沙龙”日趋成熟，团队学习热情空前高涨。课程质量是学讲团的根本所在，“讲得好不好”是关系学讲团成功与否的核心问题。因此，抓课程质量建设，再怎么严格也不为过。学讲团已经初步形成一套“三轮评审”机制，总体上能够保证课程成熟一个上线一个，讲师合格一个推出一个。通过高质量宣讲锻炼提升成员核心素质。

五是坚持发挥组织育人优势，以学生支部为主要阵地开展工作，常态化深入学生群体开展宣讲。学讲团主要的宣讲阵地是华中科技大学校内的学生支部，每月深入学生支部宣讲的次数已稳定保持在 100 场以上。积极调动学生支部的主动性，以学生支部为主要阵地开展工作，常态化参加学生支部组织生活，是确保学讲团日常宣讲数量高位运行的主要因素。四史学习教育开展以来，学讲团共深入校内学生支部开展宣讲 1100 余场，实现了校内院系全覆盖，覆盖校内研究生党支部比例达 85%。

四、工作经验

基于华中科技大学研究生红色理论学讲团的实践探索，可以归纳出以下几点工作经验。

一是要坚守“红”的底线，筑牢意识形态安全屏障。高校理论宣讲类社团积极活跃在基层理论宣讲的第一线，理论宣讲工作不可避免地涉及许多意识形态方面的问题，而高校理论宣讲社团的“讲师”本身就是学生。虽然这部分同学有着较高的理论素养和奉献热情，但在对意识形态问题的把控上还面临着一定的困难。因此，必须完善对学生理论宣讲类活动的审核把关机制，确保宣讲的内容和宣讲活动的各个环节不出现意识形态层面的问题。

二是要夯实“学”的基础，不断提升成员业务素养。华中科技大学研究生红色理论学讲团之所以叫作“学讲团”而非“宣讲团”，是为了突出“学”字，给予多元学科背景的学生学习锻炼的平台，“边学边讲，以讲促学”。因此，要不断夯实“学”的基本功，坚持让“学”走在“讲”的前面，加强对学生“讲师”的培养力度，在学生群体中培养一批理论宣讲骨干，做到“学”得扎实，“讲”得精彩。以华中科技大学研究生红色理论学讲团为例，已经形成“专家导学”“集体研学”“专题自学”和“实践助学”的讲师培养体系，常态化邀请专家学者进行业务指导，举办学讲沙龙，开展红色实践，为同学们自学提供支持保障，让宣讲者率先成长为研究生中的“领头雁”，先当好学生，再做好先生。

三是要聚焦“讲”的主业，打造特色鲜明精品课程。对于高校理论宣讲类社团来说，“讲”是主责主业，在发展建设中一定要坚持“内容为王”的原则，重点关注课程质量，立足青年学生群体的特点，打造系列精品课程，不断提升“讲”的覆盖面和影响力。要严把课程质量关，高频率开展集体备课，邀请相关专家为课程内容把脉问诊。要把党的理论知识与学生的专业优势紧密结合，挖掘不同学科的思政教育价值，打造专业深度与政治高度兼备的精品课程。要充分挖掘红色校史资源，把握好新生入学教育等契机，使红色基因在青年学生中代代相传。要善于讲青年人自己的故事，把青年学生在脱贫攻坚、抗击疫情、科技创新等领域中的先进典型故事搬上理论宣讲的舞台，激发同龄人的内在动力。要善用所在城市的红色资源，带领听众常态化走进红色历史文化遗存开展沉浸式宣讲。

四是要发挥“团”的效能，构筑完备有力保障体系。作为一种特定类型的学生社团，理论宣讲类社团的建设，组织建设与内容建设不可偏废。为高质量理论宣讲提供有力支撑，既要加强团队的自身建设，也要整合学校各相关责任主体的力量，凝聚育人合力。要加强团队自身建设，从组织架构、规章制度等方面严格规范社团运营管理，打造一支强有力的服务保障团队，为“内容输出”的根本任务提供有力保障。要凝聚学校各相关责任主体的力量，打造监管责任明确、服务保障有力的协同育人体系。理论宣讲类社团兼具政治性与学术性的双重属性，这就要求尤其要注重加强学生工作部门与相关专业院系的协同力度。要充分发挥组织育人优势，以党支部为抓手开展工作，常态化深入学生支部宣讲交流，理论宣讲类社团建设与学生党建思政工作同题共答。

五、工作成效

五年来，华中科技大学“学讲青年”接续努力，取得了令人瞩目的发展成绩。学讲团已连续两年在华中科技大学研究生组织社团年终考评中荣获第一名，并于2022年5月荣获华中科技大学“青年五四奖章（集体）”，校内外影响力不断加强。

一是塑造了华中科技大学“新时代党旗领航工程”中的一张名片。经历了五年的发展积淀，特别是在党史学习教育中的淬炼考验，学讲团的声音已越来越响亮，正日益成长为学校学生党建思政工作中的一个突出品牌。学讲团已受到过新华社、人民网、“学习强国”、中国网络教育电视台、全国高校思政工作网、《长江日报》、教育部党史学习教育简报、湖北省党史学习教育简报等主流权威平台的推荐报道，累计浏览量百万余人次，入选湖北省党史学习教育办公室选编的《党史学习教育典型案例》。

二是探索出了一套“学讲结合”的学生党员政治骨干培养模式。学习与宣讲是一个相互促进的过程。通过长期的学习与宣讲，学讲团培养了一大批理想信念坚定、理论素养扎实、综合素质突出、服务意识强烈的优秀学生党员骨干，深刻影响了这批“学讲青年”的人生选择。团队毕业生的就业去向主要集中在社会治理和立德树人领域，为党和国家事业发展需要输送了一批优秀人才，实现了宣讲服务与人才培养的有机统一。

三是引领带动了一大批青年学子争做红色基因的坚定传承者。学讲团常态化深入学生群体开展理论宣讲，在华中科技大学掀起了一场“红色热潮”。在学讲团的服务带动下学生支部理论学习质量显著提升，朋辈教育项目不断涌现，一大批华中科技大学青年投身讲党史、讲校史的行列。在华中科技大学，“学理论、讲信仰”蔚然成风，党旗在学生群体中高高飘扬。

（徐东辉，马胤任，赵红艳，汪建辉）

研究生红色理论学讲团《习近平谈治国理政》第四卷学习辅导
暨2022年秋季学期第一次全员大会

星星之火　畅聊华园

——华南理工大学“习语心传”学生党员宣讲团的实践探索

一、基本情况

华南理工大学“习语心传”学生党员宣讲团是由华南理工大学学生工作部（处）指导成立的党建创新特色组织，成立于2018年4月，有宣讲员60余名。宣讲团旨在以青年的视角带头学、用心讲、率先行，深入基层“面对面”宣讲习近平新时代中国特色社会主义思想，推进党的创新理论在青年心中落地生根。自成立以来，宣讲团累计开展各类宣讲活动近200场，覆盖人数超10万人，构建起“学—讲—传”为主线的宣讲工作机制，形成了“党心述芳华”校园大型宣讲、“星火聊园”基层微宣讲、“红色基因工程”实践活动三大活动品牌，形成以“朋辈引领”为核心的育人传统，有效引导广大青年学生增强“四个意识”、坚定“四个自信”、做到“两个维护”，助力培养担当民族复兴大任的时代新人。

二、案例背景

当前，高校在校大学生群体以“00后”为主，他们思想活跃、开放，所接触信息多元化、碎片化，更容易受到不同思想的冲击，在各类文化思潮、意识形态和网络信息的冲击下，利用鲜活、生动的手段，让理论“活”起来，让事例“立”起来，让听众“燃”起来，让思想进一步入脑入心，是做好大学生思想引领工作的关键。

（一）宣讲需要“因事而化、因时而新”的创新手段

当前大学生思想政治理论教育仍集中于传统的思政理论课教学环节，个别存在照本宣科的理论灌输，陷入老师讲学生听的被动局面，所以需要“因事而化、因时而新”的创新手段，发挥学生党员作为思想引领的“排头兵”作用。

（二）宣讲需要“短小精悍、灵活多变”的讲解方法

思想理论宣讲教育的活动形式多表现为大型活动、党团培训等，集中教育多，深入和渗透到学生日常小单元少。思想理论教育在目前这个“快餐式”内容为主的全媒体传播时代，容易陷入形式固化、内容宽泛的被动局面，需要以“短小精悍、灵活多变”的讲解方法适应当代信息传播的特点。

（三）宣讲需要“促膝谈心、直抵心扉”的亲切感

理论的“深奥感”和老师的“距离感”让理论走进学生内心存在难度。不少学生选择束之高阁、敬而远之，不愿意细品慢咽，不愿意主动思考，不愿把对当下社会生活的切身认知同政策理论相结合。因此宣讲需要“促膝谈心、直抵心扉”的亲切感。

如何在大学生群体中更好地开展政治理论宣讲活动，是当前学生思想政治工作面临的重要课题。开辟理论学习的“第二课堂”，契合学生的发展特点，主动适应时代的新变化，加强学生思想政治工作的模式创新、方法创新，才能探索出一条适应新时代发展的理论宣讲途径，推动习近平新时代中国特色社会主义思想更好在青年心中落地生根。

三、主要做法

华南理工大学“习语心传”学生党员宣讲团面对学生思想政治教育中的痛点难点，聚焦宣讲不够生动、鲜活等问题“对症下药”，用青年人声音讲述青年故事，有针对性地开展学生党员宣讲活动。

（一）“学”原文原著，学深悟透思想伟力

以学为先，学中有思，思后能传。只有将思想充分地武装起来，才能更好地化成自己的语言讲出来。因此，宣讲团一直以理论学习为引领，打牢理论基础。宣讲团成立了学校第一个功能型党支部，进一步强化了组织力、学习力建设，从而更好地开展宣讲团的日常理论学习工作。通过线上“每日一学”，形成学习“大接龙”，开展领学、导学和研学互动并形成文字，让宣讲团成员能真正学深悟透。同时，宣讲团充分依托马克思主义学院、习近平新时代中国特色社会主义思想研究中心、“一面旗”和“红棉”等辅导员工作室的资源，开展“三会一课”，不仅潜心研读原著原文，认真学懂弄通习近平新时代中国特色社会主义思想发展历程、内容体系、精神内涵，同时共同探讨如何进一步增强党的创新理论的说服力，提升思想政治教育工作

的亲和力。

（二）“讲”真情实感，讲好讲活青年故事

为深入学习贯彻习近平总书记关于党的历史重要论述精神，推动党史学习教育走深走实，发挥朋辈引领作用，“习语心传”学生党员宣讲团自2021年6月起在全校范围内开展“星火聊园”基层微宣讲活动。“星火聊园”基层微宣讲意为“星星之火，畅聊华园”，旨在让优秀学生党员以朋辈的视角，用青年人的语言，深入学生党团支部、中小学、社区、企业等讲好青春故事。

“星火聊园”宣讲主题涵盖学习习近平新时代中国特色社会主义思想、党史学习教育、中国梦和青年使命、毕业生廉政宣传等，面向全校各院（系）学生党支部、班级（团支部）、社团组织开放预约。课程全部由宣讲团学生集中选题研讨、备课、试讲，宣讲的内容紧密结合专业与理工科学生学习实际，打开“切入口”，把抽象的理论知识，转化为学生日常“触手可及”“切身体会”的案例，无声地融入讲述内容中，达到思想浸润的目的。目前，该系列活动已在基层党团支部、班级等开展近100场，活动覆盖人数超20000人。

“星火聊园”不仅在大学生群体中广受欢迎，也积极走出去，融入中小学和社区的党史宣讲中。宣讲团成员利用暑假时间，走向公司与社区。在湖南理工学院附属实验学校小学部、中学部，结合中小学生特点精心筹划系列课程：“不忘初心木棉红，感召羊城赤子心”深情回顾了学校先贤为了国家前途和民族命运甘洒热血的英雄气概；“不惧荆棘风雨路，科技强国砥砺行”讲述了中国芯片的“卡脖子”之痛；“不忘初心接续奋斗，牢记使命担当作为”分享了西部支教志愿者的故事，展示了伟大的脱贫攻坚和乡村振兴成果；“百年党史百年歌，红色经典咏流传”带领小朋友们唱响伟大中国的红色旋律。

（三）“传”红色基因，多维并举赓续红色血脉

“习语心传”学生党员宣讲团创新模式，打造一批精品课程，开辟多种途径传承和赓续大学生心中的红色血脉。有关课程获得了广东高校大学生讲党史公开课展示活动一等奖2项，二等奖1项，三等奖1项。课程作为学校新生入学教育环节中的“党史必修课”，在大学生易班平台上播放，播放近万次。“星火聊园”基层微宣讲还打通党员发展“全过程”。宣讲课程被纳入学校入党积极分子先锋班线上培训课程体系，走进了学校党委党校学生入党培训领航班。

宣讲团将积极利用新媒体宣传平台，让宣讲不拘泥于“讲”，而是“寓教于乐”，即在活动和游戏中让大家接受教育，在一言一行的“潜移默化”中感悟思想。宣讲团成员根据自身成长背景，按照学业科研、学生工作、社会实践、创新创业等专题以演讲、访谈和辩论等形式与其他学生进行思想交流。

四、工作成效和经验启示

华南理工大学“习语心传”学生党员宣讲团是学校对新时代大学生思想政治教育的“朋辈引领”模式的有力探索，宣讲团以朋辈的视角，广泛深入学生群体，用青年人的语言开展基层宣讲。宣讲结合学校实际和当前广大青年普遍关注的热点问题，讲出青年风格，通过精准深入的阐释、扎实鲜活的案例、生动激扬的演讲，讲好中国故事，传递青春能量。在广大学生党员群体中形成了典型的示范引领效应，对于在学生中提升党员形象、加强自我认同，有着较强的现实意义。

（一）打造出“星火聊园”基层微宣讲品牌

“星火聊园”基层微宣讲以学生党员为宣传主体，以朋辈亲和力为切入视角，以学习的有效性为导向，在学校内外各基层支部开展面对面宣讲，通过“吸引力足、感染力强、号召力大”的方式，从朋辈视角解读党史理论与当代大学生青年的联系，宣讲内容兼具政治高度、理论深度、实践热度、说服力度、情感温度，形成了“朋辈引领”的鲜明品牌特色。

“星火聊园”已经是学校党建宣传的品牌项目，各院系和各大学生组织均积极寻求深度合作，将宣讲融入学校思想政治教育引领的活动中，同时，逐渐形成了讲座试讲制度、观摩制度、听众反馈制度，选择优秀讲座进行重点培育，不断提升宣讲能力，拓展宣讲广度。宣讲团已培育一名广东省“百姓宣讲员”，一人获全国大学生党史知识问答大会“优秀选手奖”。

（二）形成了“四位一体”的辐射育人体系

已经形成了以理论学习为引领、宣传宣讲为方法、实践育人为途径、入脑入心为目的的“四位一体”辐射育人体系，坚持以学为先、学中有思、思后能传，以朋辈的视角深入基层面对面宣讲习近平新时代中国特色社会主义思想，推动党的创新理论进支部、进班级、进社区。宣讲团在校内火爆预约的例子生动表明，只要能选择好贴近生活、贴近学习的内容，结合自身成长成才经历，进行针对性的分享，发挥学生党员的朋辈号召力，党建活动就能变得更生动、活泼、受欢迎。目前宣讲团已经辐射带动部分二级院系筹建更多宣讲团。

（三）总结出“朋辈引领”的党建创新特色

宣讲团构架“朋辈宣讲”的长效化体系，已搭建以“习语心传”学生党员宣讲团为载体的建设平台，构建了以“学—

讲一传”为主线的宣讲工作机制，形成了涵盖“党心述芳华”“星火聊园”“红色基因工程”三大重点的工作育人体系，做到广覆盖、多维度，以青年人的视角讲述青年故事，形成了典型的示范效应。

（李　俭，连维越，张钰奇，江罗倩）

百年大党 风雨东方
青春向党 续写辉煌
华南理工大学2021级新生入学教育

学生党员宣讲团

树立“青年榜样” 面向“青年学生”
讲好“青年故事”

——兰州大学“青马工程”大学生骨干理论宣讲团的实践探索

一、基本情况

兰州大学围绕青年马克思主义者培养工程（简称“青马工程”），深入学习贯彻习近平新时代中国特色社会主义思想，认真落实立德树人根本任务，坚持“学思用”贯通、“知信行”统一，不断强化“青马工程”为党育人的政治功能。在深入实施“青马工程”的基础上，组建了兰州大学“青马工程”大学生骨干理论宣讲团（简称“青马”宣讲团），通过推出一批具有忠诚的政治品格，浓厚的家国情怀，扎实的理论功底，突出的能力素质，忠恕任事、人品服众的“青年榜样”，以理论宣讲和实践研学为主要形式面向“青年学生”讲好“青年故事”，真正打通青年大学生理论宣讲的“最后一公里”。

二、案例背景

2019年9月，为了响应团中央部署实施“青年讲师团”计划，面向青年常态化开展理论宣讲，进一步以习近平新时代中国特色社会主义思想引领凝聚青年，推动党的青年理论武装工作创新发展，兰州大学团委开展大学生骨干理论宣讲比赛，培养选拔优秀大学生骨干组建“青马工程”大学生骨干理论宣讲团，加强“青马”宣讲团建设，打造“青马”宣讲金课。

自成立以来，“青马”宣讲团累计宣讲数百场，面向甘肃团省委领导、兰州大学各学院基层团组织、校院学生干部骨干和学生代表以及部分兄弟院校师生，受众累计数万人。宣讲内容包括习近平总书记视察甘肃重要讲话精神、兰州大学“坚守·奋斗”精神、青年志愿者事迹分享、五四精神传承以及抗“疫”故事等，努力用小故事阐释大道理，用身边人讲述身边事，找准切入点，提炼真善美，以小见大，见微知著，让听众从身边典型和朴实故事中领悟意义、感悟能量。新冠肺炎疫情期间与清华、北大、复旦、西安交大等多校开展的联合宣讲已被“学习强国”、中青网、高校思政网、共青团新闻联播、甘肃青年等多次报道，也在B站等新兴平台进行展示，扩大了团队影响力，对青年之声的传播起到了积极作用。

三、主要做法

一是明确“谁来讲”，构建“全方位”宣讲矩阵。

（1）以“小角色”组建“大队伍”。兰州大学团委聚焦主责主业，扎实有效开展宣传思想文化工作。在纪念五四运动100周年、喜迎新中国成立70周年、兰州大学110周年校庆年各项活动有序推进之际，兰州大学团委响应团中央在全团部署实施的“青年讲师团”计划的号召，举办了以“青马工程”大学生骨干培训班（至公班）成员和团支部书记为主体的大学生骨干理论宣讲大赛，脱颖而出的青年“金话筒”组建成新一届“青马工程”大学生骨干理论宣讲团。与此同时，“青马”宣讲团每年面向全校学生招募理想信念坚定、热爱理论宣讲的核心骨干，聘任思政名师担任指导教师，邀请优秀青年担任特聘宣讲代表，统一进行培训备课，致力于建立一支高标准、严要求的宣讲团队伍，打造“共建共育，齐学齐教”的良好平台。

（2）以“严要求”打造“新成就”。成立以后，“青马”宣讲团深入持续以习近平新时代中国特色社会主义思想引领凝聚青年，推动党的青年理论武装工作创新发展，常态化开展宣讲培训和集体备课，通过理论宣讲大赛培养选拔宣讲骨干，与“青马工程”的育人要求相结合，培育打造宣讲“青骑兵”，构建“讲理论、讲政策、讲故事”的全方位宣讲矩阵。针对基层党支部、团支部、师生团干部培训班、省级和校级“青马工程”学员、新生爱国主义教育等打造宣讲课程，开展各类宣讲30余次，覆盖师生超过30000人次。2021年中国共产党成立100周年之际，宣讲团围绕党史学习教育，精心打造“青马”微团课三个版块共7讲，面向各学院团委、各学院党团支部开启线上预约宣讲。

二是定位“在哪讲”，打造“宽领域”输出格局。

（1）以“小载体”发挥“大能量”。“青马”宣讲团通过“线上＋线下”双向发力的方式，打破时空限制，拓宽输出渠道。线下以集中学、专题培训、座谈会、事迹分享等形式开展学习教育，以即将开馆的青年思政教育展览馆、三下乡实践活动、国旗下演讲、团支部内宣讲为阵地，针对不同活动层面和受众人群需求设计不同的宣讲课程，采用讲解PPT、播放音视频等多种形式开展宣讲活动，争取做到各级团组织全覆盖、广大团员全覆盖，打通理论宣讲的“最后一公里”。线上以“青春兰大”微信公众号、高校思政网、“共青团新闻联播”、“甘肃青年”等为载体，开通党史学习教育预约专栏，推出微宣讲视频。“青马”宣讲团已经设计制作打造微视频7部，其中2部被“学习强国”、“甘肃青年”等平台转发推送，浏览点击量达3万人次。

（2）以“朋辈学”促进“齐宣讲”。“青马”宣讲团与其他高校宣讲团联系紧密，交流广泛。自成立以后，多次开展与其他高校的联合宣讲活动，反响热烈。从“七校联合宣讲”到“十校联合宣讲”，从“西部高校联合”到“东西部高校联合”，从“居家隔离的特殊时期”开展到“恢复正常学习工作的寻常周末”开展，从线上宣讲到线下交流，“青马”宣讲团已经与多所高校宣讲团建立了交流学习合作机制，联合宣讲的内容越来越丰富，开展实现常态化，宣讲受众也越来越广泛。“青马”宣讲团已加入全国高校青年宣讲社团，后期将继续与全国各大高校展开合作宣讲活动。

三是紧扣“怎么讲”，创新“多样化”学习形式。

（1）以“小课堂”激发“大活力”。“青马”宣讲团以读、研、讲、论为载体，用生动活泼、受众喜闻乐见的方式面向团员青年开展理论宣讲。组织团员深入学习原著，深刻体会原理，通过备课会、研讨会、读书班、专题讲课、红色教育、革命传统教育等活动增强理论素养，增加理论认同，提高宣讲能力。先后在兰州大学城关校区、榆中校区开展“国旗下的演讲”主题活动十余场，两千余名师生参加，学习贯彻“新思想、新理念、新战略”，广泛开展“四史教育”。

（2）以“小故事”阐释“大道理”。深入挖掘陇原和兰州大学红色事迹和红色故事，全面开展融入式、嵌入式、渗入式宣讲，不断增强宣讲感染力与吸引力。依托兰州大学七烈士碑、榆中县张一悟纪念馆、八路军兰州办事处纪念馆、兰州市烈士陵园等爱国主义教育基地，从讲好陇原和兰州大学红色故事出发，创新宣讲方式、丰富宣讲内容、录制宣讲视频，着力打造实景模拟宣讲课堂，使团员青年在听、看、感、悟中重温党的历史，牢记初心使命。

（3）以“青视角”讲述“青理论”。精心准备，认真打磨，寻找理论宣讲“青”角度，从青年的视角诠释理论，让党的理论更接地气，围绕党的政策、理论、指导思想，时事热点和兰大精神等打造“青马金课”和理论素材库。目前，已经打磨“习近平总书记视察甘肃重要讲话精神”“兰州大学坚守奋斗故事”“青年爱国主义”“脱贫攻坚故事”“战疫故事”“青年志愿者事迹分享”“五四精神传承”“四史教育”“党代会精神”等多个主题，通过学校学院的学生骨干培养、基层团支部团课、主题团日、重大节点理论宣讲等为学校思政教育提供了全新的思政育人平台，拓展了思想理论宣传的前沿阵地。青年人讲青年事，理论宣讲走深走实。“青马”宣讲团把理论知识转换为青年语言，用小切口呈现大主题，用小故事讲清大道理，让青年听得明白、理得清楚、学得扎实，理想与信念在心中进一步扎根。

四、经验启示

大学生理论宣讲不仅是实现高校“实践育人”的广阔平台，

而且是加强大学生自身思想政治素质的良好机遇。在青年愿讲、青年爱听的“双向奔赴”中，兰州大学“青马”宣讲团积累了以下三方面青年理论宣讲工作的探索经验。

一是要深学细悟，把准理论内核。做好理论宣讲，学懂弄通做实是基础。只有认认真真学原文，反反复复读原著，才能把握理论精髓、掌握精神要旨，进而获得实效。宣讲团成员应通过集体授课、个人自学和交流研讨相结合的方式，在新时代新征程下的青年理论宣讲工作中找准要求、领受任务，主动找题、积极解题、认真答题，更好团结引领广大青年。

二是要强化研究，提升宣讲能力。理论掌握从来就不是容易的，这是一门重要的科学。做好理论宣讲，需要结合宣讲实践深入思考理论阐发青年化的路径和机理，及时把准青年思想脉搏，深入把握青年工作规律，更好地把党的科学理论讲清、讲实、讲活，更好提升青年对党的科学理论和路线方针政策的政治认同、思想认同、情感认同，让新时代党的思想旗帜和精神旗帜在青年心中进一步飘扬。

三是要创新方式，增强宣讲实效。要紧密联系青年，创新方式手段，努力增强理论宣讲课程的吸引力和实效性。一是开展主题式宣讲。把准青年最关注、最困惑的，带有普遍性意义的理论和现实问题，通过主题宣讲进行直接回应、释疑解惑，把现象背后的逻辑、指引实践的理论说清楚。二是开展互动式宣讲。在理论宣讲中融入个人思考和真实感受，在思想情感上与青年产生共鸣。通过小范围座谈、专题研讨、主题沙龙等方式与青年进行互动交流。运用视频、图片等素材，全面、生动、立体地呈现宣讲内容。三是开展实践式宣讲。依托全国青少年教育基地、红色革命遗迹等各类载体，在生活场景中讲解党的最新理论成果，使面向青年的宣讲更接地气、更有温度，让正能量产生“大流量”。

五、工作成效

兰州大学“青马”宣讲团以深入学习宣传贯彻习近平新时代中国特色社会主义思想为核心，系统学习党的历史和党的理论方针政策，持续推动党的青年理论武装工作创新发展，通过青年讲述宣传和诠释马克思主义基本理论和习近平新时代中国特色社会主义思想的深刻内涵。

一是打造理论宣讲“青”骑兵。精心准备，认真打磨，从青年的视角诠释理论，让党的理论更接地气，围绕党的政策、理论、指导思想，时事热点和兰大精神等打造“青马金课”和理论素材库，共创新打造“学习习近平总书记‘七一’重要讲话精神”、“学党史、强信念、跟党走”党史学习教育系列宣讲课程、“红色陇原·星火相传”专题宣讲课程等专题“青马金课”146门，面向全校党、团支部和学生组织等开展宣讲，覆盖基层团支部500余个、团员青年10万余人次。相关活动和精品课程受到中青网、新华社、“共青团中央”、“甘肃青年”等主流媒体多次报道，也在B站、微博等新兴平台进行展示。同时，选派宣讲团骨干成员赴央视与甘肃省电台进行党史宣讲，参加“百名书记讲党史”、“新时代新思想‘森林消防杯’”全省党史宣讲大赛、“赓续红色血脉”党员理论宣讲大赛、大学生讲思政公开课等专项活动。

二是彰显“疫情抗击”青年力量。新冠肺炎疫情发生以后，“青马”宣讲团积极探索线上宣讲的新方式，依托时政热点、聚焦社会新闻等大学生最关心的话题，发挥团队优势产出众多优质录播宣讲视频，并与国内十余所高校学生宣讲团联合开展宣讲活动，讲述援鄂医疗队事迹，汲取最美榜样力量；传承红色精神，牢记中国青年的初心使命。2021 年 11 月，在金城兰州疫情肆虐之际，组织开展“齐聚陇原·共克时艰”红色陇原精神宣讲会，2000 余名团员青年线上参与宣讲会并进行了互动交流。

三是高校联动铸牢党史学习教育青年阵地。兰州大学“青马”宣讲团联合国内知名高校成立“西部高校宣讲联盟”并参与“学党史，强信念，跟党走”全国高校青年宣讲团宣讲交流展示会暨全国高校青年宣讲团联讲；受邀加入“全国高校青年宣讲联盟”，参与清华大学博士生讲师团“立言计划”，为实现校际课程资源联动共享，携手清华大学、浙江大学、武汉大学等高校联合组建高校精品课程资源库，并开展“全国高校党史接力宣讲”；受邀参加“全国高校青年宣讲团宣讲交流展示会”，携手北京大学、复旦大学等 20 余所高校开展“学党史，强信念，跟党走”全国高校青年宣讲团联讲。相关活动获得《人民日报》、《中国青年报》、光明网等主流媒体的关注和报道。

“青马”宣讲团作为兰大青年理论宣讲的中坚力量，通过青年让党史理论宣讲更接地气、更有活力，让理论宣讲真正成为连接理论与实践、政策与群众的桥梁，真正成为“确保党始终同人民想在一起、干在一起”的关键环节，进一步让理论知识入耳、入脑、入心，进一步让思政教育有阵地、有途径、有回音。

（温　鑫）

二、传承红色基因，赓续红色血脉

以现场宣讲站解锁党史教育新场景

——清华大学博士生讲师团校园现场宣讲站的实践探索

一、基本情况

全面开展党史学习教育以来，清华大学博士生讲师团以“党建引领，清华精神，专业特色”为宗旨，重点开展党史校史系列现场宣讲站建设工作。通过打造经典风物与特色实验室两类现场宣讲站，形成内容“实”、方式“活”、语言“鲜”的沉浸式宣讲模式。在清华大学110周年校庆期间，讲师团现场宣讲站专场直播在模拟法庭、北斗卫星定位系统、神经调控系统中心、马克思主义百年传播展等处举行。清华大学研究生会、清华研读间直播平台集中直播宣讲，观看量2.3万余人次。为进一步拓展宣讲形式，讲师团还引入VR技术，拍摄红色宣讲站全景视频，计划实现随时随地扫码观看宣讲，为校内外观众提供沉浸式党史校史学习新体验，打造更具“青年感”、更符合“青年味”的宣讲，有效助力青年学生学习和传播党的历史和创新理论。校园现场宣讲站通过探索党史学习新形式、解锁党史教育新场景，有效提升了清华红色风物宣讲覆盖面，实现矩阵式推广和宣讲出圈。

二、案例背景

打造沉浸式常态化宣讲。校园现场宣讲站是创新开展党史学习教育的有效载体，是挖掘校史红色文化资源的有效方式。清华大学博士生讲师团充分利用学校红色文化资源作为生动教材，建立包括“三院遗址·清华第一个中共支部诞生地”宣讲站、清华英烈纪念碑宣讲站、闻一多纪念亭宣讲站等 16 个线下沉浸式宣讲站，形成“百年风华建党路”“科技创新强国志”“自强不息清华情”“敬业奉献爱国心”四条宣讲路线。讲师“动态”宣讲与场景教学、实物辅助相互配合，将参观、宣讲、互动环节有机结合，打造一批旨在提供沉浸式宣讲体验的现场宣讲站。现场宣讲站已实现常态化预约宣讲，通过常规宣讲提升校园红色宣讲站影响力。

开展多节点互动式大型宣讲。以重大时间节点为契机，面向校内党团班集体举办大型现场宣讲活动。在“九一八”事变 90 周年纪念日和烈士纪念日，于清华英烈纪念碑前开展主题为“不能忘却的纪念”的沉浸式宣讲活动，回顾清华前辈们在时局动荡、民族存亡时期，为祖国安危与革命信仰英勇献身，为民族独立和人民解放而“捐躯赴国难”的光辉事迹。师生通过品味宣讲、默哀悼念、签名致意、献花鞠躬等环节，向英烈致敬、寄托哀思。每年清明节祭扫系列宣讲活动中，在“三院遗址·清华第一个中共支部诞生地”纪念碑前，讲师阐述“三院遗址”的红色背景、历史变迁与特殊意义，追溯清华第一个党支部的成立和早期党组织的光荣历史。

三、主要做法

统筹基本盘，深耕校园红色文化资源。清华大学深厚的文化传统和接续传承的红色精神是党史校史宣讲的基础与灵魂，清华大学博士生讲师团坚持以“内容为王”理念为导向，厚植红色现场宣讲站的理论根脉、精神底色、历史底蕴，形成了论处有据、载体新颖、主题鲜明的现场宣讲内容与路线。通过深入研究校园风物分布，合理规划宣讲站点选址，充分利用学校丰富的红色文化资源作为宣讲的载体，建立了多层次、多场景、多领域、多形态的宣讲平台。以理论逻辑统筹宣讲主题，将16个宣讲站整合形成四条风格各异的宣讲路线，经过整合凝练彰显出精神实质，有助于教育内容高效传递。博士生讲师团创造性开展的“清华风物　百年传薪”系列现场宣讲活动已成功举办多期，学生们在讲师带领下走宣讲路线、观校园风物、坚理想初心。

标定动力源，融入“大思政”育人体系。作为宣讲需求侧的最基础组织主体、学校“大思政”育人体系的“神经末梢”，党班团集体刚性需求大、影响范围广、牵动效应强。博士生讲师团把握主动，让现场宣讲站深入校园，立足学生最可触达的实际场景，面向学生最具需求的学习活动，在党班团集体这片“广袤良田”安上了“水利枢纽”。现场宣讲站充分盘活了党团班支部活动与宣讲站的对接，让理论宣讲进到地头、落到实处、见到成效，在学生高度的参与互动中实现深度学习、情感认同和价值塑造。“代入感十足，仿佛穿梭古今、亲历现场。”清华大学精密仪器系和南开大学电光学院的学生前往闻一多纪念亭和三院遗址纪念碑听现场宣讲，浓浓的参与感和见证感让学生们倍感震撼，深受感染。实践愈发证明，依托校园宣讲站开展宣讲，在党班团集体建设中能起到重要作用，日益促进理论宣讲在“大思政”育人体系中的作用发挥。

四、工作经验

构建支撑面，依托院系特色优势。博士生讲师团与各院系通力合作，挖掘院系具有历史文化底蕴的宣讲场景，既让院馆场景更生动，通过日常空间场景浸润在无形中对师生进行院史院情教育，也为理论宣讲提供了更多“微空间”，增强了理论宣讲的现场氛围和“在场”意识，让理论宣讲更鲜活。例如，依托马克思主义学院主办的“中国共产党与马克思主义百年传播主题展”和“清华大学马克思主义理论教育与研究成果展”两组展览建设的中国共产党与马克思主义百年传播现场宣讲站；围绕清华理工学科群发展沿革和当代成就进行宣讲的科学馆宣讲站，将理论宣讲的一致性和院系特点的多样性有机结合，为院史院情教育架设了展台，为现场理论宣讲搭建了舞台，为师生体悟学习提供了平台。在借助院系特色优势协同搭建现场宣讲站的过程中，博士生讲师团也构建了一套体系完整、运转有效的工作模式。讲师团注重强化全过程管理，建设宣讲站资料库，实施准入、考核、反馈全周期一体化综合性服务管理机制，划清责任单位，明确开放时间，匹配在岗讲师，动态掌握现场宣讲站理论宣讲开展情况和相关支撑场景、辅助设施维护状态，取得了良好成效。

挖掘生长点，打造沉浸式体验。为了充分用好用活校内红色资源，清华大学博士生讲师团不拘泥于校内现场实体宣讲，善于利用新技术提升宣讲覆盖面，把握当代青年喜闻乐见的宣讲形式，不断挖掘生长点，拓宽优质宣讲传播途径，丰富宣讲体验。运用“构境式”教育方法，不仅构筑了“实践之境”“历史之境”，更进一步搭建“虚拟之境”“云端之境”，利用 VR 技术拍摄宣讲站“全景视频”，并且在视频中添加互动环节，创新红色理论学习形式，为学生提供更为丰富的宣讲体验，营造“临场感”、保留“沉浸感”、增强“互动感”，并计划进一步突破时空限制，将全景视频上传云端，随时随地扫码观看宣讲，借助先进传媒手段，通过网络技术推广传播，实现各平台互通，打破“次元壁”，实现优质校史资源从校园思想政治教育主阵地走向青年文化圈层，走进青年学生精神世界。通过 VR 技术创建清华大学红色风物“云端展厅”，为校内外师生提供聆听校史故事、领略红色风物、领略清华精神的窗口，极大地提升了宣讲覆盖面和红色资源利用率。

五、工作成效

营造仪式空间氛围，让思政教育如盐化水、润物无声。高校思政教育文化的传播需要借助一定的载体，包括物质载体、制度载体和行为载体等。仪式教育作为高校文化传承的有形载体，在高校文化的传承中逐渐受到人们的重视，而且发挥着越来越重要的作用。现场宣讲站沉浸式宣讲是仪式教育的一种，能够让思政教育如盐化水、润物无声。宣讲站沉浸式宣讲仪式活动是多种艺术形式的融合与创造性的运用，透过视觉听觉等多种感官刺激，让听众产生多种意识水准下的综合效应，让思政教育更加入心入魂。总而言之，宣讲充满活力和激情，具有感染力、号召力、影响力，可以在青年朋辈之间弘扬主旋律、传播正能量。

实现知识传授、能力培养、价值塑造的统一。在以往，偏重知识的教育使得我们的党史教育主要存在着学生自主学习积极性不高的问题，讲师在宣讲前要全面学习理论、深入研读经典，将知识的传授做到实践化、系统化、专业化，并不断创新内容和形式。在各个新场景宣讲中，讲师们不仅能通过专业的理论指导和宣讲技能培训提升讲师理论功底和表达能力，还能在深度的理论研讨和浸润式交流与学习中巩固理论学习成果，扎实理论功底，更能在多维度的实际宣讲实践中锻炼自己，增强自身对受众的服务意识和情怀，促使教育主体关怀意识的外化。总而言之，在加强革命传统教育、爱国主义教育、青少年思想道德教育过程中要让知识传授、能力培养和价值塑造“三位一体”有机结合起来。

（黄　日，施华杰，龚柯钱）

先烈回眸应笑慰
擎旗自有后来人

担成才报国使命　汇青年时代强音

——南开大学“成才报国”青年宣讲团的实践探索

一、基本情况

为全面贯彻习近平新时代中国特色社会主义思想，深入学习党的二十大精神，深入贯彻习近平总书记视察南开大学重要讲话精神，持续推动南开大学共青团学党史、悟思想、办实事、开新局，切实提升引领凝聚青年、联系服务青年、组织动员青年的能力和水平，在南开大学党委的领导下，南开大学团委高标准选拔、高质量建设、高要求培育南开大学“成才报国”青年宣讲团，开展党史学习教育专题宣讲，打通青年理论武装工作的“最后一公里”。南开大学“成才报国”青年宣讲团由南开大学团委青年马克思主义理论研究中心统筹管理，由青年讲师团、校“青马”领学团、学院基层学生特色宣讲团三个梯队组成，紧紧围绕学习宣传贯彻习近平新时代中国特色社会主义思想、落实落细党史学习教育，努力提升青年师生政治判断力、政治领悟力、政治执行力，针对校内外不同群体打造一批青年理论“金课”，提升宣讲服务综合实力，在校内外发出青年时代强音。

自2020年5月成立以来，南开大学“成才报国”青年宣讲团不断完善制度体系、拓宽覆盖面，从最初的4支学院基层学生特色宣讲团（红色记忆宣讲团、学生永怀精神宣讲团、周恩来精神展演团、杨石先宣讲团）和2支学校团委培养宣讲团（师生同行成才报国宣讲团、青春战“疫”宣讲团）逐步发展为囊括20余位青年教师的青年讲师团、校“青马”工程培训班学员组成的青马领学团和21个学院推荐的21支覆盖不同专业的基层学生特色宣讲团，人数达到400余人，最大程度凝聚了各类学科人才，促进了各种思维的碰撞，推动理论宣讲与学科专业结合，创新形式和内容，提升宣讲实效。

二、案例背景

2019年1月17日，习近平总书记来到南开大学考察调研。他参观了百年校史主题展览，察看了化学学院和元素有机化学国家重点实验室，并同部分师生代表亲切交流。习近平总书记强调，爱国主义是中华民族的民族心、民族魂。南开大学具有光荣的爱国主义传统，这是南开的魂。当年开办南开大学，就是为了中华民族站起来去培养人才的。我们现在迎来了从站起来、富起来到强起来的阶段，我们要把学习的具体目标同民族复兴的宏大目标结合起来，为之而奋斗。只有把小我融入大我，才会有海一样的胸怀，山一样的崇高。希望你们脚踏实地，在新的起点作出你们这一代人的历史贡献，成为南开大学新的骄傲。

为深入学习宣传贯彻习近平新时代中国特色社会主义思想和习近平总书记视察南开大学重要讲话精神，增强青年理论宣讲队伍整体培育建设，提升共青团“引领力”，2020年五四青年节之际，南开大学团委整合各类宣讲资源，成立“成才报国”青年宣讲团，牢记习近平总书记的殷殷嘱托，以青年声音讲好党的创新理论。宣讲团最初成立时共有四类分支：弘扬宣讲南开先贤先烈精神事迹的基层学生特色宣讲团，以“师生同行”社会实践项目为依托、以讲好南开人新时代“知中国 服务中国”实践故事为特色的“师生同行成才报国”宣讲团，整合各类理论社团、理论之星、青马班骨干等宣讲人才资源所形成的青年理论宣讲团，整合各类校内青年榜样所形成的青年榜样宣讲团。

三、主要做法

一是组织化建设宣讲团队，提高政治站位。南开大学团委严把宣讲团政治方向，主动同党中央精神对表对标，紧紧围绕学习宣传贯彻习近平新时代中国特色社会主义思想、推进党史学习教育常态化长效化，打造南开青年理论“金课”，在校内外讲清、讲实、讲活党的科学理论。宣讲团第一梯队由在思想政治教育和专业教学一线的优秀青年教师组成，第二梯队由南开大学“青马工程”培训班“青马领学团”组成，第三梯队由基层特色学生宣讲团组成。三个梯队根据实际情况设计面向不同群体的课程“菜单”，定期举办集体备课会，邀请专家名师为宣讲团成员进行培训授课，不同学科背景的青年师生共同研习领会党中央最新精神指示，重点研究如何宣传好党的百年重大成就和历史经验等重要问题，共同研讨宣讲主题、思路与方法技巧，不断提升宣讲质量。

南开大学“成才报国”青年宣讲团由校团委青年马克思主义理论研究中心指导和监督运行。青年马克思主义理论研究中心根据学校要求和各宣讲团实际情况，制定了《南开大学“成才报国”青年宣讲团基层学院特色宣讲团建设管理办法》《南开大学“成才报国”青年宣讲团宣讲活动管理办法》，对宣讲团的长远规划予以指导，对宣讲活动的设计、宣讲活动的准备与报备、宣讲活动的观摩与评估等工作进行具体要求，推动宣讲团规范化建设运行、组织化开展活动。

二是精细化设计宣讲课程，用心打造精品。宣讲团定期举办集体备课会，不同学科背景的青年师生共同研习领会党中央最新精神指示，重点研究如何宣传好“七一”重要讲话精神、中国共产党人的精神谱系、十九届六中全会精神等重要问题，围绕党史学习教育共同研讨宣讲主题、思路与方法技巧。南开大学团委依托理论中心组学习机制，邀请全国党的建设研究会特邀研究员、南开大学马克思主义学院教授、博士生导师张健，中央团校（中国青年政治学院）教授、共青团工作理论研究所所长吴庆等专家名师为宣讲团成员就“怎样学好讲好党的历史”“青春如歌——中国共产党与中国青年100年”等主题培训授课，打好方法基础；邀请专家教授领学习近平总书记“七一”重要讲话精神，解读百年党史的“一个主题”“四个伟大成就”“四个庄严宣告”，以伟大建党精神为代表的“中国共产党人的精神谱系”，引领宣讲团成员牢牢把握“九个必须”的经验启示和根本要求，立足共青团和青少年工作的历史方位，增强为党育人的时代感方向感，提升大局贡献度。通过一系列备课活动，打造高质量宣讲课程，已打造精品宣讲作品50余部。

一部分基层学生特色宣讲团如杨石先精神宣讲团主要宣传南开先贤人物精神。他们通过宣讲、采访、调研等形式掌握先贤人物事迹，着力挖掘先贤人物精神内涵，选择人物不同时期的动人事迹，采用多种形式展示讲解，展现人物精神品质。杨石先精神宣讲团将杨石先的生平事迹、科教成果、情怀担当、精神品质以话剧等形式融入课程设计。

三是高质量开展宣讲实践，传播南开声音。宣讲团紧跟国内政治大事，2021 年先后开展三期主题宣讲。2021 年 4 月上旬，第一期“成才报国”青年宣讲团面向校内外推出了“学党史、守初心、担使命——中国共产党的百年历程和基本经验”“换了人间——大历史观视野下中国共产党的百年奋斗”“以人民为中心：中国共产党的初心使命”“中国共产党早期的组织制度与革命实践”“历史转折中的中国共产党人”“由‘到延安去’及‘到祖国最需要的地方去’——今昔对照中的中国共产党人精神谱系”等 6 门讲师课程，以及“人间正道是沧桑”“将小我融入大我，将青春奉献祖国”“传承‘两弹一星’精神，走好民族复兴之路”等 40 门学生团队特色宣讲课程；2021 年 10 月 9 日，第二期“成才报国”青年宣讲团面向校内外推出了“感悟百年党史，赓续红色血脉——学习贯彻习近平总书记‘七一’重要讲话精神”“大事难事看担当——深入学习领会习近平总书记‘七一’重要讲话精神，从党的历史中汲取智慧和力量”等 15 门青年教师理论“金课”，推出 30 余门基层学生宣讲团队特色课程，广受欢迎；2021 年 11 月党的十九届六中全会召开后，第三期“成才报国”青年宣讲团暨党的十九届六中全会精神主题领学宣讲团推出“百年荣光的新启程——深入学习十九届六中全会精神”“意识形态领域形势的全局性根本性转变——学习党的十九届六中全会精神”“应时代之大势，展青年之担当——从个体成长看青年为什么要学习十九届六中全会精神”等课程，引领南开师生学深悟透十九届六中全会精神。2021 年，宣讲团开展宣讲活动共计172场，打造精品宣讲作品50部，累计覆盖23000余人。

2022年9月15日，启动“喜迎二十大　永远跟党走　奋进新征程”主题宣讲，推出的课程菜单包含12个学院和学校“青马工程”提供的15门课程。主题宣讲接受各类预约，为迎接党的二十大召开营造氛围。10月，发出组建“党的二十大精神学生宣讲团”的通知，从各基层学生特色宣讲团中进一步筛选，组建“党的二十大精神学生宣讲团”，大力开展党的二十大精神宣讲。

四是高水平凝聚津城青年，发出时代强音。为深入学习宣传贯彻习近平新时代中国特色社会主义思想，用青年声音讲好中国故事，发挥宣讲在思想引领工作当中的重要作用，南开大学“成才报国”青年宣讲团牵头成立了天津市高校青年宣讲联盟。2020年4月29日，“‘传承五四薪火　弘扬南开精神　致敬建党百年’全国高校青年宣讲团联讲启动会暨天津市高校青年宣讲联盟成立仪式”在南开大学举办，南开大学发挥在天津市乃至全国的引领作用，发起成立天津市高校青年宣讲联盟，发出《致全国高校青年宣讲团的倡议书》，倡导全国青年“做党史学习教育的青年先行者、做高校朋辈学子的思想引领者、做习近平新时代中国特色社会主义思想的忠实传播者、做中国故事的生动讲述者携起手来”，争做“政治思想硬、理论宣讲好、示范带头强”的青年宣讲人，以联合宣讲凝聚青春共识，以青年之声献礼党成立百年。联盟各成员单位严格选拔程序，组织好专业教师、“青马工程”培训班学员、中国青年志愿者扶贫接力计划研究生支教团成员、学生会和研究生会成员、理论社团成员等重要群体，大力开展政治意识、业务能力等方面培育工作，形成了高质量宣讲团队。

为进一步提升联讲联动质量，南开大学“成才报国”青年宣讲团牵头组织了两次研讨学习活动。2021年11月18日，为深入学习贯彻党的十九届六中全会精神，进一步提高联盟联学联讲影响力，南开大学“成才报国”青年宣讲团牵头举办“学习贯彻党的十九届六中全会精神青年论坛暨‘天津市高校青年宣讲联盟’工作交流推进会”，提升理论水平、总结宣讲成果、共享发展经验、互通建设资源。2022年5月26日，南开大学“成才报国”青年宣讲团天津市高校青年宣讲联盟以线上方式组织召开“学习习近平总书记在庆祝中国共青团成立100周年大会上重要讲话精神研讨会”，天津市委党校群团教研部副主任倪明胜教授受邀作辅导报告，联盟成员单位代表同学同悟习近平总书记重要讲话精神。

在南开大学“成才报国”青年宣讲团的推动和天津各高校的共同努力下，联盟宣讲质量不断跃升，影响范围不断扩大。2021年，南开大学“成才报国”青年宣讲团开展宣讲活动共计172场，打造精品宣讲作品50部，累计覆盖23000余人；天津工业大学累计开展宣讲活动22场，覆盖学校17个基层团组织，参与的团学干部和青年代表达4400余人；天津财经大学青年宣讲团成员前往社区、中学、财大附小等地开展各类主题宣讲共计24次，覆盖28000余人，宣讲事迹被“学习强国”平台、天津河西融媒体等媒体报道；天津体育学院“青马”新思想逐梦宣讲团在校园宣讲次数达30余场，覆盖人数近1000人次，走访静海周边14个村镇，累计走访66户村民，面向280余位村民开展理论宣讲；天津机电职业技术学院新时代“索源宣讲团”以新时代机械文化展馆为基地，宣讲112场，完成百场宣讲，献礼中国共产党成立100周年。

天津市高校青年宣讲联盟自成立起，始终坚持以习近平新时代中国特色社会主义思想为指导，牢记为党育人的根本任务，抓细抓实青年理论宣讲工作，用党最新的理论成果武装青年思想，筑牢青年理想信念，形成联动宣讲态势，用青年蓬勃之声宣讲党的创新理论，让党的伟大精神指导青年报国之行，汇聚青年一代勇担使命的磅礴力量。

四、工作经验

一是坚持分层分级。南开大学“成才报国”青年宣讲团在成员构成、课程设计等方面坚持分层分级原则，最大程度发挥不同水平群体、不同类型课程的作用，最大范围满足不同群体、不同类型的需求，使宣讲团既能承担高水平理论阐释类宣讲任务，也能够完成普及宣传类宣讲任务。各层级成员之间相互学习、共同合作，青年讲师团同时发挥导师作用，指导基层学生特色宣讲团和“青马”领学团扎实开展宣讲活动。

二是坚持精细管理。南开大学“成才报国”青年宣讲团由校团委青年马克思主义理论研究中心统筹管理。青年马克思主义理论研究中心不断完善管理体制，发布《南开大学“成才报国”青年宣讲团基层学院特色宣讲团建设管理办法》《南开大学“成才报国”青年宣讲团宣讲活动管理办法》，指导全校 21 个学院建立或完善宣讲团，对各宣讲团的内部建设、学习备课、宣讲设计、活动开展、反思提升各环节进行了严格规定，推动南开大学“成才报国”青年宣讲团制度化发展。

三是坚持培育精品。南开大学“成才报国”青年宣讲团坚持培育精品、推出精品，努力将所辖基层学生特色宣讲团培育成宣讲能力强、宣讲形式新、宣讲内涵深的强有力宣讲集体。

“成才报国”青年宣讲团每期发布的课程菜单都经过层层筛选、不断完善，设计鲜明主题，讲好党史、党的创新理论。

四是坚持搭台唱戏。南开大学“成才报国”青年宣讲团坚持为三梯队宣讲集体搭好台，鼓励三梯队宣讲集体“唱好戏”。在南开大学团委等平台上发布课程菜单，专门安排学生负责预约系统的查看、通知等工作，统计好每一支宣讲团队的宣讲活动情况，同时做好对宣讲活动备案的审核、宣讲活动开展的反馈，为各宣讲团展示风采创造机会、提供平台。

五是坚持引领联动。南开大学“成才报国”青年宣讲团坚持在天津各高校中发挥引领示范作用，带动各高校联讲联动，完善天津市高校青年宣讲联盟的制度建设，组织天津市高校青年宣讲联盟的日常运行，推动构建资源共享平台，推动形成联讲联动合力，凝聚更多青年力量讲好讲透党的创新理论，发出青年时代强音。

五、工作成效

南开大学“成才报国”青年宣讲团已经建成覆盖全校各学院的组织架构，具备了组织建设和活动开展的基本制度，拥有组织其日常运行和基本事务管理的专门机构。在《南开大学“成才报国”青年宣讲团基层学院特色宣讲团建设管理办法》《南开大学“成才报国”青年宣讲团宣讲活动管理办法》等制度文件的指导下，形成了“指导—反馈—完善”的良性发展趋势。全校各级各类宣讲团队之间形成相互学习、资源共享的良好局面，各级各类宣讲团队凝聚力不断增强、团队发展前景向好、宣讲实力不断提升，各级宣讲团队成员理想信念更加坚定、个人技能不断提升，南开大学“成才报国”青年宣讲团的影响力不断扩大。在南开大学“成才报国”青年宣讲团的努力下，天津市高校青年宣讲联盟各团队积极参与集体学习研讨、资源共享共用各类活动，对天津各高校宣讲团队的发展起到了积极作用。

南开大学“成才报国”青年宣讲团已经形成初现成果、可尝试复制拓展的发展模式，取得在学校、企业、乡镇、工厂等各地宣讲的良好成绩，与兄弟高校形成紧密有效的合作关系，将在学习宣讲贯彻习近平新时代中国特色社会主义思想的过程中，在全面推进社会主义现代化国家建设的征程上继续贡献力量！

（姚　征）

移听党话 矢志不渝跟党走!
南开大学
平新时代中国特色社会主义思想学生宣讲团

加强"四史"学习
争做有为青年

汇聚青年力量讲好中国故事
赓续红色血脉传播时代强音

——天津大学学生党史宣讲团的实践探索

一、基本情况

学生思政理论宣讲是推进大学生马克思主义理论自主学习的重要载体。天津大学学生党史宣讲团成立于中国共产党成立百年之际，坚持以习近平新时代中国特色社会主义思想为指导，围绕党史、新中国史、改革开放史、社会主义发展史、中华民族发展史，结合政治、经济、文化、社会、生态等热点问题，用“学生当讲师”的方式开展校内外理论宣讲活动，与各类讲坛讲座共同构成了学校多维度的理论宣讲辅导体系，通过拧成“一股劲”、串成“一条线”、织就“一张网”、绘好“同心圆”四项举措，让党史宣讲上接“天线”、下接地气，教育引导青年学生从党史学习中筑牢理想信念，汲取奋进力量，涵养家国情怀。

天津大学学生党史宣讲团拥有固定团员50人、指导教师6人、指导专家3人、院级分团30余个、宣讲学生骨干近百名。宣讲团继承优良传统，深耕红色宣讲沃土，结合个人特色，做师生喜闻乐见的宣讲，并在社会“大课堂”中擦亮鲜红底色，在“为群众办实事”中践行青春使命。

二、案例背景

2021年，为深入学习贯彻习近平总书记在党史学习教育大会上的重要讲话精神，天津大学在广泛开展学生思想政治理论宣讲工作的基础上，以党成立百年为契机，升级打造了天津大学学生党史宣讲团，通过启发式、沉浸式宣讲，深入解读党的创新理论与最新成果，不断推进学生党史学习教育，教育引导广大青年学生筑牢理想信念，汲取奋进力量，涵养家国情怀，以优异成绩喜迎党的二十大胜利召开。

宣讲团青年讲师们以严谨的逻辑论述、贴近学生的方式、生动鲜活的案例和更加符合青年特点的语言，使每场宣讲主题鲜明、形式鲜活、内容翔实、饱含激情，让党的创新理论更加接地气、形象化、生动化，极大提升了思政工作的实效性和有效性。

三、主要做法

一是拧成“一股劲”：师生联动，汇聚党史宣讲全员力量。构建“1+1+N”宣讲体系，师生共学共研共讲。宣讲团采用“1+1+N”的模式运行，由1名思政课教师、1名辅导员和若干学生宣讲骨干组成。其中思政课教师负责把关党史理论内容，辅导员负责联系学生实际，学生骨干负责制作宣讲内容、开展专题宣讲。师生共同完成选题、列纲、撰稿、试讲、审核、宣讲各个环节。同时，宣讲团聘请中共中央党史研究室齐彪教授，《解放军报》社原副总编辑、《雷锋》杂志社总编辑陶克将军等一批校内外专家学者担任宣讲团指导专家，定期开展理论培训、专题辅导、集中备课等，不断提升宣讲团成员对党的创新理论的领悟深度和宣讲技巧。

培育优秀宣讲骨干，让“校园榜样”成为党史学习“代言人”。学校以学年为单位制定学生宣讲队伍建设指南，发布年度宣讲选题和重点宣讲内容，实施学生党史宣讲团选拔培养计划，连续四年举办学生宣讲大赛，招募并选拔中国大学生自强之星、天津市高校大学生年度人物、学校十佳杰出青年、优秀学生标兵、优秀学生党支部书记等优秀学生登上宣讲舞台。通过理论培养、技能培训、竞赛比拼等培养一批理想信念坚定、政治素质过硬、理论功底扎实、表达能力突出的学生宣讲骨干，定期面向新生年级、党团支部、入党申请人学习小组开展专题巡讲和主题宣讲，确保每个学院都有一批会讲、能讲、善讲的宣讲学生，让有信仰的人讲信仰，在党史学习中充分发挥朋辈引领功能。

二是串成“一条线”：把牢方向，建立党史宣讲资源库。精心构思宣讲内容，在“学懂弄通”上做文章。宣讲团始终聚焦高质量原创精品宣讲内容，以学习宣传习近平新时代中国特色社会主义思想为指引，围绕党的百年奋斗重大成就和历史经验，以学生“身边事”“身边人”为切入点，注重在党史宣讲中融入红色校史，突出专业特色，用生动鲜活的案例和更加符合青年特点的语言，把中国共产党为什么能、马克思主义为什么行、中国特色社会主义为什么好的道理讲清楚、说明白，引导学生树立正确的党史观。宣讲团与清华大学博士生宣讲团、青海民族大学理想信念宣讲团合作共建，搭建“东西联讲”平台，集中学习习近平总书记考察清华大学重要讲话精神，参加党的十九大和十九届历次全会中央宣讲团辅导报告等，在互比互看、活学活用中不断增强宣讲实效。

创新宣讲形式，在“声入人心”上下功夫。宣讲团以“做学生喜闻乐见的宣讲”为目标和方向，坚持“资料自己找、讲稿自己写、形式自己编”，充分利用现代化展示形式，将话剧等舞台表演形式与宣讲结合，别出心裁地采用青年学生与革命先烈“时空对话”的宣讲形式等，制作了“从伟大建党精神中汲取丰厚滋养”“守护国家宝藏——文化遗产的保护与传承”等十个核心宣讲专题，利用情景演绎、故事分享等新颖形式增加学生情感共鸣，力求从内容到形式都“直击人心”。

三是织就“一张网”：多维互通，搭建党史宣讲全方位载体。把准重要教育节点，让宣讲“不缺位”。宣讲团结合成员自身战“疫”、抗洪、支教、科研的经历，聚焦政治、经济、文化、社会、生态等热点问题，在中国共产党成立100周年倒计时100天、党的二十大召开、“九一八”事变90周年、国家公祭日、毕业季、迎新季等教育“关口”，精心编排初心使命、抗击疫情、乡村振兴、科技强国等不同主题的党史宣讲内容，让宣讲与时事、与学生成长紧密联系，以实际经历教育引导同龄人自觉将个人理想融入国家、民族和社会的命运之中。

瞄准学生兴趣点，促进宣讲“云相约”。宣讲团面向学生党团支部、班级、入党申请人小组等开放网络预约宣讲通道，提供“点单式”宣讲服务，及时回应学生在学习生活或社会热点问题中所遇到的困惑，把个性化党史学习送到学生“家门口”。为进一步扩大宣讲覆盖面和影响力，宣讲团创新“互联网+”宣讲载体，携手南开大学、湖南大学、西安交通大学、兰州大学、郑州大学、延安大学、青海民族大学等高校理论宣讲团，策划组织“十年奋进，再谱新篇”2022年全国高校青年学生联合宣讲活动，与听众“云上”分享了党的十八大以来，以习近平同志为核心的党中央团结和带领全国各族人民在生态文明建设、脱贫攻坚、教育发展等多个领域的重大进步，深入浅出阐释伟大建党精神，把党的艰辛探索和伟大成就讲给更多人听。

校院两级联动的宣讲架构、线上线下融合的宣讲平台，进一步扩展了党史学习教育覆盖面。2021年，宣讲团在校内外开展实地党史宣讲近400场，覆盖宣讲受众万余人次；录制微宣讲、开展微课堂50余期，观看量达8000余次。“没有想到党史宣讲能这么生动，我全程都沉浸在学长为人民谋永远幸福的铮铮誓言中！”“一次次宣讲让我对‘没有共产党，就没有新中国’这句话有了更深刻的认识。”宣讲团的“粉丝群体”日渐庞大，越来越多的学生在听过宣讲后深受感染，在交流座谈会、朋友圈等反馈学习效果。

四是绘好“同心圆”：服务社会，打造“行走”的党史宣讲课堂。知行合一，在社会“大课堂”中擦亮鲜红底色。宣讲团将党史宣讲与社会实践相融合，组建师生红色宣讲队，赴上海市、江西省弋阳县、湖南省沙洲村、陕西省照金镇等革命地区，开展学习“红船精神”“井冈山精神”“延安精神”等专题社会实践，实地学习和讲述中国共产党波澜壮阔的革命史和可歌可泣的英雄史。返校后，推出百场学生党史宣讲工程，制作近20期精神谱系宣讲视频课件，将实践收获和感悟融入校园宣讲，学一路、走一路、讲一路，以理服人、以情化人，促进党史学习教育真学真信真悟。

冲锋在前，在“为群众办实事”中践行青春使命。宣讲团坚持立足校园、服务社会，充分发挥高校理论宣讲“高地”

的资源优势，根据不同宣讲群体特点制定“中国共产党的诞生”“青春向党”“绿水青山就是金山银山”等宣讲内容，开展党史宣讲进学校、进农村、进机关系列活动。先后赴大中小学、基层乡镇、机关企事业单位等开展中国共产党百年发展历程、生态文明建设、乡村振兴战略专题宣讲，推动大中小学思政一体化建设，引领新时代文明风尚。

四、工作经验

一是广泛发动青年师生，汇聚磅礴力量。习近平总书记强调，“青年是整个社会力量中最积极、最有生气的力量”。天津大学学生党史宣讲团广泛发动校内青年师生参与党史宣讲工作，充分发挥朋辈榜样的示范带动作用，引导广大青年学生坚定理想信念，强化使命担当。

二是充分挖掘切入点，强化党史宣讲针对性。党史是最生动、最有说服力的教科书。要将这一教科书用得好、有效果，就要不断提升党史教育的实效性与针对性。天津大学学生党史宣讲团鼓励广大师生从自身经历特点出发，与天津大学校史、所在学院院史相结合，找寻学生关心关注的“身边事”“身边人”，以此为切入点讲述党史故事，助力党史学习教育取得扎实成效。

三是用好现代化展示手段，创新宣讲形式。想要让党史宣讲做到既“入眼入耳”，又“入脑入心”，就要使党史宣讲不仅突出理论性、政治性，还要突出艺术性、创新性。天津大学学生党史宣讲团充分利用现代化手段，将话剧等舞台表演形式与宣讲结合，增加观众的情感共鸣，采用“互联网 + 党史宣讲”

的新模式，打破时间和空间的壁垒，让宣讲走出高校，走入中小学校园、走入社区、走入基层，不断扩大宣讲覆盖面和影响力。

五、工作成效

仅 2021 年，宣讲团在校内外开展实地党史宣讲近 400 场，覆盖宣讲受众万余人次；录制微宣讲、开展微课堂 50 余期，观看量达 8000 余次。宣讲团的“粉丝群体”日渐庞大，越来越多的学生在听过宣讲后深受感染，在交流座谈会、朋友圈等反馈学习效果。每年一次的学生思政理论宣讲大赛也成了学生争相参与、上座率 100% 的校园活动之一。

校内师生和社会各界对宣讲团的评价显著提升，相关工作被主流媒体报道，被上级单位肯定。《光明日报》以《殷殷传承语，切切家国情》为题，单篇报道了宣讲团的典型事迹。宣讲活动先后被中央电视台、中国教育电视台、《中国青年报》、新华网、人民网等多家媒体采访报道。宣讲团因其建设经验获评 2021 年度全国高校思想政治工作优秀案例一等奖、第三届高校宣传工作展示案例奖、天津市基层理论宣讲先进集体、天津市“新时代·实践行”先进集体标兵等。

（王　开，陶　森，田　烁）

精神之"青春之光"
合作共建单位
2021年

青春逐梦

燕赵儿女“赶考”路上砥砺奋进

——河北师范大学博士生宣讲团的实践探索

一、基本情况

为深入学习贯彻习近平新时代中国特色社会主义思想，充分发挥博士研究生在马克思主义理论学习、宣传、实践中的示范引领和辐射带动作用，河北师范大学博士生宣讲团在学校党委的关心指导下，面向校内外开展理论宣讲，用青年视角阐释党的理论，用青年话语宣传党的主张，用青年担当践行党的要求。博士生宣讲团成立于 2020 年 10 月，是在河北师范大学党委研究生工作部、研究生院指导下的学生组织，由教育部教学指导委员会委员、河北师范大学博士生导师安巧珍教授担任指导教师，已有三批成员，共计 51 人。立足高等师范院校的全学科优势和人才优势，河北师范大学博士生理论宣讲团将党的创新理论、党史学习教育、专业知识、革命精神、红色校史等内容以受众喜闻乐见的方式进校园、进基层、进农村、进企业、进社区、进网络。宣讲团围绕“学习百年党史，赓续红色基因”“讲好中国故事，坚定道路自信”等主题，开启菜单预约机制。宣讲，不仅提升了宣讲团成员自身的政治理论水平和社会服务能力，也助力党的创新理论飞入寻常百姓家，还将党的光荣传统和红色基因化作激励大学生奋勇前进的强大精神动力，让青年之声响彻燕赵大地。

二、案例背景

河北师范大学博士生宣讲团以理论学习、集体研讨、共同备课、试讲观摩、正式宣讲、评价反馈等手段，不断提升团队素养、提高宣讲质量，持续推动博士生宣讲团工作树品牌、上层次。宣讲团依托校园教育阵地和河北红色文化基地，在校内外举办理论学习、专题讲座、事迹宣传、科学普及等宣讲活动，形成“学以致用、讲学互动、以讲促学”的博士生成长成才长效机制，并聘请校内外理论专家、知名学者担任宣讲团导师。党委研究生工作部、研究生院每年定期组织1—2次校内外集中实践、培训，及时了解宣讲效果，择优进行重点培育和推荐。

三、主要做法

河北师范大学博士生宣讲团是河北省高校第一支博士生宣讲队伍。自成立以来，以“红色理论宣讲、红色文化传播、红色基地实践、红色精神研究”为己任，在将宣讲团成员培养成为坚定的青年马克思主义者的同时，高学历朋辈宣讲和浸润式主题教育让党的创新理论入脑入心。

（一）红色理论宣讲，共创校园文化大讲堂

增强政治意识，锚定红色信仰的“风向标”。博士生宣讲团

紧密围绕学习宣传贯彻习近平新时代中国特色社会主义思想这条主线，以红色文化为引领，采用菜单预约机制，围绕“学习百年党史，赓续红色基因”“讲好中国故事，坚定道路自信”“以文化人，致知于行”“科技引领，创新发展”四类主题，共先后推出37个宣讲项目。将党的光荣传统和红色基因，化作激励大学生奋勇前进的强大精神动力，有效提升了红色文化育人的时代感、实效性和感召力。

发挥专业优势，解锁红色基因的“切入点”。博士生宣讲团选拔政治素质过硬、学术素养出众、表达能力突出的在校优秀博士生加入宣讲团。先后邀请马克思主义学院、历史文化学院、生命科学学院等专家学者对宣讲团成员进行一对一的专题辅导。建立集体研讨、共同备课、试讲观摩、正式宣讲、评价反馈、品牌塑造的工作体系。引导宣讲团成员结合自身专业，将红色基因融入宣讲内容，主动解锁“精神密码”，着力实现知识传授、能力培养与价值引领同频共振。

（二）红色文化传播，打造红色精神主殿堂

把握时代脉搏，让红色文化更具“向心力”。宣讲团与建设社会主义现代化强国的任务书和路线图同向同行，持续深入做好宣讲工作。结合党史学习教育活动，推出“中共党史一百年，革命精神永流传”“寻访红色起点——《新青年》”等专题宣讲；结合新冠肺炎疫情防控工作，推出“弘扬抗疫精神，彰显制度优势”“在有序抗‘疫’中感受法治力量”等专题宣讲；在抗美援朝纪念日、十九届六中全会、2022年两会期间，我校博士生宣讲团把握时代发展脉动，深入解读精神内涵，彰显新时代新青年的责任担当。

创新宣讲载体，让红色文化更具“交互力”。打通立体化宣讲渠道。依托“互联网+”思想政治教育工作模式，以“河北

师范大学研究生院”微信公众号和研工部网站为平台，建立宣讲菜单网络预约、宣讲主题线上展示、宣讲效果跟踪调研机制。充分利用网络传播的具象化、碎片化特征，传播优质宣讲内容，精准定位宣讲受众群体，有针对性地进行“靶向”宣讲，实现线下宣讲有力度，线上传播有广度。

拓展宣讲路径，让红色宣讲更具“感染力”。一是充分挖掘校史资源，以学校120年校庆为契机，推出“讲好师大抗疫故事，传承师大百年精神”“百年师大与新中国物理学的发展”等校庆专题宣讲，激发青年学生的爱国爱校情怀。二是打通校内外传播渠道。2021年年初，联合武汉大学、华中师范大学等5所高校，分别以“携手抗疫，共克时艰，在防控阻击战中凝聚青春力量”“学习百年党史，汲取奋进力量”为主题，举行线上主题宣讲报告会。

（三）红色基地实践，深入社会大课堂

加强队伍建设，打造红色宣讲“练兵场”。宣讲团成员通过集体学习、实践训练、主题活动等方式，内强素质，外塑形象。河北省“百名红色讲解员讲百年党史”专场宣讲活动中，宣讲团成员反复观看宣讲视频，揣摩宣讲稿件。在“团结就是力量”红色文艺作品故事展览活动中，宣讲团成员主动承担解说工作。经过磨炼，宣讲团成员得到全方位的提升，进一步成长为又红又专的红色文化传播使者。

依托“行知课堂”，丰富红色宣讲“资源库”。充分发挥我校已有的3个国家级实践基地、6个省级实践基地、47个校级实践基地的资源库作用，依托河北省红色革命教育基地开展实践教学和社会调研活动，使宣讲更接“地气”。在阜平县城南庄、正定塔元庄等地，宣讲团成员面向群众搭建多样化的“红色移动课堂”，充分挖掘各类红色资源，让“沾泥土、带露珠、冒热气"的红色信仰落地生根。

投身实践调研，争做红色理想"追梦人"。博士生宣讲团积极投身实践，了解国情，淬炼党性。2021 年 7 月，博士生宣讲团实践队入选团中央组织的"井冈情·中国梦"全国大学生暑期社会实践专项活动，并以前十名的成绩获得全额资助。在井冈山实践期间，接受红色教育，深入基层调研，为兄弟省份实践队开展 8 个主题微宣讲。活动结束后，井冈山革命传统教育基地管理中心向河北师范大学发来感谢信，充分肯定了河北师范大学博士生宣讲团实践队出色完成实践任务的表现。

（四）红色精神研究，融入时代大课堂

宣讲团成员不断加强理论学习和阐释，推陈出新，将宣讲成果转化为学术成果。以河北省红色资源为主要研究内容，宣讲团成员的"中国共产党百年历史主题的实践智慧研究"等 5 个项目获得河北省研究生创新能力培养资助项目立项资助，"党史学习教育活动中河北省革命文化传承路径研究"等 5 个项目获校内研究生创新资助项目（"四史"专项）立项资助。以专业知识奠定宣讲基础，以科研实践指导宣讲实践，实现了"理论宣讲有思想、理论研究有成果、宣讲工作有成效"的良性循环。

四、工作经验

理论宣讲要及时。宣讲团成员时刻保持学习态度，把握新闻、理论、社会热点的发展趋势，进行热点主题预测，掌握实时热点内容，并把热点内容转化为宣讲素材，细化为系统的宣讲课件。切实做到宣讲团成员先学一步、学深一层，并带头学习、带头践行、带头解读，时刻把握正确导向，贴合基层实际，

第一时间高质量、高水平、高标准开展宣传工作。

宣讲方式有创新。我们重点抓好理念创新、手段创新、方式创新，实现移动式宣讲，可以将宣讲的讲台搬到校史馆等地；开展互动式宣讲，与其他高校宣讲团体形成良性互动，扩大影响力；打造沉浸式宣讲，在日常宣讲中加入观看红色影片、吟唱红色歌曲等元素，等等。让宣讲变得可看可听可互动，用大家听得懂、听得进的语言，将“书面语”讲成“知心话”，将“有意义”讲得“有意思”，将“天下事”讲成“身边事”。

宣讲结果求实效。从自身做起，坚持以讲促学，锤炼夯实全体讲师理论基础，通过集体备课会等形式轮流试讲、互相点评，提升理论高度、深度、广度；在宣讲最新政策时，注重理论结合实际，有针对性地收集运用易于受众理解的论据，让理论更有针对性、更接地气、更易接受，从而提升宣讲的实效性。

五、工作成效

红色精神育人自育，打造了一支素质过硬的团队。宣讲团团长带领学校团队荣获河北省“四史”知识竞赛冠军；宣讲团成员成果荣获河北省挑战杯红色专项特等奖、河北省大学生讲思政课二等奖、河北省大学生网络文化节网络文章类一等奖、河北省优秀学生干部、河北省暑期社会实践先进个人、国家奖学金、优秀讲师等多种荣誉称号或奖励。

红色宣讲颇受好评，红色研究初见成效。博士生宣讲团已服务省内外 8 所高校广大师生，宣讲效果优秀评价高达 98%。宣讲团成员以河北省红色资源为主要研究内容的 5 个项目获得河北省研究生创新能力培养资助项目立项，另有 5 个项目获校内研究生创新资助项目（“四史”专项）立项。

构建高校宣讲互动平台，红色育人联盟初具规模。构建起与武汉大学、华中师范大学等高校博士生宣讲团合作宣讲的互动平台；交互式、研学式、共建式的红色育人联盟初具规模。

河北师范大学博士生宣讲团将继续在研学的内容上下功夫，强化思想武装，铸牢育人铸魂之基；在宣讲的方法上下功夫，探索如何用理论宣讲润泽心灵，浸润灵魂；在宣讲的实效上下功夫，分析如何用行动走进听众心里，将党的创新理论讲给更多的人听。

（闫东利，安巧珍，李泽璐，张　怡）

2021
河北师范大学
博士生宣讲团

河北师范大学博士生宣讲团主题宣讲
中共党史一百年

理论实践双促进　创新传播更鲜活

——复旦大学《共产党宣言》展示馆“星火”党员志愿服务队的实践探索

一、基本情况

为深入学习贯彻习近平新时代中国特色社会主义思想，落实立德树人根本任务，引导广大师生和干部群众在学思践悟中坚定理想信念，在奋发有为中践行初心使命，复旦大学《共产党宣言》展示馆“星火”党员志愿服务队于2018年5月在学校党委的关心指导下成立，为复旦大学老校长陈望道旧居暨《共产党宣言》展示馆提供讲解志愿服务，旨在培养具有高水平讲解能力的宣言精神传播者、能做扎实理论研究的宣言精神研究者、素质过硬乐于奉献的宣言精神实践者。服务队名字中的“星火”一词取意自“聚是一团火，散作满天星”与“星星之火可以燎原”，寓意为每一位服务队队员都能成为传播马克思主义真理的“火种”。

在过去四年的时间内，复旦大学《共产党宣言》展示馆“星火”党员志愿服务队坚持以培养“宣言精神”忠实传人为目标，共有队员64人，分布在全校15个院系，2/3的队员在各级党团组织中担任骨干。服务来自学校、社会各界参观者 8.4 万人次，年均讲解 700 多场。队伍建有 2 个功能党支部，自成立以来累计开展组织生活和主题党日活动 25 次。学校党委启动“铸魂育人三部曲”之后，志愿服务队的建设被纳入工程重点项目，在实践中进一步探索建设路径。

二、案例背景

2020 年 6 月 27 日，习近平总书记给复旦大学《共产党宣言》展示馆党员志愿服务队回信，肯定了服务队的工作并勉励全体同志“坚持做下去、做得更好”。在习近平总书记重要回信精神的指引下，“星火”党员志愿服务队进一步坚定理想信念、矢志拼搏奋斗，不断开展对理论宣讲工作的创新探索，坚持用习近平新时代中国特色社会主义思想铸魂育人，助力走好新时代的长征路。

队伍立足校园、面向上海、辐射全国，擦亮《共产党宣言》展示馆“红色地标”；参与支持上海“大中小”思政课一体化改革探索，支持社会各界的党史学习教育，满足广大师生和校外群众踊跃的理论学习需求，在服务师生做好实事上走在前；队伍党支部在理论宣讲、思想传播、志愿服务中作示范、作样板、作贡献，在发挥战斗堡垒作用上走在前。队伍不断拓宽工作思路、创新工作方法、提升工作水平，在理论宣讲与志愿服务中践行初心。

三、主要做法

面对新时代理论宣讲工作在思想引领、服务社会等方面的新特点、新要求、新使命，“星火”党员志愿服务队着重从以下三方面探索工作的创新路径。

一是学思践悟：进一步促进理论学习和基层宣讲相融合，在薪火相传中讲述真理、传递甘甜。学校原党委书记焦扬同志高度重视志愿服务队的建设，多次参与志愿服务队的集中研讨学习，她强调，党员志愿服务队要成为马克思主义真理的讲解者、研究者、传播者、捍卫者。队伍聚焦理想信念和能力提升，在“1+2+3”培训考核基础上形成短中长期相结合的全流程培训机制，统筹开展经典阅读、实践研学、理论备课、讲解培训、材料编写等能力提升活动。2022年上半年因新冠肺炎疫情原因无法开展实地讲解，队员们坚持在线上读原典、云讲解、云备课，形成40余份指向明确、各具特色的讲解稿和多门宣讲课程。在讲解的基础上，“星火”队走进支部、走进社区、走向一线，把党的创新理论融入宣言故事，联合博士生讲师团，围绕“宣言精神”、百年党史、党的十九届六中全会精神、习近平总书记在庆祝建团百年大会上的重要讲话等内容，形成课程80门，九成队员在场馆外开展理论宣讲250余场。“心有所信，方能行远”系列视频微党课在“学习强国”平台的点击量逾20万次。在“星火”队的带动下，全校研究生党员坚持深入学习贯彻习近平总书记重要回信精神，各支部组织专题理论学习900余次，学习习近平总书记回信和宣言精神成为每名学生党员的“必修课”。

二是守正创新：进一步探索多元、创新的宣讲形式和传播渠道，在探索开拓中讲活讲好、真信真用。队伍坚持从场馆内走向场馆外，从线下走向线上，从校内走向校外，从单一形式转向多种形式，推出了包括网络微课、原创歌曲、校史话剧、文创手绘等内容在内的创新传媒矩阵，用青年的方式让“宣言精神”“活”起来、“火”起来。近年来，队伍积极探索创新“互

联网 + 党建”“党史 + 美育”等思想传播渠道，参与创作原创歌曲《望道》、原创校史剧《追梦百年》、青少年绘本《真理的味道是甜的》等作品。从 2021 年下半年起，队伍根据中小学的学段差异，开展多轮集体备课，邀请复旦附中等中小学的一线教师参与指导，形成 11 门服务中小学的宣讲课程。队员们走进南洋中学、北蔡高中等学校开展宣讲 10 场，覆盖 3000 余人次，以实际行动让“真理的味道”扎根在“小火苗”心中。

三是勇担使命：进一步体现时代特点、彰显青年力量，在服务基层中高扬旗帜、辐射引领。宣讲不是为讲述而讲述，而要将积淀在心底的力量，投注于火热的实践。在“星火”队的毕业队员中，已有 20 名毕业生“走出”学校“走进”老少边穷和国家重点行业。其中，有 7 人成为选调生扎根基层，5 人担任思政教师、专职辅导员。2021 年毕业的 3 名选调生目前正在上海、广东、河北等地的基层农村锻炼，在基层治理等实践中奉献青春。2022 年上半年上海突发新冠肺炎疫情，“星火”队第一时间面向全校党员发出倡议，主动承担校园物资转运等服务工作，在流动志愿服务岗率先竖起旗帜。在校园封控管理和网格化管理的关键时刻，组建园区服务“机动队”、网格化管理“巡逻队”，从物资转运到网格巡逻，成为串联起校园安全线的“守沪员”。队伍还开展线上支部研讨和专题组织生活，号召每一名“星火”队员进入一个支部，成为一颗火种，以扎实作为发挥党员在特殊时期的关键作用。

四、工作经验

投身理论宣讲的同时，志愿服务队重视总结工作经验，持续规范团队建设、不断提高服务效能，以求日日更新、时时进步。

一是坚持立德树人根本任务，在明道信道传道中锻造传承学校红色基因的重要载体。传道者首先要明道信道。“星火”党员志愿服务队因共同信念而集聚，为共同理想而奋斗。志愿讲解的过程，就是不断学思践悟“宣言精神”的过程。通过学思践悟、讲好老校长追求真理的故事，传播马克思主义理论，队员们的理想信念更加坚定，对社会主义核心价值观的体悟更加深刻，对传播阐释党的理论和实践的历史怀有更大热情、更深感情、更坚定的自信和更自觉的使命。党的二十大精神催人踔厉奋发，志愿服务队将继续充分挖掘校史育人资源，学好“四史”、讲好故事、守好初心、担好责任，成为“有滋有味”的优秀讲解员、有根有魂的青年马克思主义者。

二是坚持理论实践双促进，在教学相长、知行合一中不断提升志愿服务队理论宣讲和创新能力。学校党委把“星火”党员志愿服务队作为青年马克思主义者培养的重要平台，坚持让有信仰的人讲信仰、用红色基因培养“宣言精神”传人，不断完善建强育人长效机制。在基础培训体系之外着力打造“望道”读书计划和“行远”实践计划，通过分组阅读交流、校内外实践调研等形式，准确把握“宣言精神”的时代内涵，将最新理论学习感悟融入场馆讲稿，实现讲解与时代的呼应。在真懂、真信、真用的基础上，创新传播理念、传播手段、传播载体，让更多人能够准确全面地理解宣言精神、传递信仰火种，在知行合一中做宣言精神的忠实传人。

三是坚持面向大众讲理论，打造宣言精神和马克思主义研究、阐释、宣传的坚强阵地。学校党委从一开始就明确，志愿服务队不仅是提供讲解服务，而且还承载着“四史”教育、理论阐释、价值引导和人才培养的多重职能。每一名队员都把党委的要求和期许牢记在心，以总书记重要回信精神为指导，立足复旦、面向上海、服务全社会，坚持讲好理想信念故事，持续扩大理论宣讲影响力，打造“宣言精神”和马克思主义研究、阐释、宣传的坚强阵地。服务队还积极发挥新时代文明实践特色站点、上海市学校红色文化传播育人联盟的作用，带动更多的人加入到传承、传播红色基因的队伍。

五、工作成效

四年来，“星火”党员志愿服务队在学思践悟中坚定理想信念，在奋发有为中践行初心使命，取得了一系列的育人成果，先后获得全国基层理论宣讲先进集体、全国学雷锋志愿服务“四个100”最佳志愿服务组织、中国青年志愿者优秀组织奖、上海教育年度新闻人物、2021感动上海年度人物提名奖等荣誉，入选中央党史学习教育领导小组办公室《百年初心成大道——党史学习教育案例选编》和教育部高校思想政治工作精品项目。

队伍内部建设成效显著，始终牢记习近平总书记的鼓励与指引，为讲述陈望道追寻真理的故事、做好“宣言精神”的忠实传人而不断提升整体工作效能。在队伍建设中，学向深处、行向远处，提升素养、与时俱进。全体队员以锻造如磐信念、传播如炬真理、锤炼如铁担当为追求，争做关键时刻冲锋在前、带动有力的时代先锋。

复旦大学《共产党宣言》展示馆“星火”党员志愿服务队作为上海市志愿者服务基地，将继续助力上海乃至全国红色文化的传播，在全市红色文化场馆志愿服务方面起到示范引领作用，引导更多青年学生参与传播红色文化的志愿服务。服务队将始终牢记习近平总书记的嘱托，“笃志”“笃学”“笃行”，厚植对马克思主义的信仰、坚定对中国特色社会主义的信念、增强对实现中华民族伟大复兴中国梦的信心，做到信仰如山、信念如铁、信心如磐。

（孙冰心，范佳秋，杨　宁，江　昊）

高校理论社团推动党史学习教育常态化长效化

——复旦大学四史研习社的实践探索

一、基本情况

开展党史学习教育，是以习近平同志为核心的党中央立足百年党史新起点、着眼开创事业发展新局面而作出的一项重大战略决策。2020 年 7 月，为了深入学习贯彻习近平新时代中国特色社会主义思想和习近平总书记重要回信精神，复旦大学四史研习社在校党委研工部的指导下自发组建成立，是一个引导广大研究生自主学习四史，助力学校党史学习教育常态化制度化的理论学习型社团。社团坚持“学史明理、学史增信、学史崇德、学史力行”，以学习宣传四史，弘扬革命精神，传承红色文化，争做中国共产党光荣传统和优良作风的忠实传人为宗旨，紧扣重要节点，紧贴时代特点，紧跟舆论焦点，坚持价值灌输和知识普及相统一、理论学习和实践锻炼相统一、传统方式与现代手段相统一，依托理论研学、主题宣讲、实践调研、服务践行、艺术赏析等多元形式，打造了一系列有特色、有亮点、有辐射、有成效的党史学习品牌活动，推动党史学习教育不断走深走实、入脑入心，积极探索出高校大学生党史学习教育常态化长效化的有效做法。

二、案例背景

2020年6月27日，习近平总书记给复旦大学《共产党宣言》展示馆党员志愿服务队回信，勉励广大青年党员“认真学习马克思主义理论，结合学习党史、新中国史、改革开放史、社会主义发展史，在学思践悟中坚定理想信念，在奋发有为中践行初心使命”。2022年3月，中共中央办公厅印发《关于推动党史学习教育常态化长效化的意见》，就推动党史学习教育常态化长效化提出明确要求。高校作为立德树人的主阵地，推动党史学习教育常态化长效化是牢记为党育人、为国育才使命，落实立德树人根本任务，推进高等教育高质量发展的必然要求。四史研习社牢记习近平总书记嘱托，积极响应党中央号召，落实推动党史学习教育常态化长效化的相关要求，坚定历史自信、增强理论自觉、提高政治能力、强化宗旨意识、激发昂扬斗志、永葆初心使命，积极探索党史学习教育常态化长效化的有效路径。

三、主要做法

习近平总书记指出，“在党史学习教育中要做到学史明理、学史增信、学史崇德、学史力行，做到学党史、悟思想、办实事、开新局”，四史研习社紧紧围绕“明理、增信、崇德、力行”的要求，不断探索党史学习教育常态化长效化的有效做法。

第一，着眼学史明理，强化理论武装。社团通过集体研学、专家领学、个人自学，引导学生深入学习、理解党史。邀请专家领学，先后举办“小研学四史”系列讲座4场，邀请国内权威专家回顾和梳理四个历史时期的历史脉络。承办“望道讲坛”近20场，邀请国内社科领域专家学者剖析世界格局、解码大国之治，覆盖人次超2万。倡导个人自学，精心挑选引进“梧桐树下的红色印记”主题巡展进校园，推出3期“明理书单”，带领学生学党史、读经典、悟真理，并同步推出“党史问答小程序”，广大研究生参与自学自测、温故知新。组织集体研学，举办“百年追梦”庆祝中国共产党成立100周年主题博士生论坛，国内高校280名研究生聚焦党的光辉历程、伟大贡献、初心宗旨、理论成果、伟大精神、宝贵经验等进行深入研讨。

第二，着眼学史增信，坚定信仰信念。社团通过组织开展多样的党史宣讲，引导广大学生增强历史自觉和历史自信。校内校外相结合，组建党史宣讲团，为校内外提供分众化党史宣讲服务，引导社团成员积极发挥专业优势，着力打造10余门党史精品课程，面向基层开展宣讲30多场，覆盖1500人次。线上线下相结合，打破时空限制，依托多元线上渠道讲好党的故事。参与录制《心有所信　方能行远》20讲、《解读伟大建党精神》5讲、《研读新时代》9讲等系列微党课视频，联合喜马拉雅团委在建团百年之际推出《青春向党——中国共产主义青年团的百年荣光》32集系列音频，均被“学习强国”平台转发，点播量逾50万。助力推进大中小一体化思政教育，担任杨浦区中学共产主义学校导师、杨浦区大中小思政课一体化学生实践基地志愿者，联动建设大中小一体化专业化课后服务支持体系，助力“双减”政策落地，为广大中小学生播撒红色种子。

第三，着眼学史崇德，赓续红色血脉。社团通过弘扬革命烈士、英雄人物、先进模范和时代先锋的先进事迹和宝贵精神，鼓舞学生、感染学生、打动学生。开展“学史崇德”系列讲座12场，引领青年党员学习老一辈无产阶级革命家顽强拼搏、不懈奋斗、甘于奉献的风骨和品质，将精神的滋养转化为不变的政治本色、奋斗的行动自觉。举办“五老讲党史”系列活动，邀请老干部、老战士、老专家、老教师、老模范代表，现身说法，讲述奋斗故事，激励青年学生知史明史、爱党爱国，推动党的好传统好作风代代相传。

第四，着眼学史力行，践行初心使命。社团依托艺术赏析、社会实践、志愿服务等形式，实现党史学习教育与为群众办实事的良好结合。探索“美育+党史学习”，参与筹办“伟大征程”交响音乐会、Echo合唱团“致敬辉煌”新作专场音乐会，组织“定格百年瞬间”红色摄影创作展，在营造良好的校园美育环境的同时，拓展沉浸式党史学习形式。探索“社会实践+党史学习”，组织“看需求、悟变化、讲担当：永远跟党走”社会实践，分赴北京、河北、重庆、宁夏、青海等地开展实践研学，重走长征之路、复旦西迁之路、“进京赶考”之路、“两弹一星”之路，引导学生在历史场景、改革情景、奋斗前景中知史爱党、知史报国、知史荣校。探索“志愿服务+党史学习”，引导学生发挥党员先锋模范作用，强化公仆意识和为民情怀，扎实为群众办实事、解难题。新冠肺炎疫情防控期间，多次组织学生充当志愿者闻令而动，身体力行诠释青春担当。

四、经验启示

第一，最好的教材是历史，必须学深学透。习近平总书记多次强调，历史是最好的教科书，也是最好的清醒剂、营养剂。对于广大学生而言，学习党史不仅能从中感悟组织的光荣与先进，更能感受时代的责任与使命。理论宣讲应将学好党史、学好理论作为首要任务，做到个人学习与集体学习相结合，专家领学与学生自学相结合，将党史学习教育融入美育活动、融入日常生活，不断巩固拓展党史学习教育成果，做到对党史主要脉络有基本了解，对党史上的重大事件、重要会议、重要人物有基本把握，对党的思想理论、精神谱系、历史经验有基本理解，做到常学常新、常思常悟、常研常得。

第二，最好的学习是讲述，必须讲清讲明。讲好中国共产党的故事是习近平总书记回信的重要指示，也是四史研习社的主责主业，更是我们学习党史成果的最佳体现。只有自己亲口讲述一遍，才能知道自己学习党史到不到位、扎不扎实。因此，社团十分注重将学习成果转化为宣讲资源，在理论宣讲中强化党史学习，力求在宣讲过程中充分展现学习效果，讲好党史、传播真理、弘扬精神，引导学生准确把握党的理论创新和奋斗历程，深刻感悟马克思主义的真理力量，坚定对马克思主义的信仰，对社会主义、共产主义的信念，对实现中华民族伟大复兴的信心。

第三，最好的服务是引领，必须做实做细。社团注重引导学生感悟信仰的力量，做到理论与实践相结合，从党史学习教育中汲取精神养分，并将其转化为实际行动，在行动中强化责任担当。通过投身为群众办实事的火热实践，明晰我们党始终不渝为人民的初心宗旨，把握新时代中国共产党肩负的历史使命、中国发展的历史方位，自觉坚持人民立场、践行群众路线，强化新时代青年的责任意识和使命担当，自觉践行社会主义核心价值观，立政德、明大德、守公德、严私德，永葆对党的忠诚之心和对人民的赤子之心，更好地用党的百年奋斗重大成就和历史经验增长智慧、增进团结、增加信心、增强斗志。

五、工作成效

四史研习社尽管成立不久，但近年来立足复旦、辐射上海，在党史学习、理论传播等方面做了积极探索，也取得了一定的成绩。社团以接地气的形式、富朝气的内容、具人气的渠道，先后组织了一系列精品讲座、推出了一系列宣讲课程、打造了一系列研学活动，现已形成“小研学四史”系列讲座、“云游红色地标”微视频、“重走长征路”社会实践等多项品牌活动。这些活动掀起党史学习教育的热潮，广大学生参与其中，接受政治教育、思想淬炼、精神洗礼，树立大历史观和正确的党史观，不断筑牢听党话、跟党走的信念和决心，深入了解中国共产党的光荣与梦想、情怀与担当，持续增强对中国共产党的政治认同、思想认同和情感认同，自觉将爱国情、强国志、报国行融入伟大实践，奋力成长为担当民族复兴大任的时代新人。

（谈思嘉，管笑笑，孙浩宇）

追寻
最绚丽
的“红”

“青”言“济”语说党史

——同济大学时代声音传播社的实践探索

一、基本情况

同济大学时代声音传播社在同济大学校团委的指导下于2018年5月成立，致力于引导广大青年认真学习习近平新时代中国特色社会主义思想，用青年声音讲好同济故事、青年故事、中国故事，讲好党的百年奋斗重大成就和历史经验，传播时代强音。社团联动全校各学院、附属医院、附属中小学等优势资源打造“同济大学时代声音青年讲师团”，培育青年讲师近两百名，覆盖本科生、硕士生及博士生群体。开展“青年看”和讲师轮训两类主题沙龙，夯实青年讲师理论基础。举办演讲比赛、宣讲比赛、微团课大赛等三类重要比赛，以赛促学，提高青年讲师宣讲技能。成立和加入“大中小思政一体化同济大学时代声音宣讲联盟”“上海市大学生理论宣讲联盟”等四个宣讲联盟，不断提升品牌影响力。开辟“送团课进支部、进学校、进社区、进场馆、进网络”等五大宣讲渠道，每年志愿宣讲300余场、辐射近2万人次。打造青年声音、白衣执甲、勇挑重担、同舟共济、学者初心、济梦课堂等六大课程板块，开发“四史在校园”“战疫团课”“时代声音·听Ta说”“党史青年说”等一系列精品团课，荣获2020年全国高校百强学生社团、上海学校共青团“四史”微团课大赛一等奖等荣誉，受到新华网、微言教育、《光明日报》、《中国日报》等多家媒体的关注和报道。

二、案例背景

习近平总书记在党史学习教育动员大会上强调：“党的历史是最生动、最有说服力的教科书。”学史明理、学史增信、学史崇德、学史力行，开展党史学习是坚定青年理想信念、放飞青春梦想的必修课，是培养全面发展的社会主义建设者和接班人的必然要求。

然而，高校党史学习仍存在着教学方式单一、学生参与度和接受度较低等问题。一方面，随着高校党史学习教育逐步深入，小班化、面对面、互动式的学习需求被大量挖掘，仅依靠思政大课堂主阵地难以满足学生期待。另一方面，在常规化、大体量、灌输式的党史宣讲中，授课专家学者与学生难以深度沟通交流，学习成效无法保证。

针对上述问题，为引导广大青年学党史、强信念、跟党走，将青年之思融入时代之梦，同济大学积极拓展党史学习路径，从党史学习教育的参与感、代入感、获得感和归属感四个方面着手，致力于用青年的眼睛洞悉时代风貌，使党史学习教育更有温度、更具活力、更能与青年群体产生共鸣，进一步提升党史学习的生动性和实效性。

三、主要做法

同济大学以创新思维因时而进、因势而新，让有信仰的人讲信仰、让身边事激励身边人，精心遴选并培育一批优秀青年，走上讲台、走进班团、深入学生，让共产主义信仰和中国特色社会主义信念在学生群体中得以更广泛传播，并且扎根开花结果。学校着力打造“同济大学时代声音传播社”理论宣讲品牌，建设“一体化”讲师队伍、开展青年领学，打造“全方位”课程体系、讲活身边故事，创新“多元化”应用场景、持续扩大覆盖，建立“长效化”实践机制、激发情感共鸣，形成学生党史学习共同体，用朋辈声音传递信仰力量，掀起校内外党史学习的新热潮。

一是组建“一体化”讲师队伍，提升青年党史学习参与感。协同整合资源，抓好关键少数，让理论宣讲有底气、有生气、有力量。从各学院、各组织“单枪匹马”到全面统筹资源“并肩作战”，以青年宣讲为切入点，集全校优势资源打造一支全学科覆盖的时代声音青年讲师队伍，有效保障课程供给数量和质量。如，已从优秀党支书、团支书，马克思主义学“理论+”宣讲团、环境科学与工程学院“星火”宣讲团等理论宣讲团，研究生支教团、彩云支教协会、筑梦空间等志愿服务团队，“青春告白祖国”“同行计划”等社会实践团队，青年五四奖章获得者、学术先锋、学术之星等青年榜样群体中，集中遴选青年讲师，组建“同济大学时代声音青年讲师团”，培育并聘任155位青年讲师。通过开展“党支书训练营”“青年马克思主义者培养工程”“时代新人研习营”等学生骨干培养，夯实学生骨干理论学习基础，做到党史学习入脑入心。充分发挥学生骨干贴近青年的亲和力优势和党、团、学生组织广泛覆盖的体系化优势，在主题党日、主题团日、校园文化活动中大力开展党史宣讲。邀请专业教师指导授课，开展集中备课、试讲、参访、研讨，全方位、多层次开展讲师培训，着力提高青年讲师的理论水平和授课能力，不断增强讲师的理论基础和实践阅历，引导更多青年以讲促学，深度参与党史学习。

二是打造“全方位”课程体系，提升青年党史学习代入感。讲活身边资源，拉近时空距离，让理想信念传得开、信得过、扎下根。以习近平新时代中国特色社会主义思想为指导，聚焦身边人、身边事，将光荣党史与校史、学科史相结合，以身边人讲述身边事的形式开展党史主题教育，围绕“青年声音——树立社会主义制度自信”“白衣执甲——走近最美同济逆行者”“勇担使命——脱贫攻坚中的同济力量”“同舟共济——岁月留存的同济基因”“学者初心——把论文写在祖国大地上”和“济梦课堂——助力中小学双减”等六大主题，形成一系列“时代声音”课程“学习包”。深入挖掘同济大学和青年讲师所在学科的建设发展历史，并与党史学习教育有机融合，开发“让爱国主义成为青春底色——同济大学‘一·二九’事件”“南浦大桥——中国桥梁自主建设的开端”“同济顶升：浦东开发开放中的同济智慧”“情牵云龙——脱贫攻坚中的同济青年”“中国人的汽车梦”等特色课程，开创“四史在校园”微团课、同济战“疫”团课等一系列线上线下主题团课，用好身边的学习资源，用青年喜闻乐见的方式和话语，讲好同济故事、青年故事、中国故事，助力讲好党的百年奋斗重大成就和历史经验，传播时代强音，引领广大青年从党史中汲取信仰力量，激发奋进热情。

三是创新“多元化”应用场景，提升青年党史学习获得感。

开展志愿宣讲，助力青年发声，让红色力量广传播、聚人心、促实践。通过课程预约平台提供送团课进支部、进社区、进学校、进场馆、进网络等多元“送课上门”应用场景，采用线下宣讲和线上连线相结合的形式，服务校内师生党团支部与学校周边社区、企业、消防、公安、园区和中小学等，每年开展小规模、互动式、接地气的理论宣讲志愿服务，让广大青年讲师在讲课过程中不断打磨课程、积累经验，为大学生青年讲师提供多维锻炼平台和多元展示空间。面向全校同学开展“同济与世界说”演讲大赛、“济刻发声”微团课大赛、“支书达理”党团知识竞赛、党成立百年主题演讲比赛等党史学习活动，让学生通过宣讲感受党史魅力，在全校营造党史学习的浓厚氛围。通过“时代声音·听Ta说”走进14处红色场馆开展党史直播领学，将反复打磨的成熟课程录制为“五四主题团课”“四史在校园”“党史青春说”系列微课，沉淀为示范课程。借助微信公众号、B站等平台进行播放和宣传，进一步扩大宣讲受众范围和传播度，通过共享示范课程教案、视频，鼓励更多学生迈出“五分钟党史微宣讲”第一步，在宣讲过程中收获成就感，不断激发党史学习的内在动力。

四是建立“长效化”实践机制，提升青年党史学习归属感。建立长效机制，形成宣讲合力，让青年讲师有成长、有平台、有共鸣。青年讲师队伍将重要时间节点学习研讨和常态化集体备课相结合，开展“青年说”主题沙龙和讲师轮训等讲师培训，着力为青年讲师营造成长环境，加强青年讲师理论基础和课程研发、宣讲能力，不断丰富宣讲内容、创新宣讲形式，以学促讲、以讲促学，形成青年宣讲品牌，提高青年讲师的身份认同。进一步，联动同济大学第一附属中学时代声音研习社、同济大学附属实验中学传习社、同济大学附属实验小学苗苗宣讲团，牵头成立“大中小思政一体化同济大学时代声音宣讲联盟”，协同同济大学嘉定基础教育集团共建“大中小思政一体化志愿服务实践基地”，共享理论学习研讨、党团队主题教育、文艺展演、升旗仪式等系列宣讲载体，为青年讲师搭建广阔的常态化锻炼平台，通过中小学生的直观反馈，提高青年讲师对宣讲工作的价值认同。加入“百团知百年”上海大中学生宣讲团、上海市大学生理论宣讲联盟和环同济青年志愿宣讲团等多个青年宣讲联盟，着力为青年讲师拓宽交流路径，在与志同道合的校内外青年讲师互学互鉴中，进一步提高青年讲师对理论宣讲工作的认识，从而坚定长期从事理论宣讲工作的决心。

四、经验启示

一是整合资源服务校内，提升青年认可度。建设学生爱国运动纪念馆，集党史教育、校史教育、仪式教育于一体，融合多功能展厅、会议室、纪念园等丰富展览形式和沉浸式教育体验。“一·二九”爱国主义教育基地志愿讲解对每年160余个新生团支部全覆盖，通过组建优质讲师队伍、设置全方位课程内容、创新授课形式等方式，面向全校基层党团支部开放“送团课进支部”，满足各个基层党团支部党史学习需求，丰富基层党团组织的学习资源。通过“青年讲给青年听”促进青年讲师与青年学生共同进步，提高党史学习成效，获得师生好评。

二是积极拓展辐射周边，提升社会贡献度。通过“送团课进学校、进社区、进场馆、进网络”等多元应用场景，每年开展志愿宣讲300余场，辐射近2万人次。通过班队会课、第二课堂、课后服务等丰富形式，助力中小学“双减”，推进大中小学思政一体化；走进周边青年中心、街道社区、园区、共建单位等，促进校地交流联动，进一步锻炼讲师队伍。

五、工作成效

同济大学时代声音传播社荣获“2020全国高校百强学生社团”“沪上三十所高校最‘担当’社团”“杨浦区第五轮学习型大学生社团”等称号，微课荣获“上海学校共青团‘四史’微团课大赛一等奖、二等奖”“十七届‘挑战杯’国赛红色专项二等奖”等荣誉。系列党史学习教育活动更是得到新华网、“学习强国”、微言教育、《光明日报》及《中国日报》等官方媒体的关注报道，为高校开展党史学习教育提供了一本鲜活的“行动指南”。

（葛　畅，王子龙，吴　诗）

同舟共济
勇挑重担
学者初心
青年声音
白衣执甲
百名青年讲师
庆祝建党百年
时代声音明星讲师风采第五期
讲好同济故事
讲好青年故事
讲好中国故事

以文为本人人构建和谐社区
永远跟党走 "百年党史青春说"走进同济大学

擦亮“可爱的中国”思政品牌 用红色文化铸魂育人

——上饶师范学院“可爱的中国”大学生红色文化宣讲团的实践探索

一、基本情况

为深入学习贯彻习近平新时代中国特色社会主义思想，落实立德树人根本任务，进一步落实《上饶师范学院创新推进方志敏精神育人工作系统化常态化长效化的实施方案》，继续擦亮“可爱的中国”大思政育人品牌，引导广大师生和干部群众学习和弘扬方志敏精神，不断坚定理想信念和厚植爱国情怀，上饶师范学院于2019年成立“可爱的中国”大学生红色文化宣讲团。宣讲团以“传承红色基因，弘扬方志敏精神”为宗旨，积极承担“可爱的中国”上饶师范学院方志敏精神育人成果展示馆志愿讲解工作，在校内外宣讲方志敏和发生在赣东北的红色故事，弘扬方志敏精神，传承红色基因。社团精神取方志敏的“志敏”二字，意为“志存高远，敏而好学”，主要任务是深入挖掘、搜集、整理红色文化资源，面向学校和社会积极开展形式多样、内容丰富多彩的以红色文化为主题的学习实践、宣传展示和教育宣讲活动。宣讲团是在学校党委宣传部指导下，由学校团委直接负责日常管理，挂靠马克思主义学院，并选拔优秀的马克思主义理论专业博士和表演专业老师作为宣讲团指导老师（分别负责指导理论和业务能力），核心团队成员由全校各二级学院选拔出来的优秀学生构成。

宣讲团自成立以来，以爱国主义教育为核心，通过诵读红色经典、宣讲红色故事、传唱红色歌曲，利用形式多样的载体将红色文化资源融入大学生爱国主义教育，以重要时间节点、重大纪念活动为契机，通过理论与实践相结合、校内与校外相结合、线上与线下相结合广泛开展以弘扬方志敏精神和党史学习教育为主题的各类特色学习宣讲活动百余场，受众包括大中小学生、党员干部、普通群众等在内近万人。宣讲团将校园小课堂和社会大课堂有机结合起来，通过“读、写、悟、走、讲、唱”的方式，提高大学生对红色文化的认知认同、实践体验，进而筑牢大学生信仰之基，赓续红色血脉，培育爱国主义精神，引领青年大学生成长成才。

二、案例背景

习近平总书记高度重视爱国主义教育尤其是青少年的爱国主义教育，强调：“要抓好青少年学习教育，着力讲好党的故事、革命的故事、英雄的故事，厚植爱党、爱国、爱社会主义的情感，让红色基因、革命薪火代代传承”，“要重视加强学校思想政治教育，把爱国主义精神贯穿各级各类学校教育全过程，把爱我中华的种子埋入每个青少年的心灵深处”。中共中央、国务院印发的《新时代爱国主义教育实施纲要》指出，新时代加强爱国主义教育，对于振奋民族精神、凝聚全民族力量，决胜全面建成小康社会，夺取新时代中国特色社会主义伟大胜利，实现中华民族伟大复兴的中国梦，具有重大而深远的意义。

红色文化资源中蕴含的红色精神、革命传统是筑牢大学生爱国情怀、培育社会主义核心价值观、坚定文化自信的重要载体，应当运用在学生教育工作中以实现红色文化资源的育人功能。

赣东北地区红色资源丰富，孕育了以方志敏精神为代表的红色文化，为上饶师范学院开展思想政治工作提供了独特的资源优势。方志敏是伟大的无产阶级革命家、军事家、杰出的农民运动领袖、土地革命战争时期赣东北和闽浙赣革命根据地创建人，是“100位为新中国成立作出突出贡献的英雄模范人物”之一。方志敏坚定的理想信念和爱国主义精神影响了一代又一代中国人，他在狱中所作《可爱的中国》《清贫》等文章至今广为传颂，《可爱的中国》更是被誉为爱国主义的千古绝唱，是爱国主义教育最生动的教材之一。方志敏领导赣东北和闽浙赣革命根据地军民进行了艰苦卓绝的革命斗争，留下不可磨灭的先进事迹。方志敏精神和红船精神、井冈山精神、苏区精神、长征精神等一起，都是中国共产党革命精神谱系的重要组成部分，具有跨越时空的永恒价值。

作为上饶唯一一所本科高校，上饶师范学院义不容辞地担负起传承与弘扬方志敏精神的历史使命。2012年以来，学校充分利用以方志敏精神为代表的本土红色资源，以传承方志敏精神为特色，将特色转化为优势，以理想信念教育为核心，以爱国主义教育为重点，通过“教学融入、科研对接、实践养成、文化熏陶、网络引导、榜样示范”六位一体将方志敏精神转化为教育教学资源，深度融入大学生思想政治教育教学全过程，取得良好的育人成效，该成果于2019年获江西省教学成果一等奖。为了进一步扩大成果的应用效果，深入推进方志敏精神育人工作系统化常态化长效化，学校依托马克思主义学院和方志敏研究中心，组织成立了“可爱的中国”大学生红色文化宣讲团。

三、主要做法

一是组建队伍，发挥红色社团组织的育人功能。学校高度重视组织育人工作，在校党委宣传部的指导下，马克思主义学院以方志敏研究中心为依托，联合校团委、学工处，以思政专业学生为骨干，从各个专业精选一批对红色文化兴趣大、情怀深的大学生骨干组建“可爱的中国”大学生红色文化宣讲团，形成了稳定的红色文化学习宣讲团队，同时辐射到其他的学生团体如青马工程、方志敏班、方志敏先锋队等，较好地发挥了学生骨干在坚定理想信念、厚植爱国情怀上的榜样示范作用。

二是重视实践，在红色实践中涵养爱国主义情怀。爱国主义是具体的、现实的。因此宣讲团不仅注重培养大学生的理论素养，通过定期的读书会、专题讲座、学术沙龙等方式，不断强化宣讲人员的理论功底和红色情怀，同时还注重在实践中涵养爱国主义情怀，通过“宣讲+红色走读”“宣讲+暑期实践”等方式，将红色文化宣讲与大学生红色实践教育、暑期社会实践活动结合起来，以讲促学，以学促进。部分宣讲团骨干成员参加了上饶师范学院与方志敏干部学院联合举办的两届“可爱的中国”全国大学生研学夏令营，走进方志敏纪念馆、湖塘方志敏故居、红色省会葛源、上饶集中营等红色旧址遗址，通过走读的方式，沿着方志敏曾经战斗过的足迹，在学习方志敏和感悟方志敏精神的同时大力弘扬方志敏精神。

三是创立品牌，让爱国主义主旋律唱得响、传得远。学校高度重视思政工作品牌的创建，以方志敏精神和《可爱的中国》这一脍炙人口的经典作品积极打造“可爱的中国”红色文化育人品牌。“可爱的中国”大学生红色文化宣讲团牢固树立精品意识，通过举办“可爱的中国”党史经典读书分享会、“可爱的中国”红色观影会、“可爱的中国”红色文化学习体验营、“可爱的中国”党史宣讲活动等一系列品牌活动，内外联动，让红色文化真正入脑、入心、入行，唱响爱国主义主旋律。

四是共建平台，将校园小课堂和社会大课堂有机结合起来。思政课不仅应该在课堂上讲，也应该在社会生活中来讲。宣讲团不仅以学校为立足点，以各二级学院为依托，面向全校学生开展方志敏精神和红色文化的学习实践和宣讲活动；同时，还积极寻求与方志敏纪念馆、方志敏故居、上饶集中营革命烈士纪念馆、上饶市博物馆等校外红色场馆合作共建实践教育基地，充分利用好本土特色的红色资源，如与上饶市博物馆合作开展了“致敬最可爱的人，我听老兵讲故事”纪念抗美援朝主题活动、“钟鸣神州哀英烈，中华圆梦尽朝晖”国家公祭日直播活动等。积极走进中小学、社区、农村，开展内容丰富、形式多样的宣讲活动百余场，宣讲对象包括大中小学生和广大干部群众，受众达上万人。

五是创新形式，让红色文化教育走心、走深、走实。宣讲团充分通过常态化的“四会一课”，线上与线下相结合将红色文化和爱国主义精神贯穿到大学生思想政治工作全过程。“四会一课”包括经常性地开展晨读会、读书分享会、红色观影会、理论研讨会（如学习十九届六中全会精神交流会等）活动，并赴校内外宣讲系列红色课程；同时，借助于互联网、新媒体，利用寒暑假时间，已连续在线上组织开展了三届“可爱的中国”红色文化学习体验营活动，通过“读一部红色经典、看一部红色影视、游一个红色景点、讲一个红色故事、写一篇学习心得”，加强师生线上互动交流思想，赓续红色基因，传承百年信仰。

四、工作经验

一是新时代大学生爱国主义教育必须利用好具有本土特色的红色基因库。革命博物馆、纪念馆、党史馆、烈士陵园等是党和国家的红色基因库，要讲好党的故事、革命的故事、根据地的故事、英雄和烈士的故事。每个地方都具有本土特色的红色基因库和本土英雄人物，这些红色资源往往更具有亲和力、感染力，而且具有更强的实践性，因此要充分发掘和利用身边的红色资源开展爱国主义教育。

二是要让红色资源真正活起来，成为大学生爱国主义教育的源泉活水，就必须让大学生“动”起来，让内容“实”起来，形式“新”起来。大学生在红色资源的利用和红色基因的传承中不是被动接受的，而是要主动参与到育人化人的全过程，因此要充分发挥大学生的主动性和创造性，通过实实在在的内容将文化育人、实践育人、组织育人深度融合，以学生喜闻乐见的方式让红色文化和党史国史融入学生的日常学习生活中和精神血脉中，潜移默化地影响大学生的思想和行为，真正做到“润物细无声”。

三是要不断建立和完善红色文化引领大学生爱国主义教育常态化的机制体制，树立品牌意识，善用“大思政课”，让红色基因融入大学生的血脉。通过完善相关机制和建立品牌，以鲜明的主题主线将地方特色红色资源“化零为整”，并有效地转化为教育教学资源，将学校小课堂和社会大课堂有机结合起来，充分利用红色遗址、纪念场所（馆）等平台共建实践教育基地，实现学校、家庭、社会等多方力量的合作联动，形成育人合力。

五、工作成效

两年多来，宣讲团在校内校外广泛开展学习、弘扬方志敏精神和党史宣讲活动，不仅在激发当代大学生爱国热情、培育社会主义核心价值观、陶冶高尚道德情操、树立崇高理想信念、传承红色基因等方面发挥了重要作用，越来越多的大学生受到红色文化的教育熏陶，一定程度上增强了理想信念和爱国情怀。同时还培养了一大批有一定的理论素养、红色情怀、专业能力的宣讲人才，他们深入中小学、社区、农村宣讲红色文化和党史故事，成为红色基因的坚定传承者和红色文化的积极传播者。

宣讲团育人成效初步显现。2020 年，团队核心成员到井冈山的红色走读项目获江西省二等奖。2021 年 5 月，由宣讲团指导老师指导、宣讲团骨干成员完成的《传承红色基因，感悟方志敏的“中国梦”》获得江西省第十七届“挑战杯”大学生课外学术科技作品竞赛红色专项二等奖。团队成员主持或参与的课题先后获两项省级创新创业训练计划项目和两项校级创新创业训练计划项目立项。两个项目在上饶师范学院第三届“贪玩杯”大学生创新创意大赛与第八届“贪玩杯”大学生创新创业大赛校级决赛中荣获三等奖。2021 年 12 月，指导老师带领“不忘初心”队和“信念之光”队参加江西省高校“红色走读”实地走读活动，分别荣获省级一等奖和二等奖。在校团委和上饶市信州区委组织部的策划组织下，以宣讲团为骨干开展的江西省上饶市百名“00 后”大学生赴百个实践站党史宣讲文明实践活动荣获中宣部 2021 年全国文化科技卫生“三下乡”活动示范项目。2021 年，宣讲团参与的上饶市博物馆“大手牵小手，不忘初心跟党走”党史学习平台创建项目获评江西省红色主题社教示范项目。团队分别入选 2022 年“强国有我，‘核’你一起”千支大学生志愿宣讲团名单和 2022 年“推普助力乡村振兴”全国大中专学生暑期社会实践志愿服务活动名单。2022 年，宣讲团开展“青春献礼二十大，强国有我新征程”主题教育实践活动，组建“长征组歌”队和“踏火赴汤”队两支走读队伍，通过云游方志敏纪念馆、兴国县将军馆、江西省革命烈士纪念堂，利用假期赴赣州兴国县、于都，上饶横峰、铅山等地开展实地走读，创作视频作品并在相关平台展播。

宣讲团的相关活动还引发了社会的广泛关注，中国教育电视台新闻频道、《人民日报》海外版、中国教育网、新华社江西频道、中青网、凤凰网、“学习强国”江西学习平台、江西网、上饶电视台、《上饶日报》等各级各类媒体纷纷报道。其中，走进上饶十九小的“大小拉小手，永远跟党走”红色故事宣讲活动在“学习强国”江西教育平台上即时点击浏览量突破 100 万人次。

（杨智勇，甘晶晶，钟晓丽，冯培志）

可爱的中国
“可爱的中国”
大学生红色文化宣讲团

“可爱的中国”
大学生红色文化宣讲团
“可爱的中国”宣讲团

伟人故里守初心　红色基因代代传

——湘潭大学马克思主义学院星火宣讲团的实践探索

一、基本情况

“星火”一词取意于列宁创办的第一份全俄政治报——《火星报》和“星星之火，可以燎原”。湘潭大学马克思主义学院星火宣讲团成立于2021年3月，由湘潭大学思想政治研究中心副主任李伏清教授牵头组建。至2023年已有四批成员，共计120余人，由学生理事会和专家顾问团共同组成，挂靠湘潭大学马克思主义学院，接受湘潭大学党委宣传部、组织部、校团委和马克思主义学院共同指导。

为深入学习贯彻习近平新时代中国特色社会主义思想，扎根伟人故里，传承红色基因，星火宣讲团立足湘潭大学中国共产党历史的学科特色和人才优势，将党的创新理论、党史人物故事等内容以喜闻乐见的方式进行广泛宣传，进农村、进机关、进校园、进企业、进社区、进网站。依托服务基层和党建共建联建单位，全国高校思想政治理论课教师、辅导员社会实践研修基地，“青马工程”全国研究培训基地，鼓励并支持宣讲团成员主动联系、服务校外单位开展宣讲。校外宣讲采取“1+N”的活动形式，“1”即开展一次理论宣讲活动，“N”为根据宣讲地实际需要，开展党建共建、志愿服务、决策咨询、故事宣讲等活动，将马克思主义的种子更好播撒在湖湘大地上。

二、案例背景

湘潭大学星火宣讲团以湘潭大学马克思主义学院学生基层宣讲团为前身，通过党史学习教育活动，系统地向全社会进行理论宣传，助力党史学习教育深入人心。为了更好地将党的最新文件精神、理论知识、党史人物故事等内容进行广泛传播，湘潭大学学生基层宣讲团发展成为湘潭大学马克思主义学院星火宣讲团。

宣讲团依托校园育人阵地和湖南丰富的红色文化资源，走出课堂、走出校园，运用和推广湘潭大学虚拟仿真资源，积极参与湘潭“大中小”思政课一体化改革探索。星火宣讲团成员始终牢记初心使命，丰富宣讲内容，拓宽宣讲思路，积极发挥“吃得苦、耐得烦、霸得蛮”的奋斗精神，将青春投入弘扬革命传统、传承红色精神的火热实践中。

三、主要做法

面对新时代理论宣讲工作的新使命、新特点、新要求，湘潭大学马克思主义星火宣讲团坚持多主体共参与、多平台共支撑、多载体共驱动，形成工作合力，探索宣讲新路径。

一是发挥学生主体作用，提振青年志气、骨气、底气。宣讲团成员由本硕博学生梯队组成，截至2023年，共包括16名博士研究生、65名硕士研究生、43名本科生。学生深入基层开展宣讲，不仅调动了理论学习的积极性，而且体悟到思政育人中的自我主体地位，提升了参与社会实践的主体意识。在与学生党员、基层党员和社会各界的对接中，宣讲团队员不断深化爱党爱国之情，时刻准备在党的号召下为全面建设社会主义现代化国家和实现民族伟大复兴贡献自己的力量。

二是融入学生工作特色，宣讲形式多元、多样、多彩。宣讲团邀约不断，奔走于以湖南湘潭市为主的各地各基层，深入走访30多个党政机关和事业单位，17个乡镇，10余所高校以及20余所中小学等，受众广泛，影响深远。宣讲形式多样，既有国旗下的党史故事微宣讲，也有为党团员培训班学员进行的党课团课讲授，还有社区和乡镇的访谈式、对话式宣讲，以及情境演绎、“三句半”、舞台剧等，深受广大师生和基层民众的喜爱。宣讲活动让学生走出课堂、深入基层，走出书本、深入社会，把社会的大课堂变成有热度的“流动课堂”，提高了学生服务基层的责任担当。

三是立足基层实践需求，宣讲内容亲民走心、启智润心。宣讲团将主题宣讲与基层需求相结合，在宣讲内容上设置了九大宣讲系列，例如围绕党成立百年来的光辉历程，遴选了十个重要的党史专题进行系统深入的理论讲授；配合全年内党史上的热点、节点设计“月月讲”的宣讲主题；还包括毛泽东研究专题、《中国共产党简史》、“团史故事青年说”、红色文物故事、虚拟仿真场馆46个金微课等不同系列。宣讲专题和系列的设置一方面更好地满足了基层不同团体的需求，另一方面有利于让学生在宣讲党的光辉历史中进一步丰富党史知识，增强爱党报国的理想信念，潜移默化达到为党育人、为国育才的“大思政”培育目标。

四是进行多元化探索，育人施教因地、因时、因材。搭建宣讲课堂、虚拟仿真实验室、红色教育基地、线上教育阵地。校内，星火宣讲团进班级、支部、团校党校培训会、青马卓越班、图书馆、后勤处等为师生进行主题宣讲。同时，利用包括“五史”标志性纪念馆、博物馆、展览馆等28个虚拟仿真资源的湘潭大学马克思主义学院360°全沉浸式爱国主义教育基地建设开展宣讲。校外，星火宣讲团深入湘潭大学周边社区、党政机关、乡镇单位传播理论，与湘潭中小学搭建思想政治教育联合教学实践基地，参与中小学专题集体备课，形成服务中小学的宣讲课程，定期对接各班级结对宣讲。以“学习通”、“智慧树”、腾讯会议为平台，丰富线上宣讲渠道，与南开大学、华中师范大学等开展校际宣讲和“云上书屋”，打造系列“工艺精湛、配方新颖、包装时尚”的微宣讲课程。

四、工作经验

一是把牢政治方向，紧扣根本任务，着力培育核心价值观。星火宣讲团学习宣传贯彻落实习近平总书记的重要讲话精神，紧扣立德树人的根本任务，把握理论宣讲方向，精炼选题、打磨内容；在材料收集、理论备课、实践试讲环节，按组织程序进行层层政治把关，确保宣讲内容和观点的鲜明政治导向。实行“三导师”“四审核”制，由老中青指导教师团队和湘潭市广播电视台新闻中心主任负责进行内容把关和形式指导，保证宣讲内容的政治方向的正确性与表述的准确性。

二是党委高位推动，多方协同实施，激发思政育人大合力。

星火宣讲团在守正创新中，以其内容的专业性、形式的创新性获得了学校各部门的重视和支持。学校党委组织部、学生工作部和团委等部门，协力保障宣讲团建设条件，拨付专项经费，用于理论书籍购置、宣讲团活动室运转、宣讲主题项目推广等；党委宣传部及时宣传报道，提供宣传平台；学校党委书记亲身参与提供指导，为师生做理论宣讲辅导报告；学校领导、专业教师、思政队伍、管理力量、服务资源等下沉宣讲团，联动助力学生宣讲团开展工作。

三是坚持“六要”标准，选优建强队伍，把道理讲深讲透讲活。按照政治要强、情怀要深、思维要新、视野要广、自律要严、人格要正的要求，宣讲团严格甄选优秀人才组建队伍；邀请名家、先进、模范授课，开阔视野格局；形成一套全流程学习培训机制：依托全国高校思想政治理论课教师及辅导员社会实践研修基地、“青马工程”全国研究培训基地等平台，同步接受专职理论培训，进行集体学习讨论，以老带新打磨稿件，精炼内容，把理论知识讲深讲透讲活。

四是传承湘大血脉，善用红色资源，实现启智润心、铸魂育人效果真提升。星火宣讲团认真学习宣传贯彻落实习近平总书记关于“把红色资源利用好、把红色传统发扬好、把红色基因传承好”的相关指示精神，深入挖掘湖南红色资源，联合湘潭大学毛泽东思想研究中心、湘潭大学中国共产党革命精神与文化资源研究中心、湘潭大学红色旅游研究中心，将红色精神、红色基因融入宣讲。星火宣讲团充分利用毛泽东故居、彭德怀故居、陈赓故居等红色旅游景点与红色资源，开展实地调研，充实宣讲内容，搭建教育基地。

五是创新项目式建设，守正创新，打造便捷式学习型环境。通过多方联动，注重推进红色文化基因传承、党史教育的“数字化”，凭借包含中共一大纪念馆新旧两馆、中国共产党历史馆等28种资源的虚拟仿真资源库和线上虚拟仿真实验《恰同学少年》，打造《换了人间——毛泽东的家书故事》《我的青春我的团》《“百年百地”正青春》《恰同学少年》系列主题的思政金课，助力建设红色教育的便捷式学习型社会。

五、工作成效

历经两年锤炼，湘潭大学马克思主义学院星火宣讲团在实践宣讲中取得了一系列实践成果。开展宣讲100余次，服务人次多达60000人，其中100人以上的大型宣讲达40余次。新华社、《光明日报》、人民网、中国网、党建网、红网、“新湖南”、湖南卫视、湖南经视、湖南教育电视台等媒体进行过多次报道。推出全国高校庆祝党成立百年精品展播两个、教育部关工委2021年“读懂中国”活动最佳短视频，荣获“这十年·青年讲”全国高校宣讲联赛优秀奖、第五届全国高校大学生讲思政课公开课展示活动二等奖、第六届网络原创视听节目大赛二等奖、“中国之治”主题微宣讲二等奖等。

博学笃行，盛德日新，湘潭大学星火宣讲团将继续扎根伟人故里，努力探索走实、走深、走心的宣讲好路径，推出有滋有味有声有色的宣讲内容，建设想干事能干事又能干成事的宣讲团队，更好传承红色基因，把握新时代潮流，服务于中华民族伟大复兴！

（郑　婕，李伏清，彭依依，张哲源）

大宣讲团

传承西迁精神　讲好西迁故事

——西安交通大学学生微宣讲团的实践探索

一、基本情况

2017年9月，党的十九大胜利召开，西安交通大学的学生认真学习十九大精神，并主动以学生视角开展十九大精神微宣讲活动。2017年11月29日，习近平总书记提出“中国梦”五周年之际，在学校党委部署下，西安交通大学学生微宣讲团（筑梦社）成立。自成立以来，宣讲团以“微宣讲”为形式，在校内外积极主动讲好西迁故事，以实际行动争做西迁精神新传人。

二、案例背景

2017年12月11日，习近平总书记对西安交大15位西迁老教授来信作出重要指示，希望西安交大师生传承好西迁精神，为西部发展、国家建设奉献智慧和力量；2018年新年贺词中，习近平总书记再次提及西迁精神；2020 年 4 月 22 日，习近平总书记在西安交通大学考察期间指出，西迁精神的核心是爱国主义，精髓是听党指挥跟党走，与党和国家、与民族和人民同呼吸、共命运，具有深刻现实意义和历史意义。2021 年，西迁精神被纳入中国共产党人精神谱系第一批伟大精神。

近年来，学生微宣讲团（筑梦社）以习近平新时代中国特色社会主义思想为指导，以西迁精神为特色，创新夯实组织方式，探索完善工作模式，立破并举做好宣讲，形成了一系列成果及经验做法，打造了独特的学生宣讲品牌。

三、主要做法

（一）组织方式

一是讲好西迁特色，定位明确实现广泛参与。团队在学校整体“领导干部讲精神，专家学者讲理论，辅导员讲思政，学生骨干讲故事”的设计中定位明晰，侧重以西迁故事为切入点，升华到理论。同时，广泛在校内各书院、学院等基层单位设立医学部“仁心”宣讲团、电信学部“笃·行”宣讲团、能动学院“澎湃”宣讲团等学生微宣讲分团，切实推动了学校“4+N”宣讲组织体系构建，宣讲西迁精神，助力实现“浸入式”宣讲常态化。团队成员共 170 余人，成员构成覆盖了本硕博全层次和文理工商医等全学科。成员组成的全面性和多样性为面向更广泛受众传递声音注入了强劲动力，努力成为宣讲西迁精神的领头兵。

二是厚植爱国情怀，联动联合推动宣讲引领。团队探索“一体六翼五支撑 N 分团”的架构：一体即交大学生宣讲队伍，主要依托学生微宣讲团（筑梦社）；六翼就是打造六个特色的宣讲队，压实团队的特色宣讲，即博士理论宣讲队、中国共产党人精神谱系宣讲队、西迁精神宣讲队、弘扬中华优秀传统文化宣讲队、铸牢中华民族共同体意识宣讲队、思政课教学活动宣讲队（本科生）；五支撑就是借助外部力量，壮大团队的宣讲队伍，扩大团队的宣讲影响，即陕西高校青年爱国奋斗宣讲联盟、交通大学青年宣讲团、西北高校青年铸牢中华民族共同体意识宣讲联盟（筹）、西部高校青年联学联讲机制、全国高校青年宣讲联学联讲机制；N 分团就是团队现有的 14 个以及陆续成立的各二级单位宣讲分团。

三是听党指挥跟党走，组织建设做好支撑保障。团队提高站位，建立学校社团中首支贯通本硕博、打通各学科的临时党支部，力求达到党建、宣传与学生成长各层次的互动多赢。临时支部有正式党员 38 人，预备党员 6 人，曾获学校十佳示范党支部，承担学校专题党建研究项目一项，支部书记获评“优秀党务工作者”。把支部建在社团上，切实发扬西迁精神。

（二）工作模式

一是理论学习为基础。通过举办专题培训、研修班、诵读经典原著、创办品牌活动“争鸣读书会”、开展时政分析、组织研讨等渠道，全员全过程全方位深入开展理论学习，将西迁精神落到实处，学以致用，用以促学，学思践悟，融会贯通，营造了团队独特浓厚的理论学习氛围。

二是理论培训为重点。为做好理论宣讲，通过聘请资深宣讲顾问、开展“筑言计划”和组织集训营等途径，规范“选拔人员—参与培训—审核选题—集体备课—组织试讲—实施宣讲—等级评定”的宣讲培训模式，把好理论宣讲选题关、提纲关、文稿关、表达关、讲台关。形成了融合理论知识、密切联系受众的宣讲特色，使先进理论“飞入寻常百姓家”，使西迁精神入耳入脑入心。

三是理论宣讲为主体。理论宣讲是宣讲团的中心工作和主体工作，所有工作都是服务于理论宣讲的。紧扣政治节点，迅速打磨宣讲稿，先后推出“弘扬党的伟大精神，青春献礼二十大”、中国共产党人伟大精神谱系、西迁精神等专题宣讲课名单20余份、共303节宣讲课程，供全国各机关、企事业单位、高校及社会团体预约，累计宣讲1000余场，线下受众人数达20万人次，线上覆盖5100万人次，累计点击量达2.1亿人次。

四是理论研究为提升。团队鼓励由宣讲升华到研究，打通了各环节与理论研究的内在关联。截至2023年，团队成员累计发表学术论文52篇，参与省部级课题9项，并在重要报纸、网络媒体等发表14篇理论文章。在学习西迁精神中开展理论研究，在理论研究中发扬西迁精神，进一步实现了以学促讲、以讲促研的同频共振。

五是知行合一为目标。建基地，树品牌，成常态，在实践中淬炼情怀和本领。团队走访遵义、玉林、兰州、乌鲁木齐、马兰、阿图什、南京和香港等地开展实践，已在陕西长武县巨家镇、云南施甸等地挂牌成立了22个“新时代青年宣讲实践基地”，将西迁精神传扬到祖国各地；借助精神探寻、校友寻访、政府见习、调研、交流学习、组织慰问等多种实践方式引领成员“走中国青年知识分子成长的正确道路”；利用周末和寒暑假，常态化开展“凤县民间历史文化现状”和“农村发展内生动力”等问题研究，形成调研报告、论文或课题等切实成果，在理论与实践的统一中传承和弘扬西迁精神。

（三）宣讲开展

一是以讲好西迁故事为内容特色，不断夯实宣讲内容。习近平总书记在西安交大考察期间，深刻阐释了西迁精神的核心和精髓。团队作为市委理论讲师团西迁精神宣讲队开展宣讲近50场，2名成员研究论文入选教育部思政司思政工作文库《永远飘扬的旗帜——西迁精神研究及纪念文集》，5名成员参编陕西省委宣传部与西安交大合作的《西迁往事》一书，1名成员作为主要成员参编教育部组织的《中国共产党精神谱系——西迁精神》一书。宣讲覆盖全节点。紧扣党成立百年、党的十九届六中全会等节点，及时开展理论解读和宣传。以改革开放四十周年、国庆节、港澳回归纪念日等节日为契机，开展爱国主义教育、“四史”教育等。抓住“九一八事变”、南京大屠杀死难者国家公祭日等时段开展牢记国耻、缅怀先烈、模范事迹宣传等活动，厚植爱国情怀。

二是以践行西迁精神为组织动力，积极扩大宣讲受众。学生宣讲团以传扬西迁精神为宣讲动力，不断借助班级、党团支部及学生活动等渠道，根据不同场景推出“班车流动站”等形式，设计宣讲课名单，为全校师生提供宣讲服务。校校联动延伸至其他高校。团队在陕西省内积极落实“西迁精神进校园”活动，与北京大学、复旦大学、华中科技大学、兰州大学、电子科技大学及延安大学等高校密切联系，开展了“高校战‘疫’云端故事汇”“高校青年爱国奋斗故事汇”等40余次联合宣讲，并牵头组建陕西省高校青年爱国奋斗宣讲联盟。校地联动辐射全社会。在军营部队、中小学校、政府机关、企业单位等场所举办宣讲百余场，浙江中共一大会址、新疆马兰基地、兰州黄河母亲像旁、新疆某军区边防连、乌鲁木齐社区党支部、南京大屠杀遇难同胞纪念馆等地都留下了团队的宣讲声音。走一路、学一路、讲一路，坚持把西迁精神带到祖国各个角落，宣讲的过程就是践行传播习近平新时代中国特色社会主义思想使命的过程。

三是以弘扬西迁精神为宣讲目标，着力丰富宣讲手段。宣讲团不断运用微博、微信、抖音等平台，打造网络宣传矩阵，用新手段弘扬西迁精神的时代价值。有声书、直播、网络微课等作品线上受众累计 300 余万，单次直播观众人数最多超过 100 万。原创栏目“西迁亲历者说”等在喜马拉雅平台累计播放量达 10 万余次。长中短篇相统一：结合时代特色，以短篇为主，以中长篇为辅。作品中既有“我心中的英雄梦”等精悍有力的简短故事，也有“战‘疫’到底，应急管理中的中国故事”等内容饱满的理论分析，更是形成诸多系列主题，不断深入。个人集体相统一：成员在精心打磨自身宣讲的基础上，注重组合出击。宣讲过程中做到不同学科、不同年级、不同地区宣讲人搭配，多次与理论专家、辅导员老师等共同参与宣讲。

四、经验启示

一是线上线下相结合，宣讲受众范围广泛。举办陕西省首届“青春微言”党史学习教育宣讲比赛、“请党放心　强国有我”大学生宣讲比赛，牵头成立陕西大学生“青春向党”党史学习教育微宣讲团走进 59 所高校，与西安市教育局联合举办“感悟精神伟力　赓续红色基因”微宣讲活动走进 24 所中小学开展党史学习教育。建立了云南施甸宣讲基地、甘肃郭原乡宣讲基地、陕西宝鸡凤县新时代文明实践基地、江苏扬州城控集团宣讲实践基地等 22 个实践基地，切实利用线上线下平台传承弘扬西迁精神，将西迁精神传扬到祖国各个角落。

二是理论与实践并行，研究成果提质提量。社团自成立以来，获得了第七届中国国际“互联网 +”大学生创新创业大赛陕西赛区“金奖”（青年红色筑梦之旅）、2021 年陕西省五四红旗团支部、陕西省“三下乡”省级优秀团队、2021 年陕西好网民、第五届陕西省青少年公益项目大赛银奖、全国大中专学生志愿者暑期“三下乡”社会实践活动全国优秀团队等荣誉。以宣讲团成员为主体，积极开展科研工作，承担了陕西省思想政治工作重大理论与现实问题研究项目“西迁精神融入思政工作的创新路径研究”、陕西省哲学社会科学重大理论与现实问题研究项目“新时代陕西省哲学社会科学普及机制创新研究”等多项省部级重大科研项目。以宣讲实践为推动力，成员累计发表学术论文 82 篇，参与国家级、省部级科研课题 17 项，在报纸、网络媒体等发表理论文章 36 篇，并获得陕西省大学生课外学术科技作品竞赛一等奖等荣誉。在科研中学习西迁精神，以西迁精神推进理论研究，西迁传人将在创新“战场”续写西迁精神新篇章。

三是在砥砺奋进中不断前行，涌现出一批先进典型。宣讲团成员在学习和宣讲的过程中也在不断成长，至 2023 年已涌现出学生标兵 8 人，国家奖学金获得者 7 人，特等奖学金获得者 47 人，1 人被评为教育部高校百个研究生“样板党支部”支部书记，5 人被评为学校十佳党支部书记。特别是宣讲团成员毕业后选择留在西部工作、扎根西部的比例过半，宣讲团成员林舒进毕业后主动请赴条件艰苦的博白县那卜镇石茅村担任驻村第一书记。

五、工作成效

一是上级关怀多。2019 年 11 月，孙春兰副总理来交大调研并走进宣讲现场；2017年年底，时任中宣部黄坤明部长走进微宣讲现场，称赞这是一个很好的理论传播形式，要坚持讲下去；时任教育部副部长杜占元、时任陕西省委书记胡和平、时任陕西省省长刘国中、《求是》杂志社原社长李捷也曾先后走进微宣讲，对学生微宣讲团给予充分肯定；2021年6月，中管高校党史学习教育第十二指导组一行来到学生微宣讲团党史宣讲备课会现场，指导组组长杨泉明勉励宣讲团师生。

二是社会影响大。团队事迹得到央视新闻联播、新华网、人民网、中国共产党新闻网、全国高校思想政治教育网等40余家媒体报道。活动场次多，截至2023年，行走4万余公里，到达22个省（自治区、直辖市），已成功举办累计1000余场宣讲。

三是参与人数多。所有成员均参与宣讲，超过20万名观众到场，线上受众累计超过5100万人次。线上点击量达到2.1亿人次。

四是成绩勉励多。曾获“陕西好网民”、陕西好青年集体、陕西省红旗团支部、全国大学生红色旅游创意策划大赛总决赛特等奖、陕西省大学生课外学术科技作品竞赛一等奖、陕西省社科普及资助一般项目、陕西省“三下乡”省级优秀团队、西安市教育局优秀宣讲、西安交通大学新闻宣传特别贡献奖、校园文化突出贡献奖、特色示范党支部等荣誉。

五是衍生成果多。除上述提及学术论文52篇，参与省部级课题9项，并在重要报纸、网络媒体等发表14篇理论文章外，还形成了22个实践基地，一批网络作品和特色活动。

六是成员成长多。在西安交通大学学生微宣讲团（筑梦社）宣讲人中，国家奖学金获得者34人，省级优秀毕业生8人，教育部高校百个研究生“样板党支部”支部书记1人，全国大学生自强之星 2 人，学校十佳党支部书记 14 人，学校特色示范党支部书记 8 人，学生标兵 12 人，毕业后参加基层选调的有 20 余人。

心有所向，行能致远。西安交通大学学生微宣讲团（筑梦社）将继续牢牢扎根在西部热土，传扬西迁精神，以青春微言凝聚实现中华民族伟大复兴中国梦的澎湃伟力。

（马　勇）

思想之旗领航向　宝塔山下开新篇

——延安大学“圣地星火”宣讲团的实践探索

一、基本情况

自党的十九大召开后，延安大学师生迅速响应，成立“党的十九大精神”学生宣讲团，对党的十九大精神进行学习、讲解和宣传。宣讲团后更名为延安大学“圣地星火”宣讲团，是由校党委领导、学工部具体指导的学生理论社团。宣讲团从 2017 年成立至今，共有六届成员，覆盖校内各个学院。宣讲团以习近平新时代中国特色社会主义思想为指导，以延安精神为特色，扎根老区，深入挖掘延安历史和延安大学校史，紧扣重要政治节点，宣传党的新理念、新政策，让马克思主义真理的光芒照耀延安革命圣地。

宣讲团名称取自“星星之火，可以燎原”。这句话源自毛泽东在 1930 年写给林彪的信，答复了林彪对红军前路究竟在何方的疑问。每一位宣讲团成员都是一颗小星火，点点火光汇聚，必能呈燎原之势。圣地星火宣讲团成员以“弘扬延安精神，继承红色基因，讲好中国故事，传递青春能量”为宗旨，以“化一颗星火，燃烧自己，温暖他人，点亮青春”为口号，秉承

“做延安大学学生思想的引领者”的宗旨，传递着红色革命精神的火种，践行以“坚定正确的政治方向，解放思想、实事求是的思想路线，全心全意为人民服务的根本宗旨，自力更生、艰苦奋斗的创业精神”为基本内涵的延安精神。

二、案例背景

依托党中央在延安的十三年留下的丰富红色资源和伟大延安精神，延安大学“圣地星火”宣讲团紧扣党史学习教育和重要政治节点，在学习成长中坚定理想信念，践行初心使命，把伟大延安精神内化于心、外化于行，使其成为推动高质量发展的强大力量。

宣讲团立志做延安大学学生思想的引领者，走进校内各学院，宣讲党的最新文件精神、理论政策、革命先辈故事，在校园内形成学党史、强信念、跟党走的浓厚氛围，形成校园大思政课堂；宣讲团密切关注社会理论学习需要，走进企事业单位、中小学、解放军驻地，将党的理论政策用人民群众喜闻乐见的方式广泛传播，参与社会大思政课堂。宣讲团在新媒体平台将线上线下宣讲相结合，探索宣讲工作新思路。身处圣地延安，更觉使命在肩，宣讲团以培养政治站位高、为民情怀厚、使命意识强的宣讲人为目标，以资政育人为基本定位，踔厉奋发、勇毅前行，将青年宣讲人的声音汇聚成时代强音。

三、主要做法

面对新时代理论宣讲工作在思想引领、服务社会等方面的新特点、新要求、新使命，延安大学“圣地星火”宣讲团主要从以下四个方面探索宣讲新路径。

一是以延安精神为基，铸魂育人，注重理论学习和宣讲团的自我革新。学校党委学工部高度重视宣讲团的理论建设，在其指导下，宣讲团多次开展党课学习、理论学习活动与宣讲比赛，不断提高团员的理论水平，并与多所高校宣讲团交流学习，解读、宣传延安精神。宣讲团结合时代精神，将延安精神与新时代精神结合，开展多次团课、微课，以多种形式，全面且深刻地讲解理论知识，将中国共产党与中国人民在党史百余年中创造的力量继续传递，讲好党史故事，练就青年本领。同时，宣讲团在工作中及时回望，总结不足，积极探索团队发展新路，吸收借鉴其他兄弟高校宣讲团的工作经验，守正创新，摸索出一条符合校情的宣讲团发展道路。

二是发挥学生主体作用，勇于实践，让每名同学都成为延安精神的践行者和发扬者。宣讲团成员来自学校的各个院系，都是热爱宣讲、传播思想理论的优秀青年。宣讲团开展系列实践活动，在校内各个院系宣讲红色精神，走出学校，在各种机关公司、红色革命根据地进行宣讲，从理论学习到正式宣讲，各个环节充分调动学生的积极性，让学生体悟到了自己在宣讲中的主体地位。在宣讲实践中激发各个岗位人员的斗志与进取心，充分调动了学生们的积极性，不断领悟党的高尚信念、勇毅作为，强化其真挚的爱党爱国之情，集结在党的号召下为全面建设社会主义现代化国家和实现民族伟大复兴贡献自己的力量。

三是注重基层需要，浸润民心，将理论宣讲与基层需要相结合。宣讲团注重将宣讲主题与基层需要结合，针对不同身份的受众，努力将党的精神思想通过较为亲切的方式讲给不同群众。宣讲团走进革命根据地，宣讲红色精神，追忆老一辈革命家，深深体悟延安精神；走进社区和广场，为民众们宣讲党的政策方针，宣扬党的思想精神，让普通民众进一步感受到党和国家的关怀；走进企事业单位，与党员们探讨党的政策、思想和精神，从新的角度来感受和发扬延安精神；走进中小学，将延安精神的小小萌芽，种在孩子们的心中。宣讲团针对不同受众都有不同的宣讲选题和方式，力求把道理讲透讲活，使宣讲工作更为顺利地进行。

四是注重探索更新，赋能提升，使宣讲更加有趣生动。宣讲不仅要将党的思想理论准确地传达给不同人群，而且要激发起人们的兴趣，做到真正有意义地宣讲。正如二十大主题报告中所提到的“守正创新”，宣讲团开展了“万名学子学党史，网上重走长征路”“知心的歌儿给党听，动心的演奏献给党”“党史知识问答互动”以及“重回革命旧地”等活动，将多元的活动形式呈现给广大师生，积极探索宣讲工作新路径，开拓党史学习新境界，让人们深深感受到青年一代的责任担当和奉献精神。

四、工作经验

一是坚持理论学习，夯实宣讲团成员的理论基础。理论是宣讲之本，只有每一位宣讲员将党的创新理论内化为自己的语言，才能写出打动人心的宣讲稿件。为了夯实宣讲团成员的理论基础，宣讲团及时转发《人民日报》、新华社等主流媒体的评论文章，并结合宣讲团成员的实际情况，积极整理出适合宣讲团成员研读的学习资料，为学生提供宣讲思路，激发宣讲团成员理论学习的内生动力；及时开展理论学习会，邀请专业老师为学生深入浅出、细致入微地讲解相关理论知识。在学习会上，学生积极发言，碰撞出思想火花，拓展了宣讲思路。为了做好每一次宣讲，我们贯彻落实理论学习，并带领更多人学习、传承党的精神，了解到更多有关党和国家的故事。在新的历史条件下，弘扬延安精神，对于加强党性修养具有重要的作用。

二是坚持延安精神教育主导，打造实践提升的强劲引擎。延安精神是延安时期党和人民的伟大创造，是中国共产党人党性的集中体现，是党的优良传统和作风的集中体现，是我们今天加强党性修养的核心内容之一。宣讲团依托延安的红色旅游资源，以实地考察、参观学习、现场宣讲等方式深入挖掘延安精神的内涵，准确把握延安精神的时代价值。我们身在延安，接受着延安文化与精神的洗礼和熏陶，将“艰苦奋斗、自强不息、扎根老区、乐于奉献”的延安大学精神与延安精神结合运用于宣讲中，坚持用“信念坚定、求真务实、敢于担当、乐于奉献、善于创新”的延安精神特质铸魂育人，并将其发扬光大，使更多人受益。

三是不断提升与磨炼自己，在实践中成长。每一个宣讲团的成员都是在反复的磨炼和实践中成长起来的，从把握理论宣讲方向、精炼选题、积累材料、反复打磨内容，到走出校园，正式开始了实践的历练，宣讲团通过以老带新的方式进行稿件打磨、试讲培训。在延安精神的指引下、在红色文化的熏陶下，宣讲团成员在学习实践中自觉承担起红色圣地上青年人的天然宣讲使命，传承并且积极发扬延安精神。宣讲团将牢记“立身为公，学以致用”的校训，坚持常态化走进乡村、社区、中小学和企事业单位开展党史宣讲活动，把理论知识讲得接地气、冒热气、有生气，展现出具有延安精神特质的圣地青年大学生形象。

四是掌握宣讲技巧，以朴实的语言讲出华丽篇章。优秀的宣讲技巧可以帮助我们在宣讲的时候，更好地将想要表达的意思传递给他人。我们发现在大量的宣讲实践中，能够熟练应用各种宣讲技巧的学生可以将宣讲效果提升一个档次：例如适当的停顿与重读可起到强调的作用；多用短句可以让节奏加快，情感更充沛；长短句结合让节奏上下起伏变化；多用排比增强气势，丰富情感；善用肢体动作可以增强宣讲效果，吸引观众注意力，强化宣讲主体角色；与观众互动可以拉近与观众的距离，更容易引发观众内心的共鸣……宣讲团定期邀请往届优秀的宣讲人为新成员传授宣讲经验，并进行一对一、手把手的讲解。各位宣讲人也被要求在日常生活中多关注语言行为，向语言大家学习。同时，在重要政治节点，宣讲团会迅速组织理论学习和试讲会，将理论学习成果和宣讲实操相结合，以学为基，以讲为本，打造素质过硬的宣讲队伍，用通俗易懂的语言讲述理论，让小学生、青年甚至是老人都能听清楚、听明白、有收获，这便是宣讲的目的，也是我们的初衷。

五、工作成效

延安大学“圣地星火”宣讲团自2017年成立至2022年，经历了几年的磨炼，已经成为学校党委学工部的重要组成部分，并在实践中取得了一系列成果。宣讲团共计举办或参加活动九十余项，其中线上活动约115次，线下活动约80次，共计宣讲受众约45700人次，被新闻联播、焦点访谈、“学习强国”、陕西省广播电视台、延安市广播电视台、延安大学官网等平台相继报道。

延安大学"圣地星火"宣讲团与西安交通大学、西北工业大学等陕西省内十余所高校发起陕西高校青年爱国奋斗宣讲联盟。"圣地星火"宣讲团扎根延安，不断汲取延安精神的丰富营养，走实事求是的思想路线，全心全意为广大群众宣讲。宣讲团的成员牢记习近平总书记的鼓励与鞭策，坚定理想信念、矢志拼搏奋斗，不断开展对理论宣讲工作的创新探索，坚持用习近平新时代中国特色社会主义思想铸魂育人，助力走好新时代的长征路。

宣讲团秉承着自力更生、艰苦奋斗的红色革命精神，锻造出了一支理论知识丰富和实践能力较强的宣讲队伍。在此后的宣讲中，宣讲团将继续致力于延安精神的传播，赓续红色血脉，传承奋斗精神。

（陈明明，李承玥，唐巧巧）

弘扬延安精神　赓续红色血脉

延安育英中学附属小学
新时代”

三、拓展传播渠道，提升宣讲实效

激扬青年之声　讲好青春故事

——大连理工大学博士生宣讲团的实践探索

一、基本情况

为深入学习贯彻习近平新时代中国特色社会主义思想，落实立德树人根本任务，扎实推进学校思想政治工作高质量发展，用新时代中国特色社会主义思想铸魂育人，2019年11月，由大连理工大学博士生学术之星、研究生兼职辅导员、优秀学生干部和基层党支部书记等骨干组成的“博士生宣讲团”队伍组织成立。在校党委研究生工作部的领导下，博讲团始终秉持着“于小视界观大世界，用青春事讲中国事，以科研志谈报国志”的理念，紧紧围绕“不忘初心、牢记使命”“学习十九届五中全会精神”“四史”“学习十九届六中全会精神”“同心抗疫　科技助力·辽宁十校青年讲冬奥”“勇毅前行，奋进时代赶考路”等学习教育内容精神，深入基层学部（学院）、各级党团支部、基层社区、中小学等广泛开展宣讲，以讲促学、以讲促思，构建国内知名高校研究生理论宣讲矩阵，凝聚青年思想共识，激发奋进力量。

二、案例背景

习近平总书记强调："爱国主义是我们民族精神的核心，是中华民族团结奋斗、自强不息的精神纽带。"爱国主义作为中华民族最重要的精神财富，激励着一代代有志青年为国家发展繁荣而不懈奋斗。大力弘扬爱国主义精神，需要加强爱国主义教育阵地建设。讲好新时代爱国主义故事，增强思想性理论性和亲和力针对性，引导青年学生把爱国作为立身之本、成才之基。

自成立以来，博士生宣讲团致力于选拔一批政治素质过硬、理论功底扎实、学术素养出众、表达能力突出的博士研究生，并不断通过组织宣讲团成员领学、研学、讲学、联学，提升博士生宣讲团在校内外的知名度和影响力。宣讲团主要面向青年学子开展宣讲，引导广大青年肩负起传承红色基因、奋斗强国的使命与担当，自觉根植中国大地、坚定中国信仰、走好中国道路、服务中国大局、讲好中国故事。

三、主要做法

（一）雏鹰起飞：紧跟时事　聚焦热点　转换形式　常讲常新

大连理工大学博士生宣讲团成立以来，始终紧跟时事热点，聚焦社会热点问题第一时间开展宣讲，以灵活多变的形式宣传贯彻习近平新时代中国特色社会主义思想。2020 年新冠肺炎疫情暴发后，宣讲团成员迅速转变宣讲形式，开展抗击疫情专题线上宣讲，通过音频和文字的形式，推出 8 期专题线上宣讲，从青年的视角、以青年的思维搭建青年的话语体系，传递青年的声音，微信推送累计点击量高达20000余次，宣传覆盖约6000人次。联合清华大学、华中师范大学等6所国内知名高校，共同开展“战‘疫’有我、为爱发声”高校联合抗疫志愿宣讲活动，进一步扩大了宣讲受众范围，实现宣讲团成员“走出去　引进来”新宣讲模式，6000余名高校师生在线同步观看。与此同时，博士生宣讲团始终注重将理论与实践相结合，在“旅顺大屠杀公祭”日前，宣讲团成员参与了“重温红色历史　坚守初心使命”主题实践活动，宣讲团成员在万忠墓碑前宣讲致辞。2020年12月与2021年11月，宣讲团克服了大连市新冠肺炎疫情反复带来的不利条件，再次转换宣讲形式。两届宣讲团成员分别在云端展开了“学四史，守初心，担使命”“忆百年风云激荡，汇时代青年力量，书今朝报国志向”主题宣讲，我校的多个党团班集体师生1500余人相聚云端，共同学习四史和中央最新精神的重要内容，感悟新时代青年的担当与使命，宣讲反响热烈。

（二）意气风发：互促评学　示范领学　实践研学　共建联学

在2021年2月20日党史学习教育动员大会之后，我校博士生宣讲团作为青年群体中的“关键少数”，在推进党史学习教育的进程中发挥了不可替代的关键作用，打造了具有特色的互促评学、示范领学、实践研学、共建联学四位一体的活学党史新模式。

互促评学，积极营造宣讲团内部真学实学的党史学习氛围。大连理工大学博士生宣讲团自成立以来，始终坚持真学实学，以“模拟宣讲 + 成员互评 + 老师点评”的形式积极开展备课研讨会，打磨宣讲内容，扎实提高理论宣讲水平，营造党史学习的浓郁氛围。

示范领学，充分发挥宣讲团在党史学习中的领头雁作用。宣讲团成员始终坚持做青年人中的领学人，认真学习习近平总书记系列重要讲话精神，在关键时间节点和重要党团活动中积极发声，充分发挥出朋辈宣讲的思想引领作用。2021 年 4 月 25 日，宣讲团走进大连市第十二中学开展学党史主题宣讲活动，引导高中生从小学史，从小立志；4 月 28 日，宣讲团成员代表我校博士生宣讲团在大连市青年思政公开课深情开讲，活动的线上观看人数超过 27.32 万人次；宣讲团成员先后参与大连广播电台“党成立百年，百名党员初心告白”、感知百年　信仰正青春“大连青年系列思政公开课之‘历史不会忘记’”、“大工青年眼中的那抹红”党史学习教育主题公开课等系列活动。

实践研学，切实增强宣讲团学习党史的高度自觉。2021 年 4 月 19 日至 4 月 21 日，宣讲团一行 11 人前往上海、武汉两处党史学习圣地开展研学活动，真正做到了“一路走一路学，走一路讲一路”，在实践中不断感悟光辉历程，砥砺奋进初心。

共建联学，全力推进宣讲团融入全国党史学习大格局。2021 年 7 月 9 日，由我校与清华大学、武汉大学等高校联合发起的全国高校青年宣讲联盟在清华大学正式揭牌成立，我校作为东北地区唯一发起高校受邀进京参加本次活动，并与十余所全国高校青年宣讲团共同举办工作交流座谈会。借助“全国高校青年宣讲联盟”平台，大连理工大学博士生宣讲团与全国优秀高校青年宣讲团积极开展交流合作，共同打造高校青年联学党史坚强阵地。大连理工大学博士生宣讲团始终将理论宣讲视为一项崇高的事业，扎扎实实做好量的积累，也努力实现质的飞跃。

（三）奋勇前行：精益求精　巩固优势　朋辈宣讲　浸润人心

在宣讲团不断发展壮大的过程中，大连理工大学博士生宣讲团一方面不断探索贴近青年的宣讲方式，努力用青年话语讲出自身特色，另一方面也在积极思考如何联合其他高校共同宣讲，充分发挥朋辈宣讲的矩阵优势。对此，宣讲团一方面结合校园风物开展“青春献礼二十大，理论宣讲‘动起来’”现场浸润式宣讲活动，并遴选一批优质的课件重点培育、推介，积极搭建主题宣讲预约平台，打造出一批示范性的宣讲，切实推动宣讲活动常态化开展；另一方面，宣讲团通过定期邀请各级宣讲团专家共同备课，联合清华大学、浙江大学、北京航空航天大学、复旦大学、西北工业大学、东北大学等辽宁省内外高校共同举办联合宣讲，以不断提升团队宣讲水准，建立起品牌塑造工作体系。

截至2023年，宣讲团先后与清华大学博士生讲师团、复旦大学博士生讲师团、武汉大学博士生宣讲团及电子科技大学研究生宣讲团共同开展联学党史活动，在交流中碰撞思想，在学习中汲取力量，形成了较为丰富的学习成果：党的十九届五中全会召开后，博士生宣讲团与清华大学、北京大学、中国人民大学等九所高校宣讲团，共同开展“学全会精神，扬时代之声”高校联合宣讲活动，我校博士生宣讲团讲师作为代表参加本次宣讲，2000余名研究生共同观看学习。2021年5月，博士生宣讲团与中国社科院大学、清华大学等九校共同接力全国高校党史联合宣讲第八场，宣讲团讲师作题为《从“科学的春天”到“创新的春天”》的主题宣讲。2022年2月，大连理工大学博士生宣讲团联合东北大学、东北财经大学等共十所辽宁省兄弟高校青年理论宣讲团相聚云端，开展“同心抗疫，科技助力·辽宁省十校青年讲冬奥”宣讲活动，辽宁青年共话冬奥、共学理论，吸引4200余人观看，实时获赞1.7万余次。2022年3月，宣讲团讲师与清华大学、中国人民大学等八校优秀学子一道参与全国高校理论宣讲社团联合宣讲活动，作题为《努力建设人与自然和谐共生的现代化》的主题宣讲。当月，宣讲团讲师应邀参与全国高校联合抗疫微宣讲，与武汉大学马克思主义学院青年讲师团、南开大学学生宣讲团、西南大学学生宣讲团和西南交通大学博士宣讲团等共六校八位讲师一道，作题为《同心同德，战疫而行——青年的底色与亮色》的宣讲。

与此同时，宣讲团以重大时间节点为契机开展宣讲，于2022年5月结合校园风物开展“青春献礼二十大，理论宣讲‘动’起来”现场浸润式宣讲。宣讲过程以校园内标志性建筑物为宣讲站，共开设主楼毛主席像、马克思主义学院情景教室、学生文化中心青春广场、知方楼齿轮广场四站宣讲，新颖的宣讲形式吸引各学部（学院）160余名学生骨干和线上预约同学参加。

此外，为拓展宣讲活动的辐射范围，助推宣讲活动常态化开展，宣讲团推出“青春献礼二十大，研途奋进新征程”系列主题微宣讲预约，每门课程10—15分钟，服务于校内各支部党团日活动和团学骨干培训，切实引领广大研究生青年学子在学思践悟中坚定理想信念，在奋发有为中践行初心使命。

四、工作经验

讲师队伍建设。宣讲团首先努力加强讲师人才队伍建设，吸纳来自不同院系专业的优秀讲师，尤其吸纳在科研攻关、社会实践、创新创业、理论学习等活动中涌现出的先进典型和榜样学生，促使团队力量壮大。其次注重建立讲师的培养体系。在讲师培养过程中，定期开展讲师理论学习工作，及时更新知识储备，同时，也重视讲师的宣讲表达能力，通过“模拟宣讲”“小范围试讲”等形式磨炼稿件、优化表达。最后，宣讲团进一步建立完善讲师团队的考核机制，多措并举、科学考评讲师的宣讲质量与履职程度。

宣讲课程完善。宣讲团及时学习党的最新理论与指导思想，力争宣讲课程覆盖更多党的二十大报告中提到的各项主题。在宣讲内容中，鼓励讲师以青年的视角出发，将学习生活、科研经历融入理论教学当中，以生动的故事阐述、多元的展示形式、通俗的语言表达来丰富课程内涵。

宣讲形式创新。宣讲团应结合不同讲师的课程内容，丰富宣讲形式。立足于高校理论宣讲团这一出发点，通过整合校内资源，将校园特色环境、人物、建筑等因素进行综合，搭建宣讲坐标、宣讲站等宣讲空间，增强宣讲的生动性与感染力。同时，宣讲团内的讲师使用多元的宣讲形式增强互动性，提升宣讲效果。

宣讲对象面向。宣讲团应瞄准青年学子这一主要受众群体，打造青年学子爱听爱看爱学的宣讲课程，大力助推习近平新时代中国特色社会主义思想在青年中入耳入脑入心，并坚持拓展校外社区、中学、单位等中的社会一线受众，促使特色主题理论宣讲内容更具针对性，不断增强宣讲团的知名度与影响力，持续提升受众的接受度、参与度与满意度。

五、工作成效

大连理工大学博士生宣讲团已走过三年多的历程，在校党委研究生工作部的领导下，宣讲团始终秉持着“于小视界观大世界，用青春事讲中国事，以科研志谈报国志”的信念，累计开展专场宣讲、基层宣讲、联合宣讲与浸润式宣讲近百场，影响辐射近六万人次，宣讲成效显著，相关事迹受到央广网、“学习强国”、中国高校之窗、高校思政在线等官方主流媒体及平台报道。

大连理工大学博士生宣讲团作为青年群体中的“关键少数”，在抗疫期间、2022北京冬奥会、共青团建团百年、献礼党的二十大等关键节点积极发声，打造了具有特色的互促评学、示范领学、实践研学、共建联学四位一体的活学党史新模式。以“模拟宣讲+成员互评+老师点评”的形式积极开展备课研讨会，形成十八门精品课程，校内首创预约宣讲全新体制机制，始终坚持做青年人中的领学人，发挥出朋辈宣讲的思想引领作用；校外在辐射周边社区、学校、基层的同时，全力推进宣讲团融入全国学习大格局、省域睦邻新格局，先后与复旦大学、清华大学等高校讲师联袂开展宣讲，牵头举办了“辽宁省十校青年讲冬奥”主题宣讲，以主要高校的责任与担当打造辽宁省高校青年理论联学坚强阵地。

“志之所趋，无远弗届，穷山距海，不能限也。”2022年，博士生宣讲团成功入选“辽宁省大学生红色理论宣讲团”。下一阶段，宣讲团将围绕“青春献礼二十大”等内容，继续在“博”字上下功夫，加强理论培训，扎实提高宣讲团成员的理论水平；在“讲”字上下功夫，鼓励宣讲团成员将个人成长与党史发展有机结合，将校史故事与党史故事深度融合，打磨出更具有特色的宣讲内容；在“团”字上下功夫，完善宣讲团内部各项管理机制，保障宣讲团成员个人发展；继续用好“全国高校青年宣讲联盟”平台，与各兄弟高校宣讲团加强联系，汲取优秀办团经验，在全校理论学习中持续发挥关键作用。

（刘媛媛，吴佳玉，尚思雨）

毛泽东
青春献礼二十大，理论宣讲“动”起来

百年党史促成长　精品项目育新人

——上海海洋大学海洋文化与法律学院习近平新时代中国特色社会主义思想宣讲团的实践探索

一、基本情况

上海海洋大学海洋文化与法律学院习近平新时代中国特色社会主义思想宣讲团作为上海市大学生理论宣讲联盟成员之一，由海洋文化与法律学院党委牵头，以学院理论社团为平台，院党委副书记李志强、上海海洋大学新时代文明实践与志愿服务研究中心常务副主任张祖平教授为指导老师，主要由学院青年党员、学生骨干、社团成员以及对社区服务、党史宣讲特别感兴趣的学生组成。宣讲团以学院青年党员、学生骨干为重点，开展“以讲促学、以学促讲”的党史宣讲系列活动，通过生动活泼的理论宣讲、走进心坎的社工志愿服务以及丰富多彩的文艺活动，促进党史学习教育多元化，做到学史明理、学史增信、学史崇德、学史力行，引导青年不断提高政治判断力、政治领悟力、政治执行力，开启思想政治引领新征程。

二、案例背景

“青年是整个社会力量中最积极、最有生气的力量，国家的希望在青年，民族的未来在青年。”因此，“知史爱党、知史爱国，以史为镜、以史明志”不仅仅是对于广大党员干部的要求，而且是新时代青年的青春修炼指南。而大学生作为青年群体中的中坚力量，更是肩负着实现国家富强、民族复兴、人民幸福的历史使命。为进一步筑牢信仰之基，补足精神之钙，充分发挥高校思政育人的关键作用，上海海洋大学文法学院于2018年成立上海海洋大学海洋文化与法律学院习近平新时代中国特色社会主义思想宣讲团，积极推进党史学习教育常态化长效化，立足于学院、面向全校、辐射上海临港新片区，逐步形成新时代模式可持续、人员可持续的“理论宣讲＋志愿服务”新模式。在校园内，通过“同辈互讲互学”“主题团日”等方式激发学生学习党史的兴趣，贴近学生理论与实践结合的需求，形成“百年党史青年说，人人都是宣讲员”的良好氛围。宣讲队伍走出校园，发挥青年才智，展现青春担当，让党的创新理论“飞入寻常百姓家”，促进高校与社区、中小学共建共享，打造青年理论宣讲工作的样板。

三、主要做法

（一）优化团队，制度保障汇资源

1. 制度建设

宣讲团采用链式管理模式，即学院老师、青年党员、优秀学生骨干之间相互关联、相互监督、相互激励的机制，充分发挥高年级学生的带动与传承作用，具有师资力量雄厚、实践经验丰富、青春血液源源不断的特点。

2. 文化建设

上海海洋大学文法学院团委学生会的志愿者部门、社团管理部门进行相关的辅助与支持，组织在某些领域有特长的学生进社区开展志愿活动。学院有行政管理和社会工作专业，课程学习包含基层社区治理、老年社会工作等内容，具有专业优势，可以为大学生走进社区开展志愿服务、理论宣讲提供较为具体的理论指导。

3. 组织建设

宣讲团不断扩充队伍，积极吸纳青年党员、学生骨干以及对理论宣讲非常感兴趣的学生，高年级学生主要负责重要历史事件、历史会议的讲解，低年级学生在不断学习过程中讲好优秀共产党人的故事，从兴趣萌发到坚定信念，实现全过程培育；从理论学习到实践磨炼，进行多方位提升。

4. 资源整合

上海海洋大学文法学院宣讲团人员配备标准较高，定期进行成员考核与培训，借助专家力量、志愿机制不断优化培养模式。同时，积极整合社团资源，并与浦东新区申港社区长期合作，以实现“校社联动、资源共享”，向社区居民提供“为老”服务，这也为理论宣讲提供了平台。

（二）精心备课，精益求精做准备

1. 朋辈互助，前辈引领

团队发挥学校、学院的美育特色和优秀教师、学生骨干的“传帮带”作用，在前期精心备课阶段友爱互助，在宣讲实践中发挥榜样示范引领作用，在后期注重反思改进，及时做好反馈，作下一步的改进和提升。

2. 理论培训，夯实基础

宣讲团组织“以青春之名，志愿风采”培训活动，邀请社会工作系教授针对“缅怀疗法在老年社会工作中的运用”这一主题进行具体指导，还开展“汇榜样之智，凝团学之魂”系列教育活动，邀请有马克思主义学科和思想政治教育背景的老师与宣讲经验丰富的同学进行培训与指导。通过“学”“传”“行”这三个方面，志愿者可以系统全面地学习党史理论知识和宣讲要领，筹备党史故事素材库，设计志愿服务菜单。

（三）开展宣讲，党史学习掀高潮

为庆祝中国共产党成立100周年、中国共产主义青年团建立100周年，满足社区关于开展党史学习教育相关的需求，宣讲团成员组成小海螺青春宣讲志愿服务队，凝聚青年党员和学生骨干的青春力量，通过党史宣讲和志愿服务实践活动，助力社区居民与大中小学生学党史、悟思想，同时为群众带去力所能及的志愿服务，传承红色文化，推动上海海洋大学党史学习教育创新发展和中国特色社会主义事业长远发展。

1. 展现宣讲风采，争当时代新人

1）宣讲进社区

宣讲团走进上海浦东滴水湖馨苑社区、南汇新城镇党群服务中心、海汇居委会等地，开展党史故事宣讲。该活动旨在庆祝党成立100周年，赓续红色血脉，让更多的社区居民了解四史，指导老师就“绘就新蓝图，奋进新征程”主题进行讲授。

2）宣讲进校园

宣讲团成员代表走进学院各年级团支部，以同辈互讲互学的方式，与团支部共同开展主题团日活动。在分享交流的过程中感悟红色政权来之不易、新中国来之不易、中国特色社会主义来之不易，开展了十余场支部宣讲活动。

3）微党课、微团课录制

宣讲团成员在进博会期间给“小叶子”们带来了一堂生动的微党课，围绕党的起航之地上海望志路的石库门和浙江嘉兴南湖红船，为学生讲述“红船精神”，并结合自身经历，与不同年龄段的人群分享自己对“红船精神”内涵的理解。

此外，其他成员录制了微党课和微团课，作为院内资源，面向全院开展了多场宣讲活动。

2. 发掘青年特色，创新方式方法

1）打造特色品牌

宣讲团致力于打造“小海螺青春宣讲志愿服务”特色品牌，通过“同辈互讲互学”“共上同一节党课”“故事分享会”“演绎四史故事”等方式，走进大中小学、临港社区、爱心暑托班、进博会、乡村等地，在线上线下开展了近50场理论微课程宣讲和志愿服务，参与志愿者共80余人次，服务对象1500余人，志愿服务总时长达500小时。

小海螺青春宣讲志愿服务队以青春之声传播党的声音，躬身践行“勤朴忠实”的校训精神，精心备课，精益求精做准备，充分发挥学校、学院“美育特色”，形成志愿服务“菜单”，推动我为群众办实事走深走实。

2）“宣讲＋服务”的双赢模式

自2018年成立以后，宣讲团以“理论宣讲＋民生服务”为模式，围绕党成立百年来具有代表性的“历史会议”“历史人物”“历史事件”和“伟大建党精神”所蕴含的精神谱系开展宣讲，利用PPT、视频等现代多媒体让理论更“接地气”，也通过小话剧、小剧场演出增强宣讲的感染力，例如教居民写书法、给居民弹奏古筝曲等，既能给学生一个展现自我的舞台，又满足听众的精神文化需求，在寓教于乐中增强大学生理论宣讲的实效性。

3）专业知识的转化与实践

宣讲团以听众的需求为出发点，借助“小组工作”确定小组介入目标，规划服务内容和方式，在了解到中小学生以及老年人身心发展的特点后，进行互动交流，结合受众群体关心的热点、时政话题，以喜闻乐见、通俗易懂的宣讲方式，通过“面对面”的互动交流，跳出理论教条，走出课本教材，解听众心中之所惑。

4）新媒体宣传阵地

宣讲团充分发挥学院新媒体平台的积极作用，通过微信推文、海报宣传、录制微团课等多种方式，扩大小海螺青春宣讲服务队在党史宣讲方面的影响力，不断创新党史学习教育模式，学习贯彻习近平新时代中国特色社会主义思想和宣传党的创新理论。

四、经验启示

一是坚持走进来走出去，提升受益面。扩大理论学习阵地，将具有过硬的政治素质和较强的奉献意识的学生集中起来，坚持校院系三级联动、班团组三层推进，充分发挥团组织在广大团员青年中的优势，以团支部为基本单元，推动理论学习融入日常、抓在经常。宣讲对象不局限于校内，鉴于受众群体在年龄、思想层次、接受程度方面的不一致，宣讲团成员要做到“因人因事因地”易稿，增强服务的针对性。服务对象在享受宣讲服务的过程中有效提升了思想境界，政治素养也得到提高。

社区居民提高了党性修养，在喜闻乐见的服务形式中培养与时俱进的思想和广泛的兴趣爱好，增强对国家的归属感、认同感和责任感。重温红色记忆，中小学生不仅可以从宣讲中学习党史知识，而且能感悟其中蕴藏的榜样力量，进一步升华精神境界，在党的光辉历史中汲取砥砺奋进的精神力量，为国家发展作出自身的贡献，如积极参与志愿服务等。

二是充分开展多渠道宣传，扩大影响力。线下宣讲过程中，解决好“讲什么”“谁来讲”“怎么讲”“在哪讲”的问题，运用通俗易懂的宣讲内容和丰富多彩的服务形式，吸引听众倾听党的故事，努力将党的创新理论“飞入寻常百姓家”，打通党史学习教育的最后一公里，营造党史学习的浓厚氛围。充分利用新媒体环境，运营网上宣传平台，增强优秀宣讲事迹、经验做法的影响力，拓宽人们理论学习的阵地，为人们参与讨论、表达见解提供渠道，在方便受众学习新知的同时吸纳更多的先进分子，加入宣讲服务的队伍中。

五、工作成效

宣讲团已成功入围上海市临港新片区优秀志愿服务项目，成员获得上海市级思政公开课二等奖、第四届上海市高校学生理论宣讲微课程比赛三等奖、校级层面的党史校史演讲比赛一等奖等，事迹被《中国青年报》、青春上海、形势政策网、中国公益新闻网等多家媒体报道，课程视频在“学习强国”上海学习平台的播放量达5万余次。

（陆　烨，严　语，张雯婕，王欣悦）

上海海洋大学
海洋文化与法律学院
COLLEGE OF MARINE CULTURE AND LAW

演“译”鲜活理论　助力社会发展

——上海外国语大学学生理论宣讲团的实践探索

一、基本情况

上海外国语大学学生理论宣讲团（简称上外学生理论宣讲团）以习近平新时代中国特色社会主义思想为指导，在校党委宣传部、校团委、马克思主义学院的共同指导下，于2021年4月正式成立。上外学生理论宣讲团由不同年级、不同语种、不同专业背景的本、硕、博学生讲师组成，依托学校优势，以“多语种+”为特色，致力于传播中国声音，致敬伟大情怀，向全世界讲好中国共产党的故事。成立以后，团队累计开展宣讲活动150余场，线下服务人数高达8000余人，线上播放量达40余万次。上外学生理论宣讲团通过理论宣讲展现上外学子的青春风貌，将理论宣讲与具体实践相结合，通过积极参与各项活动与各大高校宣讲团互学互鉴，取得一定的成绩。

二、案例背景

以习近平同志为核心的党中央历来重视理论宣讲工作，强调要“不断提高理论宣传水平，更好服务党和国家工作大局”。高校理论宣讲社团作为理论宣讲活动在高校的实体组织，不仅在校内发挥着重要的育人作用，同时也体现出其独特的社会服务功能。与新中国同龄的上海外国语大学是教育部直属的全国重点大学，自建校以来就致力于培养“会语言、通国家、精领域”的国家外语人才。新时代背景下，上外青年作为语言高校学子与时代同频共振，在理论宣讲活动中推动社会发展，助力提升国际传播能力，赓续红色文脉。因此，上外学生理论宣讲团在促进社会发展，尤其是促进社会文明建设中承担着重要的责任。为进一步加强各大高校理论宣讲社团之间经验交流，进一步发挥大学生理论类社团在思想引领、服务社会等方面的先锋作用，下面以上海外国语大学的学生理论宣讲团为例，展现高校理论社团在社会服务功能方面的相应作用。

三、主要做法

（一）助力基层治理

“理论一经掌握群众，也会变成物质力量。”上海外国语大学学生理论宣讲团积极走进基层，连续两年参与“松江三人行”基层理论宣讲活动，通过近百场宣讲将马克思主义理论传播在城市的大街小巷。2020 年 11 月 17 日，上海市松江区委宣传部与上海外国语大学马克思主义学院举行“松江三人行”签约仪式，“松江三人行”理论宣讲走进基层社会实践是丰富“四史”学习教育、推动习近平新时代中国特色社会主义思想在松江落地生根的特色活动，助力基层社会发展。在松江区广富林街道、方松街道、九里亭街道、中山街道及岳阳街道下辖的20余个居委会，以及胡家埭村、腰泾村等多个乡村，上外学生理论宣讲团在松江区委宣传部的组织带领下开展多场线上线下理论宣讲活动，以青春之力助力党的创新理论“飞入寻常百姓家”。此外，宣讲团还深入上海市多家企事业单位进行理论宣讲活动，如松江经济开发区富士迈半导体精密工业有限公司、中山工业区等，为我国基层社会治理贡献青春力量。上外学生理论宣讲团与松江区、虹口区、徐汇区部分街道村镇签订长效化理论宣讲协议，通过“月月讲”“次次评”等常态化宣讲机制，提高群众参与社会生活的积极性，推动社区基层治理，实现社会动员的服务效果。

（二）助力乡村振兴

2021年9月，上外学生理论宣讲团与上外“语言与未来”团队联手，将推广普通话教学活动与党史学习教育理论宣讲深度融合，提升宣传集聚效应。宣讲团到上海市松江区泖港镇腰泾村、新浜镇胡家埭村，开展“田间地头的党课”，站在水稻田前为当地村民百姓送去党史理论宣讲，带去“茸城佳话，云间华章：共产党人的理想信念与大无畏精神”“两个七年岁月：学习领袖成长故事，共话青年责任担当”“语言与未来：中国共产党百年语言文字事业回眸”三节各具特色的党史宣讲课程，服务现场80余名党员村民，并通过双语视频的形式加强宣讲影响力，受到了村民、村干部的一致好评，获中新网、东方网、澎湃新闻等十余家媒体关注和报道。

从前期筹备到最终成行，上外学生理论宣讲团坚持走心又走“新”。团队始终坚持“分众化、对象化、互动化”的工作理念，工作思路清晰，每一场理论宣讲活动都会与当地行政主管部门和村委会提前沟通，了解好宣讲活动的场地、对象、人数等信息，旨在更具有针对性地开展理论宣讲活动，提升党史学习教育的有效性。宣讲内容上，宣讲团为村民们带来的三个特色课程，或立足松江人身边的党史，从松江第一位党员的故事讲起，讲述共产党人的信念之坚；或聚焦领袖伟人在农村度过的青年岁月，展现新时代青年的使命担当；或从上外的语言特色切入，展现共产党领导下的百年语言文字事业历程里的中国智慧。此外，宣讲团在泖港镇腰泾村通过创新活动载体，因地制宜地开展稻田边的党课，将电子课件打印成条幅，粘贴在田垄边，宣讲团成员站在新农村的田间地头，带领老乡和学生感悟党成立百年来中国农村翻天覆地的变化，进一步增强了理论宣讲活动的吸引力。让村民在亲近红色经典中培养爱我中华的真情实感。这项活动得到了松江区语委办、泖港镇、新浜镇的大力支持和村民的广泛认可，有效为第24届全国“推普周”工作“增色加温”。

（三）服务青年马克思主义工程

“当前，中华民族正处在伟大复兴的关键时期，我国改革发展正处在克难攻坚、闯关夺隘的重要阶段，教育引领广大青年成为坚定的马克思主义者，是党的事业兴旺发达、国家长治久安的必然要求。”上海外国语大学学生理论宣讲团致力于在丰富的宣讲活动中助力社会培养青年马克思主义者。自2021年4月以后，团队成员为上海外国语大学17个院系的党员入党积极分子、发展对象培训班成员开展共55场宣讲活动，开展十余场校研究生骨干培训班、青年马克思主义者培训班宣讲活动，培训内容覆盖党史教育、马克思主义理论教育、中国化马克思主义最新理论成果教育、理想信念教育、国内外时事热点等内容。上外学生理论宣讲团通过理论培训、集体备课等常态化管理机制，培养了一批对马克思主义真学真懂真爱真信的专业学生讲师团队，通过朋辈教育的力量，带领青年上外学子明确入党动机、牢固入党初心，树立对马克思主义理论的自觉认同，进一步坚定青年党团员的理想信念，成为党的理论的忠实践行者。此外，在服务本校青年马克思主义工程的同时，理论宣讲活动也是宣讲团成员自我教育的有效途径。宣讲团成员在校党委团委的支持下、马克思主义学院的引领下，主动参加校内外举行的相关理论培训课程、培训班，积极学习和掌握理论知识，成为理论的践行者和信仰者，并讲述给听众，在这样的过程中实现自我教育、自我服务的功能。

（四）促进大中小学思政课一体化

党的十八大以来，以习近平同志为核心的党中央高度重视大中小学思政课建设，并对推动思政课改革发展作出了一系列重要指示。2022 年 4 月 25 日，习近平总书记在中国人民大学考察调研时强调，青少年思想政治教育是一个接续的过程，要针对青少年成长的不同阶段，有针对性地开展思想政治教育。习总书记鼓励各地高校积极开展与中小学思政课共建活动，共同推动大中小学思政课一体化建设。上外学生理论宣讲团积极响应党的号召，为中学生带来内容丰富的思政课宣讲。2021 年 10 月 8 日，上海外国语大学马克思主义学院与上海外国语大学松江外国语学校举行大中小学思政课一体化建设工作推进会，会上两校就大学生理论宣讲团进松外等问题进行了深入探讨并达成了初步合作建设意向。自 2021 年 11 月起，上海外国语大学学生理论宣讲团为八年级、九年级的学生每个月至少带来一次精品宣讲课程，课程内容涵盖党史教育、榜样力量教育、“多语种＋宣讲”、地方性资源教育等，尽显地区、院校特色，拓宽中学生的理论视野，让学生在理论学习中培养外语的学习兴趣。此外，上外学生理论宣讲团的全体成员还担任松江外国语学校学生的“校外学生兼职辅导员”，大学生运用自身丰富的专业学识对中学生进行耐心细致的引导，及时为中学生解决学习上与心理上的困惑。

四、工作经验

让党史学习教育更加生动、鲜活，让党的创新理论入耳、入脑、入心、入行！2021 年 4 月成立以后，上外学生理论宣讲团始终发挥自身专业特色，以语言为基础，致力于向世界讲好中国共产党的故事。

一是以语言为基础突出特色，生动演“译”鲜活理论。上外学生理论宣讲团成员突出语言专业特色，依托高校伟大建党精神研究中心上海外国语大学分中心，讲好中国共产党的故事，生动演绎鲜活理论。宣讲团成员将红色故事、青春理想、初心精神等连点成线，发挥专业优势，结合自身经历与感悟，融汇校史特色和社会实践成果，宣讲深入浅出，兼具学术理论性和生动活泼性，深受听众的喜爱。

二是创新深化品牌活动，党史入耳入脑入心。在课程设置上，团队全力打造四大板块课程——“献礼二十大，理解中国式现代化”“演‘译’鲜活理论，践行使命初心”“党史映初心，信仰永传承”“青春逢盛世，奋斗正当时”，并根据相应板块设置十六个宣讲主题，生动鲜活讲述中国共产党波澜壮阔的辉煌历程，回首来时道路，不忘奋进初心；勾勒细腻笔触，走近同龄人、走进课堂和社区，致敬伟大情怀，展现青春激昂；开阔国际视野，突出国际比较，讲出青年人视野中的“四个自信”，激扬奋斗之志，迈步崭新征程。

三是理论学习先行一步，以学促讲以讲促学。为了进一步地讲好党史，上外学生理论宣讲团全体成员坚持理论学习“先行一步”。团队通过个人自学、集中领学、分享互学、线上比学、以行促学，真正学懂弄通，在理论宣讲活动中助力党史故事中蕴含的精神力量深入人心。自成立以来，宣讲团高度重视自身学习建设，以学促讲、以讲促学，感悟思想伟力、把握历史规律、提升宣讲技巧。在马克思主义学院教师的指导下，团队成员定期开展马克思主义经典原著读书会，认真研读党史和党的创新理论，第一时间认真学习党的二十大精神，举办集体备课会。宣讲团成员还积极参加上海市委党校和上海市教卫党委举办的专题报告会、宣讲培训会、骨干培训班等。

四是知行合一体悟真理，内化于心外化于行。团队成员践行“知行合一”理念，深挖身边的好案例、党史学习教育的好教材，“乡村振兴：松江胡家埭村新鲜事儿”宣讲团队深入松江区胡家埭村开展十余次深度调研，深刻理解“乡村振兴”战略的内涵，将实践调研所得带入理论宣讲，帮助听众了解发生在身边的乡村振兴现状及国家相关大政方针。宣讲团成员致力于红色文旅外译实践，曾获“挑战杯”红色赛道全国二等奖，在其负责的“渔阳星火，信仰传承”理论宣讲中和团队成员发挥外语优势、立足多年实践经验，从英烈故事讲到身边校史，并根据受众对象不同情况融入外语元素，带领听众传承革命精神，赓续初心使命。

五、工作成效

建团以来，上外学生理论宣讲团在学思践悟中演绎鲜活理论，在砥砺奋斗中践行初心使命，取得了一系列育人成果，先后入选“上海市大学生理论宣讲联盟团队”“上海市首批大学生理论宣讲志愿服务队”“‘百团知百年’上海大中学生党史宣讲团”，团队中有三名讲师入选上海市青年讲师团。团队成员积极参与上海市级各项理论宣讲比赛，取得2021年上海市学校共青团“学党史、强信念、跟党走”主题微团课大赛一等奖、“百年薪火青春相传”上海市高校大学生红色讲解员演讲比赛二等奖、“我们都是答卷人”——上海市大中小学生学党史全媒体争先赛季军、“第四届上海市高校学生理论宣讲微课程”比赛三等奖和优胜奖等奖项。此外，宣讲团积极申报全国第五届“领航计划”比赛，开展“推普助力乡村振兴”全国大学生社会实践志愿服务活动，将理论宣讲与具体实践有机结合，获得教育部的充分肯定。

（陈　琛）

上海外国语大学

梦想从这里起航
好好学习
上海外国语大学

构建“三阶四维三层”青年讲师团建设体系

——上海工程技术大学城市轨道交通学院青年讲师团的实践探索

一、基本情况

上海工程技术大学城市轨道交通学院青年讲师团成立于2017年，旨在于打造“政治立场坚定、宣讲能力过硬”的青年讲师队伍，团队成员经过层层选拔，自觉成为共产主义远大理想和中国特色社会主义共同理想的坚定信仰者和忠实实践者，努力实现“青年在哪里，思想引领工作就做到哪里”，自建立至2023年共招募40余名先进青年。团队以构建习近平新时代中国特色社会主义思想育人体系为抓手，围绕中心、服务大局，积极探索建设青年讲师团的新路径新模式，聚焦青年教育，创建活动载体，通过“阵地+载体”，引虚与实结合，将理想信念与身边的鲜活事例有机结合，引导广大青年大学生共上沉浸式思想政治理论大课，有效提升青年大学生的政治理论素养和党性修养，走出一条具有城市轨道交通学院特色的青年思想引领之路。团队荣获长三角地区高校“新时代·中国说”大学生讲师邀请赛一等奖、“知行杯”上海市大学生社会实践大赛二等奖、长三角高校大学生重走革命实践路专项优秀团队、上海高校共青团“四史”学习教育微团课大赛二等奖等多项省市级荣誉。自成立以来，团队累计开展专题宣讲20余场，覆盖宣讲受众30000余人，录制理论宣讲微视频40余段、青年电台30余期，全方位践行新时代大学生思想政治教育使命。

二、案例背景

学院自组建青年讲师团以来，始终坚持以习近平新时代中国特色社会主义思想为指导，以党史学习教育为重要契机，紧密结合新时代青年大学生群体的思想实际，以喜闻乐见的宣讲方式，引导广大青年大学生学习、感悟优秀文化与党的先进理论知识。同时，将理论宣讲与城市轨道交通发展史相结合，开展具有专业特色的主题宣讲，为青年大学生的成长发展打牢了思想根基，增强了对党、对祖国、对人民的热爱之情，汇聚起了实现“中国梦”的青春力量。

三、主要做法

一是赓续红色血脉，着力打造“三阶”青年讲师团宣讲平台。团队坚持“青年在哪里聚集，宣讲就在哪里覆盖”的建设原则，组织讲师团积极利用各类资源，以青年喜闻乐见的形式，依托新媒体平台，精心制作宣讲视频，生动有效地开展理论宣讲。通过开展集中性示范宣讲以及小规模、互动式的线上线下理论宣讲，实现了全院学生理论宣讲活动全覆盖。为打通理论武装青年学生的“最后一公里”，团队着力从三个阶次上下功夫：一是讲好党的先进理论知识。特别是要讲好习近平总书记关于青年工作的重要思想，引导广大青年学会用马克思主义立场、方法和观点认识问题、分析问题，引导青年不断增强政治认同、思想认同、情感认同。二是讲好党史国史。特别是要讲好中国共产党诞生以来团结带领全国各族人民为民族独立、国家富强、脱贫攻坚、人民幸福不懈奋斗的辉煌历程、伟大贡献和宝贵经验，新中国成立以来特别是改革开放以来党带领广大人民艰苦创业、百折不挠、砥砺奋进的光辉历史和伟大成就。三是讲好模范故事。特别是要讲好各领域模范在防疫抗疫、创新创业、扶贫济困、公益慈善等方面的成长故事、奋斗故事、奉献故事；讲好在革命、建设、改革不同历史时期涌现的模范故事，用榜样的力量激励广大青年大学生培育和践行社会主义核心价值观，树立远大理想，增强奋斗精神。

二是传承红色基因，积极构建“四维”青年讲师团建设体系。团队深入学习贯彻习近平总书记关于青年工作的重要思想，持续深化青年学习行动，以青年电台、微团课等多元化理论宣讲方式，大力弘扬新时代爱国主义精神，将爱国爱党爱人民的种子洒在青年大学生心间。一是加强青年之声电台建设。用声音传递当代大学生的所思所感、爱国情怀和担当精神。在电台录制与后期交流中，有效提升理论宣讲团的集体荣誉感，努力打造有组织、有指导、有管理、有服务的青年电台。二是加强专题微团课、微视频建设。以新时代青年的视角，通过微团课微视频的形式讲好党的先进理论知识，帮助青年大学生树立正确的理想信念，勇担时代重任，接续奋斗，报效国家，让青春在党和人民需要的地方绽放。三是加强讲师培训体系建设。邀请校内外优秀青年讲师与专业教师共同参与指导，通过学习专业演讲知识提高团内青年讲师演讲硬实力，为提升各类党史宣讲比赛与微视频比赛参赛水平打下良好基础。四是加强新媒体平台建设。积极探索融媒体环境下推进党建文化传播的有效路径，增强讲师团团队间的互联互通，进一步提升理论宣讲效果。

三是感悟红色初心，全力推动“三层”青年讲师团制度建设。团队依托青年讲师的专业优势，以特色理论宣讲形式共上一堂思政大课，将思想政治理论建设作为培育青年学生健康成长、全面发展的关键环节，夯实青年听党话、跟党走的思想根基，将总书记的重要讲话精神深刻贯彻到理论宣讲的全过程、各方面，进一步校准工作方向，努力培养青年做社会主义核心价值观的坚定信仰者与积极践行者。同时，充分发挥青年讲师团的作用，在团队中成立多个宣讲小组，以宣讲团、宣讲小组为单位开展理论宣讲活动，不断扩大理论宣讲覆盖面。一是建立宣讲分组制度。按照党的先进理论、党史、国史、团史、先进模范等方向，划分若干宣讲小组，将青年讲师按照专长特点划分组别。各组通过定期组织讲师开展调查研究、集体宣讲等，全面掌握、及时更新宣讲资料，结合宣讲实践，总结分组成果和思想观点，不断改进宣讲形式。二是建立宣传推广制度。依托新媒体矩阵，通过学校及社会媒体平台，对青年讲师团的工作情况、典型人物、先进事迹进行宣传报道，着力培养一批“明星讲师”“明星课堂”“明星团队”。同时，为保证宣讲内容的时效性，实时对宣讲方向进行调整完善，构建完善的宣传推广制度。三是建立激励考核制度。从宣讲场次、宣讲效果、研究成果等方面对青年讲师团全体青年讲师进行考核，并在荣誉奖励等方面给予优先考虑或重点倾斜，对于无法完成宣讲任务的讲师进行动态调整。

四、工作经验

一是青年讲师团队体系建设要“全范围遴选”。为建设一支数量充足、结构合理、素质优良、知识过硬的青年讲师队伍，要积极探索“全范围遴选”体制建设，鼓励一大批学得明、讲得懂党的先进理论知识的优秀青年讲师走上讲台，深刻领悟党的组织建设内涵，熟悉了解青年学生的真实需求，将习近平新时代中国特色社会主义思想在讲台中讲透、讲实、讲活，发出青年讲师的最强音。

二是青年讲师团队体系建设要“全方位锻炼”。要把党的先进理论知识讲得既具专业性，又具生动性，既要有生气，又要接地气。通过线上宣讲与线下巡讲的全方位锻炼培养模式，着力将习近平新时代中国特色社会主义思想铸魂育人的核心目标融入讲前调研、讲中互动、讲后反馈的全方位，构建“全方位锻炼”体系，坚持政治标准与政治方向，保证宣讲与巡讲的形式多样。

三是青年讲师团队体系建设要“全过程管理”。党的先进理论知识要在青年大学生群体中广泛传播，而谁来讲、讲什么、怎么讲是始终不变的时代命题，对于青年讲师团队而言，既要选题准确，又要立意鲜明，还要循循善诱，需要对青年讲师建立“全过程管理”模式，整合优秀资源，集聚优秀人才，选树鲜活的教育典型，持续加强大学生理想信念教育，让更多的青年大学生受益。

五、工作成效

一是勠力同心，专题微课往“深”里走。团队充分挖掘青年讲师的个人特长与专业优势，发挥每一位青年讲师的作用，对成果宣传、理论学习、实践拓展三大模块进行深入研究，依托前期优势，持续发挥青年讲师团的政治功能。同时利用好青年讲师团的特色优势，运用理论宣讲、特色微课、党史学习教育虚拟站点等形式弘扬时代主旋律，发出青年的最强音。团队自成立以来，累计参与校内外各类宣讲活动30余场，录制微党课、微团课等各类微课视频50余期，其中校企合作特色微党课6期，建立了科学有效的微党课录制工作流程和管理机制，在讲师遴选、队伍管理、组织宣讲、效果评估等方面形成工作闭环，真正做到专题微课广泛覆盖各类青年群体。

二是全力以赴，线上学习平台往“心”里走。团队紧紧围绕学生教育工作主责主业，选拔培养了一批政治立场坚定、善于传播党的理论主张，有志于在青年大学生群体中传播党的理论知识并作出贡献的优秀青年讲师。通过积极发挥青年讲师团的示范、引领、辐射、带动作用，深化了青年大学生对党的认识，增强了青年大学生的党史理论功底和宏观政治站位意识。青年讲师团队通过充分发挥微信公众号、视频号、直播间等新媒体平台的宣传优势，共计推出相关主题推文50余篇，累计浏览阅读量近30000人次；专题直播巡礼1场，累计观看人数3000人次；微信视频号各类线上微视频5个，累计观看量23000人次，逐步探究“线上学习平台”的内在驱动力，推进标准化新媒体平台体系建设。

三是通力合作，下沉式实践往“实”里走。团队注重解疑释惑，回应青年关切，激励和引导广大青年大学生始终同以习近平同志为核心的党中央保持高度一致，增强“四个意识”、坚定“四个自信”、做到“两个维护”。注重发挥青年讲师团的主观能动性，以社会实践为纽带，将党史理论知识与专业特色优势相结合，打造“下沉式”社会实践团队，持续推进“红色寻访专列”的宣传广度，与上海地铁第三运营有限公司持续推进合作交流，有效增强了校企微党课特色项目品牌效应。

四是自力更生，沉浸式思政课往“新”里走。团队从“新”出发，充分发挥讲师团特色，将党史学习教育与专业特色进行有机融合，通过校企合作微党课的形式将党的理论知识在行走的课堂中讲透、讲实、讲活。2022年团队推出理论宣讲微信小程序，承载党史学习教育虚拟站点，团队走遍全国12个省份，寻访各地轨道交通特色站点29个，设计各城市轨道交通红色线路10条，拍摄沿线红色基地虚拟站点微课程37堂，通过志愿服务将“领航”小程序带入千家万户，团队实践成果受众人数达50000余人次。以沿线红色场馆为特别支撑，以情景体验和社会实践为课堂，深入红色地标、红色场馆、红色专列，寻访并感悟初心使命，引导和激发了广大青年学生从党史学习教育中坚定理想信念，从传承红色基因中汲取成长力量。

（梅文静，万慧琳，盛知恒，张家俊）

I SUES
Shanghai University of Engineering Science

轨道交通
中国说

坚持问题导向　做到三个“精心”讲好时代华章

——上海电机学院大学生“学史明志”宣讲团的实践探索

一、基本情况

上海电机学院大学生“学史明志”宣讲团（以下简称“宣讲团”）组建于2021年4月，是上海市大学生理论宣讲联盟的首批成员之一。宣讲团由包括研究生、本科生、高职生在内的各二级学院的党员和入党积极分子中的理论宣讲骨干组成，自成立以来先后有27名学生加入宣讲队伍，有学生宣讲员12人。宣讲团在学校党委宣传部的组织领导和马克思主义学院的骨干思政课教师具体指导下，坚持把学懂弄通做实习近平新时代中国特色社会主义思想作为首要政治任务，牢固树立正确政治方向和正确党史观，先后以党史学习宣传教育、学习贯彻习近平总书记“七·一”讲话精神、学习贯彻党的十九届六中全会精神、深入学习习近平新时代中国特色社会主义思想、学习贯彻2022年两会精神等为主题在校内校外开展多轮次理论宣讲，营造了浓厚的理论学习教育氛围，获得了校内大学生和校外单位的一致肯定，取得了一定的理论宣讲成果。在积极开展理论宣讲的过程中，宣讲团始终坚持问题导向，围绕“谁来讲”“讲什么”“怎么讲”这三个关键问题，精心选拔和培养高水平的宣讲人才，精心设计和打磨高质量的宣讲课程，精心探索和开拓多样化的宣讲方式，通过不断摸索和积累宣讲经验，形成了具有自身特色的理论宣讲实践，成为上海电机学院“大思政”建设的一张闪亮的名片。

二、案例背景

上海电机学院是一所以工科为主的高校，宣讲团大部分成员来自工科院系，一方面，宣讲团成员有很高的理论宣讲热情，另一方面，不少宣讲团成员也认识到自己在理论素养方面存在一些短板。在宣讲团成立之初，马克思主义学院的指导老师就和宣讲团成员一起分析了宣讲团的优势和不足，寻找有效开展宣讲工作的突破口，通过集思广益，宣讲团提出要特别注重把理论宣讲与理论学习有机结合起来，以习近平新时代中国特色社会主义思想的科学方法为指导，始终坚持问题导向，围绕“谁来讲”“讲什么”“怎么讲”这三个关键问题，在宣讲队伍建设、宣讲课程建设和宣讲方式方法上努力探索符合自身特点的宣讲经验。

三、主要做法

一是围绕“谁来讲”，精心选拔和培养高水平的宣讲人才，切实做好“两个结合”。作为上海市大学生理论宣讲联盟的一员，宣讲团的基本定位就是以上海电机学院大学生为主体的理论宣讲团队，选拔一批优秀的大学生担任讲师，培养一批高水平的宣讲人才，这是理论宣讲工作顺利开展的前提，也是落实上海市大学生理论宣讲联盟推动大学生群体成长为理论宣讲的精兵强将的题中应有之义。

在团队成员选拔方面，宣讲团采取了二级学院推荐、马克思主义学院审核、党委宣传部批准与通过面试、比赛选拔相结合的方式。一方面，作为常规的选拔方式，学校各二级学院每年会精心挑选并推荐政治素质好、业务能力强的学生作为宣讲团成员的候选人，一般是学生党员或学生干部，具有较强的政治素养和演讲能力，而且参与宣讲的意愿非常强烈，马克思主义学院通过书面材料审核与面试等方式，对候选人在政治上进一步把关，优中选优并报党委宣传部批准；另一方面，自 2020 年以来，马克思主义学院还牵头在全校举办习近平新时代中国特色社会主义思想学习大比武系列主题活动，在学生讲思政课比赛、党史故事大赛、理论宣讲微课比赛等系列活动中发现好的宣讲苗子，适时补充到宣讲团队，兼顾了宣讲团队人员构成的稳定性和及时吸纳新鲜血液的灵活性，使宣讲团始终保持生机和活力。宣讲团自成立以来，已有 27 名学生参与宣讲团的工作，其中本科生 19 人、研究生 5 人，专科生 3 人，至 2023 年团队成员 12 人。

在团队成员培养方面，宣讲团采取了思政指导员一对一单独辅导与组织集体学习相结合的方式。上海电机学院在 2019 年建立了马克思主义学院指导二级学院思政工作的思政指导员制度，思政指导员都是马克思主义学院骨干思政课教师，不仅政治觉悟高、理论功底扎实、教学经验丰富，而且常年联系各二级学院，在指导学生宣讲员方面有得天独厚的条件。宣讲团成立后，宣讲团成员和自己所在学院的思政指导员立即建立起一一对应的指导关系，思政指导员不仅为宣讲团成员的理论宣讲出谋划策，还积极指导宣讲团成员的日常理论学习，形成了颇具特色的大学生宣讲人才培养常态化机制。此外，宣讲团还通过集体备课、邀请专家开展专题讲座、参加马克思主义学院举办的各类学术活动等方式，组织宣讲团成员参与集体学习，营造了浓厚的学习氛围。

二是围绕“讲什么”，精心设计和打磨高质量的宣讲课程，认真抓好“三个环节”。宣讲团成立的主要目的就是以青年讲给青年听的方式推动党史学习教育和习近平新时代中国特色社会主义思想的学习宣传贯彻，因此，建设一批贴近时代、贴近当代大学生的高质量宣讲课程是理论宣讲顺利开展的重中之重。宣讲团切实抓好课程建设的三个关键环节。

第一个环节是选好题目。首先是紧紧围绕党和国家当前重点工作确定每一时段的宣讲总主题，把好大方向，彰显时代性。宣讲团成立以来，先后以党史学习宣传贯彻习近平总书记“七·一”讲话精神、学习贯彻党的十九届六中全会精神、深入学习习近平新时代中国特色社会主义思想、学习贯彻2022年两会精神等为总主题开展了五次反响热烈的集中宣讲活动。其次是由宣讲团成员根据总主题构思各具特色的具体宣讲题目，保证覆盖面，体现多样性。比如在2021年党史宣讲的总主题基础上，宣讲团成员以百年党史的四个历史时期为基本脉络，每个成员选择自己感兴趣的或比较擅长的历史时期确定选题，经思政指导员老师甄选和宣讲团内部协调，推出了《红船精神　百年初心历久弥坚》等11门党史宣讲课程，覆盖了百年党史的各个时段，兼顾了宣讲内容的统一性与多样性、整体性与重点性，形成了一个既扎实可靠又丰富多彩的课程体系。

第二个环节是学好理论。由于大学生宣讲员总体上并非马克思主义理论的专业研习者，而理论宣讲又必须以一定的理论功底作为基础，为此，马克思主义学院购买了相关学习资料供宣讲团成员学习参考，在确定选题以后，宣讲团通过个人自学、思政指导员辅导和组织集体学习相结合的方式，切实抓好宣讲团成员的理论学习。每次确定宣讲总主题的集体备课会上，宣讲团都会邀请马克思主义学院的老师作专题报告，使宣讲团成员对于所要宣讲的内容有一个总体上的理论把握；在日常学习中，宣讲团坚持读原著、学原文、悟原理，所有成员认真研读《论中国共产党历史》《习近平谈治国理政》等著作以及《中共中央关于党的百年奋斗重大成就和历史经验的决议》等重要文件，并经常与思政指导员沟通交流学习心得并接受个别辅导，为课程建设打下较为坚实的理论基础。

第三个环节是写好讲稿。宣讲团坚持“高标准、出精品”的导向，要求宣讲团成员采取“三稿制”的工作流程准备宣讲稿件。首先由宣讲团成员自己拟定第一稿，宣讲团成员在充分占有和消化与宣讲主题相关材料的基础上，精心选择典型案例并设计宣讲思路，认真准备宣讲课件，为宣讲的成功付出大量的时间和心血；在第一稿的基础上，由思政指导员和学生共同合作形成第二稿，从整体的把握到细节的完善，从课件的制作到宣讲的技巧，思政指导员的精心指导贯穿始终，有效地保证了课程建设的专业性和宣讲内容的准确性；在正式宣讲前，宣讲团以内部试讲的形式对每一门课程进行最后把关，提出修改意见和建议，宣讲团成员根据意见和建议完成第三稿定稿，做到精益求精。

三是围绕“怎么讲”，精心探索和开拓多样化的宣讲方式，充分用好“两个力量”。为了使理论宣讲真正收到实效，宣讲团不仅对于宣讲的内容严格把关，而且在宣讲方式方法上积极探索，在“怎么把课讲好”和“怎么把课推广好”这两方面都取得了良好的经验和成效。

通过各项工作机制，用团队协作的力量解决“怎么把课讲好”的问题。宣讲团从一开始就十分注重制度建设和团队协作，除了思政指导员工作机制以外，还建立了集体备课和内部试讲的工作机制。从宣讲团成立开始至今已开展了十余次包括学生宣讲员和指导老师在内的集体备课，集体备课的内容包括确定宣讲主题、学习重要理论、讨论宣讲内容、探讨宣讲技巧和改进措施等，通过发挥集体的智慧，宣讲团整体的宣讲水平有了很大的提高。为保障宣讲课程的质量和效果，学生宣讲员在正式宣讲之前都要进行内部试讲，包括在思政指导员个别指导过程中的实时动态回馈试讲以及集体备课会上最后定稿试讲。通过思政指导员工作机制、集体备课工作机制和内部试讲工作机制的常态化有效运转，宣讲团工作的制度化规范化程度不断加强，为提高理论宣讲水平奠定了坚实的工作基础。

依托大思政体系，用多方联动的力量解决“怎么把课推广好”的问题。宣讲团秉持“大思政”的理念，把大学生理论宣讲视为高校思想政治工作体系的重要组成部分和推进“开门办思政”的有效手段，与校内校外各相关部门和单位形成了积极的联动效应，营造了校内校外浓厚的理论宣讲氛围。首先是校内联动。校内宣讲是宣讲团开展宣讲的主渠道，宣讲团与学校党委宣传部、团委、各二级学院等积极配合，在课程建设基本完成后，及时发布宣讲课程主题及宣讲时间表，并收集宣讲需求，落实大学生宣讲员在校内进行宣讲，每个宣讲员首先在自己所在二级学院宣讲，在此基础上根据其他二级学院需求进行巡回宣讲，实现资源共享。其次是校外联动。2021 年上海电机学院马克思主义学院牵头与上海市临港科技学校等六所大中小学校联系沟通，建立起了大中小学思政课一体化工作的基本架构，宣讲团借助这一平台，积极推动大学生理论宣讲工作走出去，到合作共建单位进行宣讲，解决了共建单位缺少优质宣讲资源的困难，受到共建单位的广泛好评。第三是师生联动。宣讲团与学校教师理论宣讲团积极互动，不仅教师参与指导大学生宣讲团集体备课，学生也参与教师宣讲团集体备课，在观摩学习的同时也从学生的视角给出好的建议，在开展宣讲特别是校内集中宣讲时，学生宣讲团与教师宣讲团密切配合，共同营造宣讲氛围，形成宣讲合力。第四是线上线下联动。线上宣讲已经成为宣讲工作开展的一个重要方式，宣讲团并不把线上宣讲视为一个临时措施，而是立足常态化的视角，将线上宣讲看作创新宣讲方式、拓展宣讲渠道的一个重要突破口，鼓励大学生宣讲团积极利用线上渠道，扩大宣讲的受众面，并通过集体备课等活动交流线上宣讲经验，探讨改进举措。正是基于宣讲团在线上宣讲方面的充分准备，在 2022 年上半年，大学生理论宣讲工作依然按照计划正常开展，为宣讲党的创新理论，增强大学生抗疫必胜的信心，引导大学生坚定“不忘初心，紧跟党走”的理想信念和实现中华民族伟大复兴的责任使命作出了自己的贡献。

四、工作经验

坚持问题导向是马克思主义的鲜明特点，也是习近平新时代中国特色社会主义思想的理论特质之一。在近两年的工作实践中，宣讲团深刻感受到这一科学的思想方法和工作方法对于不断改进自身工作、提高宣讲水平的巨大价值，也深切认识到以理论学习促进理论宣讲、以理论宣讲带动理论学习的有效性，在以后的工作中，宣讲团将始终树立问题意识，坚持问题导向，持续优化理论宣讲与理论学习的有机融合和良性互动，进一步加强队伍建设、课程建设和宣讲方式方法创新，不断开拓大学生理论宣讲的新局面。

五、工作成效

自成立以来，宣讲团已先后建设宣讲课程46门，其中党史学习教育主题宣讲课程11门，习近平总书记“七·一”重要讲话主题宣讲课程10门，十九届六中全会主题宣讲课程12门，习近平新时代中国特色社会主义思想主题宣讲课程8门，2022年“两会”主题宣讲课程5门。围绕党史学习宣传教育、学习贯彻习近平总书记“七·一”讲话精神、学习贯彻党的十九届六中全会精神、深入学习习近平新时代中国特色社会主义思想、学习贯彻2022年两会精神等主题在校内校外、线上线下开展理论宣讲50余场，接受宣讲对象5000多人次，营造了浓厚的理论学习教育氛围。宣讲团还对共同的宣讲实践及时加以总结，形成了八点宣讲经验：要精心设计一个引人入胜的开场白；讲稿的几个部分之间篇幅要大体均衡；各个部分之间的逻辑关系要合理过渡自然衔接；注意历史事实的准确性；要运用生动典型的事例进行讲授；要善于提炼升华主题；要善于把历史和现实相结合；要注意良好的教仪教态。这些工作成效既是包括宣讲团成员和指导老师在内所有人共同努力的成果，也为宣讲团进一步的成长打下了扎实的基础，宣讲团将在这一基础上进一步推动宣讲工作的高质量发展，充分展现新时代大学生理论宣讲的实力、潜力和活力。

（胡欣诣，顾建伟，韩港澳，王佳铭）

上海电机学院
从新中国成立到改革开放30年的
奋斗历程与爱国创业精神
主讲人：机1961班熊颖

青年先锋　扎根基层　博“讲”时代强音

——南京大学博士生讲师团理论宣讲的创新探索

一、基本情况

南京大学博士生讲师团（以下简称“博讲团”）成立于2019年，在南京大学党委领导下，由南京大学党委研究生工作部、党委宣传部、马克思主义学院共同指导。作为扎根南大、面向江苏、辐射全国的研究生理论宣讲团体，博讲团以宣传习近平新时代中国特色社会主义思想为根本任务，以思想引领与社会服务为工作重点。博讲团充分发挥研究生理论宣讲优势，多维打造契合青年学习习惯和需求的理论宣讲体系；深入地方基层，推动校地合作，助力西部发展；加强队伍建设，创新人才培养“大思政”模式，构建起长效化发展机制。

博讲团有90余名宣讲讲师，讲师以博士研究生为主体，涵盖部分优秀硕士研究生；由40余位研究生骨干组成管理团队，建立了线上线下相结合的规范化管理模式；30多名专家学者分别受邀义务担任顾问或指导老师，为博讲团提供精准专业的理论指导。成立以来，博讲团于校内外开展理论宣讲活动累计400

余场，辐射江苏、山东、青海、宁夏、云南等全国20多个省份，服务90多家政企事业单位，听众累计逾10万人次。

二、案例背景

自成立以来，博讲团始终坚持以习近平新时代中国特色社会主义思想为指导，以服务基层、服务西部、服务地方经济社会发展为导向，强化科学思想引领，将新时代青年故事融入推动中华民族伟大复兴的新征程，引导广大学子践行“请党放心、强国有我”的青春誓言。

立足“两个一百年”历史交汇点，紧扣时代主旋律，把握发展新趋势，博讲团充分发挥研究生群体的理论宣讲优势，聚焦科技报国、文化自信、乡村振兴、现代化治理、生态文明共同体建设、《民法典》发布、大国担当、国防生事迹分享等主题，进院系、连党建、走西部、向基层，深刻解读习近平经济思想、习近平生态文明思想、习近平法治思想、习近平外交思想、习近平强军思想和习近平总书记关于科技创新的重要论述，在宣讲内容上下功夫、在宣讲形式上求创新，以受众喜闻乐见的方式让新时代党的创新理论“飞入寻常百姓家”。

三、主要做法

彰显青年先锋引领，讲好新时代发展故事。博讲团聚焦理论创新、形式创新与机制创新，在宣讲实践中不断探索，形成旗帜引领、联学联讲、服务基层等鲜明特色。

（一）旗帜引领，推动科学思想在青年学子心中落地生根

弦歌百廿，秉承报国为民之志。南京大学建校120周年之际，习近平总书记给南京大学留学归国青年学者回信，寄以殷殷嘱托，号召青年学子“在坚持立德树人、推动科技自立自强上再创佳绩，在坚定文化自信、讲好中国故事上争做表率”。博讲团学习领会贯彻落实习近平总书记重要回信精神，上线“诚耀百廿博讲南雍”视频号，录制7篇宣讲视频，专题讲述南大人报国精神传承；联合清华大学、浙江大学等7所高校倡议发起线上专场宣讲会，共议新时代青年使命担当；举办留学归国青年学者访谈会，师生欢聚一堂，畅谈求学科研心路，分享科技报国情怀。

赓续百年，筑牢青年信仰之基。博讲团在宣讲实践中逐步构建并形成了一系列传承红色基因、彰显南大特色的宣讲体系，包括“党史特别专题”“四史教育”等六大宣讲主题，共计五十余门宣讲课程，涵盖学科前沿、党史党建、马克思主义基本理论、马克思主义前沿问题、时政热点动态等主题，聚焦青年学子关心的热点问题，发掘身边的榜样事迹。推动理论宣传与基层党建工作相结合，发挥研究生党支部和党员骨干的先锋引领作用，做到理论宣讲院系全覆盖；将理论宣讲与微党课大赛、党史小讲堂、情景剧演出等同学们感兴趣的方式相结合，通过科学、专业的党史叙述传播革命文化，在青年学子中掀起党史学习教育热潮。

以讲促学，构建常态化宣讲机制。专题打造党史学习教育宣讲菜单式预约平台，定制多样化党史宣讲资源，开发“百年征程·风华正茂”等系列党课五十余门，于校内开展党史学习教育宣讲活动七十余场。协力打造研究生思政课程平台，上线研究生新生入学教育思想引领主题课程，录制四大主题党史学

习教育微视频，助力研究生扣好读研阶段“第一粒扣子”。深入挖掘红色教育资源，组织开展寒假“返家乡、助基层”宣讲实践，青年讲师追寻家乡红色记忆，在江苏南京、辽宁丹东、河北西柏坡、浙江绍兴、重庆沙坪坝、云南玉溪等地留下足迹，录制 9 期党史微宣讲视频，上线“学习强国”等平台，单篇线上浏览量超过两万，引发广泛社会效应。

携手同心，凝聚强国奋进共识。博讲团参与共建全国高校精品宣讲平台，打造多门优质宣讲课程，并面向全国高校开放预约；联合全国高校青年宣讲团队举办多场“云”宣讲。以青春宣言讲述抗疫故事，用生动事迹展现时代担当，博讲团于 2020 年 4 月倡议发起“疫路·同心”清明节主题专场云宣讲，千余名学子共议“云”端，同心抗“疫”。主办“全球记‘疫’故事”南京大学与北京航空航天大学联合党支部活动，邀请优秀校友和公派出国留学研究生客座宣讲。加强军地互融共建，多次走进军旅高校，与国防大学政治学院联合举办“家国情·爱国行”等主题教育军地共建活动，共话党的百余年历史，同抒报国强军之志。

（二）服务基层，在新时代乡村振兴的号角声中读懂中国

厚植江苏沃土，深入地方基层。自成立以来，博讲团持续服务江苏省内 20 多个党政机关、企事业单位、基层党群组织和街道社区等，不断完善校地合作宣讲和实践调研机制，开展宣讲活动近 100 场，辐射听众累计 21700 余人次。博讲团的青年讲师为南京江宁东山街道的基层党员同志讲述“二七精神”，走进南京江北新区医药谷开展《习近平谈治国理政》专题宣讲，与律师事务所的基层法务工作者共议《民法典》实施，赴苏州吴江区平望镇宣讲党的十九届五中全会精神，到昆山市花桥经济开发区党群服务中心讲述“十四五”规划与中国之治，在溧阳新时代文明实践中心畅议乡村振兴“生态长廊”建设。

搭建理论宣讲校地合作新平台。与江苏如皋市税务局合作挂牌，成立江苏省内首个研究生理论宣讲实践基地，合力打造高端化智库联盟，联合开展6期博士讲坛活动，青年讲师与税务基层一线工作者们共同解读党建理论、剖析新兴产业前沿趋势，相关活动得到新华社、光明网、经济参考网等新闻媒体的广泛报道。组织“星火计划”志愿服务，自2021年以来与南京市多所小学联合开展17场科普进校园活动，宣讲实践服务900余名学生，受到老师、家长们的一致好评，并得到江苏教育新闻等媒体宣传报道。

走向西部广阔天地，在乡村振兴的时代号角声中读懂中国。奔赴16个西部省份基层开展宣讲活动，在云南玉溪与青年选调干部圆桌共叙报国情怀，走进黔南苗寨与扶贫干部促膝而谈，连线“云端科普讲堂”为湖北恩施州苗族土家族大山里的孩子们点亮科学之光……2021年12月，博讲团与江苏省对口支援青海省海南藏族自治州教育团队联合“云”宣讲活动正式启动，围绕红色精神传承、自强成长、科普教育等主题，在青海省海南藏族自治州开展线上宣讲活动，服务青海省海南藏族自治州15所初中、1万余名学生，发南大声音，展青春风采，助力西部教育发展。

（三）立德树人，“大思政”模式培育青年先锋力量

强化思政专业引领，彰显优势寓讲于教。充分发挥南京大学马克思主义学院作为全国重点马克思主义学院的学科优势，聘请一批活跃在教学科研一线的中青年骨干教师为指导老师。由获全国“五一劳动奖章”获得者、全国高校青年教师教学竞赛一等奖获得者等青年教师领衔，通过专场审稿会、线上研讨评议和现场演示培训等方式，为博讲团成员提供个性化的专业指导。强调硕博联动，推动新老传承“红色接力”；共建全国高校理论宣讲和培训平台，30余所高校超过20000名青年学子在线参与，在联学联讲实践中提升团队综合素养。

打造思政育人平台，助力人才全面成长。博讲团不断完善讲师培训与发展体系，通过筛选、培优等不同阶段，完善讲师队伍建设与管理模式。第一阶段，以学院为单位择优推荐，在金牌讲师初审面试、专家顾问精选面试两个环节择优选拔新晋讲师，通过与指导教师的面对面交流和观摩学习，推动新晋讲师不断完善讲稿。第二阶段，发挥朋辈力量，通过团内“周末咖啡会”研讨、打磨讲稿，强化团队成员之间彼此交流切磋、取长补短，提升团队凝聚力与向心力。第三阶段，为有效增强宣讲实效，新晋讲师在校内开展三至五轮宣讲之后，推荐参与校际宣讲交流，通过宣讲反馈不断打磨提升。

完善队伍管理机制，推动培育后备力量。建立健全博讲团成员自身成长发展机制，形成硕博互动、新老“传帮带”的团队文化。依托学校信息化管理平台，不断提升队伍管理的科学化、规范化水平。详细记录每次活动的宣讲人员、宣讲时长、宣讲内容等信息，将工作台账保存于“云”端，提供“一键式”考评通道；高效梳理每一次宣讲所使用的课件和多媒体素材，方便学生随时查阅学习，并将其整理成为内容详实丰富的宣讲材料加以留存。

四、工作经验

博讲团始终围绕思想引领的主题导向，着力服务基层的实践理念，强化立德树人根本任务开展系列宣讲实践活动，为青年理论宣讲创新作出有益探索。

（一）着眼理论研究，立足政策研学，深化宣讲内容的深度与高度

理论研究是开展实践宣传的重要依托，博讲团持续推进讲师互学机制、导师联培体系，让更多优秀学子在合作中共同促进，在导师指导下深化研究，促进理论研究上高度上新台阶。

听取中央宣讲团宣讲并学习“十四五”规划，开展系列集体备课活动，围绕宣讲主题创新、宣讲内容深化、宣讲形式多样等内容展开讨论，把握要义，开展宣讲。

（二）落脚社会实践，强化服务意识，提升基层服务的力度与温度

理论服务是博讲团成立的初心，亦是推动博讲团持续发展的核心理念。博讲始终重视服务基层民众、服务地方发展，赴基层政府、企业、高校、社区等开展宣讲活动，打通校地阻隔，将理论宣讲与地方需要相结合，将政策解读与地方实际相契合。持续增强宣讲的针对性、有效性，提升理论的亲和度、感知度，推动理论宣讲与扶贫扶志扶智联结，推动教育公平，助力地方发展。

（三）完善组织建设，构建发展体系，拓宽思政育人的广度与厚度

组织建设是博讲团开展工作的保障，博讲团通过内训团建、小组研学、“导师面对面”、新晋讲师试讲等活动，着力增强组织向心力与凝聚力。在培优阶段，开展实地宣讲、“周末咖啡会”打磨稿件、年度评优表彰先进等活动培育优秀讲师，打造资深讲师、金牌讲师，构建一体化培育体系。博讲团在开展理论宣讲活动的同时，不断完善团队成员自身成长发展机制；强调理论结合实际，在宣讲实践中提升团队思政素养和综合能力，创新人才培养“大思政”模式。

五、工作成效

成立以来，博讲团吸引了一大批青年骨干加入，形成了一支先锋引领、讲学互促、校地共建的研究生理论宣讲队伍。先后涌现出“中国大学生自强之星”、“全国优秀共青团员”、国家奖学金获得者、江苏省“大学生年度人物”等一大批青年先锋力量；宣讲成果获全国高校大学生讲思政课公开课展示活动一等奖、“我心中的思政课”全国高校大学生微电影展示活动优秀奖、“挑战杯（红色赛道）”江苏省一等奖等奖项；团队获评“江苏省基层理论宣讲先进集体”、“江苏省社会实践优秀团队”、南京大学“青年五四奖章”集体奖等荣誉。

不忘初心回望来时路，踔厉奋发接续谱新篇。南京大学博士生讲师团将牢记总书记的嘱托，接过时代的接力棒，引领广大青年学子在中华民族伟大复兴中国梦的新征程上奋勇前进。讲好中国故事，讲好青年故事，勇立时代潮头，以实际行动学深悟透党的二十大精神，以昂扬风貌奋进新时代！

（王　昱，方　宁，李竹安，唐　钰）

智融合 创未来
南京大学 国家税务总局如皋市税务局
研究生理论宣讲实践基地
创未来

南京大學
NANJING UNIVERSITY
博士生讲师团

“宣讲＋”模式增强高校思想政治教育“时、度、效”

——浙江大学研究生理论宣讲团的实践探索

一、基本情况

浙江大学研究生理论宣讲团（以下简称宣讲团）成立于2017年，是由浙江大学党委研究生工作部和浙江大学电气工程学院党委联合指导的学生理论宣讲社团。旨在充分发挥朋辈教育优势，开展理论研习宣讲和理想信念教育，播撒马克思主义、共产主义真理之光的火种，带动更多青年争做学懂弄通习近平新时代中国特色社会主义思想的“排头兵”。成立后，宣讲团打造精品党课108门，培育学生骨干讲师130余名，开展党课宣讲500余场，累计覆盖20万余人次。先后获得全国高校大学生讲思政课公开课展示活动二等奖、浙江省基层理论宣讲突出集体等荣誉。未来宣讲团将继续发挥优秀学生党员在高校学生思想政治教育中的自我教育、自我管理、自我服务功能，让朋辈引领、宣讲强音、青年强志的活力竞相迸发！

二、案例背景

推动习近平新时代中国特色社会主义思想在青年大学生中入耳入脑入心，是高校理论宣讲工作的首要任务。当代青年面对深刻变化的社会、丰富多样的生活、四方涌动的思潮，面向“走在前列”的时代要求，亟须在坚定理想信念方面加以有力引导。如何紧密契合思政工作规律和学生成长规律，增强高校思想政治教育的“时、度、效”？浙江大学研究生理论宣讲团进行了“宣讲 +”模式的探索与尝试。

三、主要做法

（一）因“时”而动，“宣讲 + 研学”筑牢理论根基

“明者因时而变，知者随事而制”，“时”并不是单纯求快，而是从宏观、中观、微观三个层面做到因“时”而动，准确把握理论宣讲的历史使命和具体任务，科学厘定提高理论宣讲效能的时空坐标。

“老骥”扶“青马”，从宏观上把握时代之势。宣讲团借助中共一大代表王尽美后人王明华教授等“五老”育人力量，邀请十余名专家顾问和思政教师面对面指导，构建理论学习、技能培训、主题调研、实践提升、微党课比赛“五位一体”的研学机制。宣讲一滴水，学习一汪池，读原著、看原文、论原理，学党史、学讲话、学思想，在强大师资和闭环制度的双重保障下，引导“青年学习者”自信地学在前列，面对世界文化交锋

日益频繁带来的“青年之惑”，社会主要矛盾变化带来的“青年之责”，在学懂弄通党不断开辟马克思主义新境界的过程中，追寻真理的力量，回答时代之问。

“前浪”带“后浪”，从中观上紧扣时期之需。设置“见习讲师—校级讲师—金牌讲师”的培养提升路径，以宣讲团为示范的“朋辈宣讲”纳入学校党支部骨干培训必修课程，金牌讲师作为宣讲“前浪”带动院系党支部书记、特色宣讲队等宣讲“后浪”，变个体自学为群体互学。设置“选题—备课—磨课—试讲”的课程把关机制，将学习热点作为选题“点将旗”，将党的号召作为宣讲“集结号”，持续推出党史学习教育、“七一”重要讲话精神、青年使命愿景、党的十九届六中全会精神、党的二十大精神等系列专题课程，紧扣高校青年思想政治教育的“时期之需”，将朋辈宣讲与价值塑造紧密结合。

“真人”讲“真事”，从微观上奏响时机之弦。理论宣讲是“真刀真枪”做引领、树典型的范例，讲师身体力行、率先垂范，宣讲内容才更容易打动听众、入脑入心。来自不同专业背景的讲师们在宣讲团“模块—主题—课程”的理论宣讲体系中，立足专业背景，在关键时间节点用真故事、真作为拨动听众的心弦，让信仰鲜活地“零距离”传递，激发思想共鸣。

（二）详情“度”理，“宣讲+美育”激发情感共鸣

“度”是高校思想政治教育工作力求掌握适宜“温度”、切准青年“热度”、达到精确“程度”的平衡点。宣讲团不断推出“宣讲+美育”的新形式、新场景，化被动接受为主动参与，探索审情度理、美善相携的育人模式。

“演绎式”宣讲——以演代讲，有共鸣、能共情。为了让党史学习教育从“跃然纸上”到“跃然台上”，让专业使命感从“跃然台上”到“跃然心上”，宣讲团的指导单位（之一）浙江大学电气工程学院结合百年党史和百年电气学科发展史，原创红色舞台剧《熠熠生辉》。讲师们身着戏服化身舞台剧演员，在“邃密群科济世穷”的救国初心中“溯源”，在“踏平坎坷成大道”的建设征程中“赋能”，在“直挂云帆济沧海”的改革浪潮中“强电”，在“心怀‘国之大者’”的时代使命中“铸魂”，将“小而精”的演绎型宣讲，联结成“大而全”的篇章型党史学习融合学科思政的鲜活素材。

“情境式”宣讲——边讲边演，讲得活、说得透。声情并茂的叙说游走于故事情景的重现之中，理想信念的输出烘托于历史场景的再现之下，声与画、情与景、事与理的交融，让情境式微党课直击听众内心。宣讲团讲师参与《永不凋谢的马兰花》的创作和比赛中，以一人讲、多人演，一边讲、一边演的形式让王淦昌、程开甲、林俊德三代浙大师生的感人故事，于“有声、有形、有情”中“润物”，为高校思想政治教育“加温”。

“沉浸式”宣讲——又听又演，真有趣、很有力。在理论宣讲中，宣讲者与被宣讲者是一对主要矛盾。为了能够化被动接受为主动参与，宣讲团面向军训大学生创新性开展“沉浸式”宣讲，以全面抗战时期浙大12勇士携笔从戎、保家卫国的真实故事为背景依托，以讲师为微党课主线的推动者、连队少数学生为情节的表演者、连队全体学生为场景的亲历者。平等对话、同等发声的“沉浸式”宣讲让每一位听众都有“麦克风”，感同身受、同述故事、共话担当。巧妙转化理论宣讲的一对主要矛盾，形成内容“实”、方式“活”、语言“鲜”的沉浸式宣讲模式，激发了青年学生的爱国热情和历史使命感。

（三）行之有“效”，“宣讲+网络”形成风景风尚

“效”是检验理论宣讲入耳入脑入心的“效果”、覆盖青年受众的“效率”以及思想价值引领“效用”的尺度。青年在哪

里，宣讲到哪里，面向被喻为“互联网原住民”的青年大学生开展宣讲，既要说“青”言、话“青”语，更要用网络、有阵地。

媒体互动，打造标杆标识。党史学习教育过程中，宣讲团牵头策划录制“百人百课”系列微视频，在巩固传统媒体传播阵地的基础上引进融媒体技术，讲师面向镜头成为“主播”，系列微党课在浙江大学网上党校平台、“学习强国”平台、微信视频公众号等融媒体平台上线，并在学校文化广场、食堂等学生主要活动场所滚动播放，全方位构建互鉴、共享、互通的“品牌化”高校思想政治教育资源，推动优质微课从校园主阵地“破壁”，走向青年文化圈，走进青年学生精神世界。

跨校联动，形成合声共振。加入全国高校宣讲联盟，探索与国内知名高校常态化合作互访机制，联合清华大学、中国人民大学、武汉大学等30余所高校发出全国高校青年理论宣讲社团党史接力宣讲倡议，组织开展“全国高校党史接力宣讲”“飞行讲师送课堂”“送课上西藏”等线上宣讲。“一花独放不是春，百花齐放春满园”，网络打破地域的隔阂，让跨校联合宣讲不仅成为讲师成长成才的“练兵场”、检验本领的“试金石”，更成为互学互促的“大课堂”，提供凝聚青年正能量的“向心力”。宣讲团讲师走出校园，走进校外社区、企业、军队、西部地区及“一带一路”沿线国家，将联学联讲的辐射范围，服务于立足浙江、面向全国、走向世界的战略期待。

校内推动，促进入脑入心。充分发挥优秀学生党员在高校学生思想政治教育中的自我教育、自我管理、自我服务、自我监督功能，自2017年成立以后，宣讲团培育学生骨干讲师100多名，宣讲500余场，累计覆盖5万余人次，荣获浙江省基层宣讲成绩突出集体等荣誉。面向全校开放“云点单”预约系统，微党课宣讲贯穿学生党员培训和党团支部建设各个环节，推动宣讲“轻骑兵”打通理论服务青年学子的“最后一公里”。

四、工作经验

（一）宣之以理，育人自育是宣讲根基

“匠心”育“匠师”。配备近20名专家顾问和指导老师，完善理论学习、技能培训、主题调研、实践提升、微党课比赛“五位一体”建设模式，设置“见习讲师—骨干讲师—金牌讲师”的培养路径，实行“模块—主题—课程”的理论宣讲体系，把关课程质量，严抓党课出口，培育优质课程。锤炼一支理想信念坚定、理论素质扎实、综合能力突出的学生宣讲队伍。“前浪”带“后浪”。充分发挥朋辈引领作用，打造讲师团明星队伍，形成涵盖多年级、多专业的完备梯队。研究生理论宣讲团等学生宣讲“前浪”，带动院系党支部书记、院系特色宣讲队等学生宣讲“后浪”，以“讲”促学，打造学生自主理论学习和朋辈宣讲的示范样本。

（二）讲之以情，情感共鸣是宣讲所长

突出主题主课。讲好新思想、传播新理论，围绕党和国家重要路线、方针、政策，建设“基础模块＋特色模块＋时事专题”课程库，将学习热点作为选题“点将旗”，将党的号召作为宣讲“集结号”。打造标杆标识。特别推出“共同富裕”“亚运青年”等具有“浙江味”的系列专题微课。浙江省委宣传部《宣传》半月刊多次肯定宣讲团探索“青年讲给青年听”的理论宣讲方式。形成风景风尚。建设在线学习平台，推出“百人百课”等宣讲专栏，线上微评栏目累计阅读量近200万次，以“互联

网+”模式构建互鉴、共享、互通的“品牌化”高校思想政治教育资源。

（三）合声共振，立言时代是宣讲所向

校内联动，全校开放“点单式”预约系统，微党课宣讲贯穿学生党员培训、学生支部建设各个环节。校际互动，与清华、北大、复旦等数十所兄弟高校累计开展20余次联合宣讲，4门精品微课获得省级以上荣誉。海外延伸，积极响应“一带一路”倡议，赴塞尔维亚、土耳其等地开展微课宣讲，建立海外实践基地，讲好中国故事、传播中国声音。

（朱　杭，钟　翼，董萌苇）

“二十大·青年讲”党的二十大精神宣讲
暨浙江大学研究生理论宣讲团集体备课会

求是大讲堂

理论宣讲点亮信仰之光

——河南师范大学马克思主义学院大学生党员宣讲团的实践探索

一、基本情况

为深入学习贯彻习近平新时代中国特色社会主义思想，用习近平新时代中国特色社会主义思想铸魂育人，落实立德树人根本任务，河南师范大学马克思主义学院大学生党员宣讲团在学校与学院支持下，积极开展宣讲活动，坚持以青年视角科学阐释党的理论，以青年话语生动宣传党的主张，打造学习、研究、传播习近平新时代中国特色社会主义思想的重要平台和有效载体。大学生党员宣讲团成立于 2017 年，成员由政治立场坚定、理论素养高、宣讲能力强的 28 名本硕博学生党员组成，聘请河南省特聘教授、河南师范大学党委常委、宣传部部长兼马克思主义学院党委书记马福运等 6 人担任理论导师。宣讲团围绕党的二十大精神、党史学习教育、习近平总书记“七一”重要讲话以及包括伟大建党精神、伟大抗疫精神在内的中国共产党人精神谱系等内容，先后走进红色文化基地、居民社区、大中小学、幼儿园等地开展宣讲200余场，覆盖听众3万余人，探索形成了“自主选题—集体备课—多轮磨课—集中宣讲—问卷反馈—创新提升”等一整套管理制度体系和团队运行机制，培养了一批批优秀的青年马克思主义者。

二、案例背景

校有指导，院为依托。在党的十九大结束之后，河南师范大学马克思主义学院第一时间成立“大学生党员宣讲团”。基于新的时代要求，宣讲员发挥专业优势，把学习、宣讲新思想作为主要任务，以专业的角度和丰富的形式将习近平新时代中国特色社会主义思想、红色文化、时政热点、党史知识等转化为思想政治教育的宝贵资源，持续推进宣讲进校园、进社团、进班级、进宿舍、进社区，打通红色文化、党史文化、党的创新理论融入基层的“最后一公里”。

近年来，大学生党员宣讲团面向校内26个学院、基层社区以及中小学开展宣讲活动。未来，在新的征程上，大学生党员宣讲团将继续筑牢信仰之基，补足精神之钙，把稳思想之舵，坚定理想信念，掌握马克思主义真本领，做共产主义远大理想和中国特色社会主义共同理想的坚定信仰者和忠实践行者。

三、主要做法

一是夯实基本功，充电备课走深走实。首先，学院为宣讲团每月邀请校内外专家讲授马克思主义经典篇目、党的创新理论以及时政前沿，推行“周周有笔记、月月读原著”制度，帮助学生正确掌握马克思主义的立场、观点和方法。五年间，团队学习探讨交流50余次，形成精品读书报告百余篇，编印学习成果2册。其次，学院为宣讲团选配理论导师，根据宣讲员功底需求，精心策划、选取主题、构思形式、把握内容，每份宣讲课件，至少经过了1至2个月修改、试讲，由学院一线教师试听、权威专家把关、反复淬炼后才得以正式出炉，力争在史论结合上讲透理论之道、在纵横比较中讲深自信之基、在赓续传统中讲活精神之源。第三，宣讲团坚持集体备课，既注重从整体结构把握宣讲内容，又注重寻找小切口宣讲，从小故事中探寻大道理。第四，宣讲团充分利用线上线下平台，通过联动国内、省内以及校内三个维度，联合中国人民大学马克思主义学院博士生宣讲团、西安交通大学微宣讲团等开展多次宣讲备课会。

二是激发动力源，特色宣讲出新出彩。从校内各学院到社区再到山村小学，宣讲团坚持传播党的理论，用通俗之音、凝练之语将党的二十大精神、党史学习教育、习近平总书记“七一”重要讲话、中国共产党革命精神谱系等内容娓娓道来。已围绕党的十九大精神、改革开放40周年、中国共产党精神谱系、习近平总书记“七一”重要讲话精神、十九届五中全会、十九届六中全会、二十大精神等内容开展系列宣讲活动，并筹办“经典著作研读会”、“微党课”讲演、“微视频”大赛、“时政先锋”情景剧、“六个一”红色文化育人实践等主题活动。在此基础上，宣讲团通过对各类体制、资源的深度整合，形成了以叙事式宣讲、情景式宣讲、体验式宣讲和延展式宣讲为主要内容的“四位一体”立体化宣讲模式。叙事式宣讲即坚持“小故事大主题、语言通俗易懂、贴近大众实际”的原则，按照

“抓重点、有研究、讲故事、在主流”的要求开展叙事式宣讲；情景式宣讲即充分利用固有教育基地和教学平台，根据宣讲内容的特点，通过多种形式更加形象生动地为受众呈现理论知识；体验式宣讲即与红色教育基地、企事业单位、明星村镇或文明社区等校外教育资源密切联络，积极拓展宣讲资源，引领受众切身体验；延展式宣讲即在疫情防控常态化背景下，遵循“线下线上全媒体互动”思路，同其他院校宣讲团网上备课，博采众长、提升效果、形成风格。

三是赓续血脉红，品牌成效有声有色。宣讲团以党史学习教育为契机，着力打造“六个一”红色教育实践活动、“大手拉小手，一起跟党走”、“红孩子学校”、“时政评论员”等特色品牌，秉持“接地气、聚人气、增底气、有灵气”的宣讲原则，以启发式宣讲为主体，结合情景仿真式教学、沉浸体验式实践、构建讨论式交锋、引导反思式阐述、趣味文娱式体验等多种教育教学模式，辅之以必要的任务驱动、角色置换、思维延展等创新性教育教学手段，将党史知识具象化、对象化，力争在党的创新理论宣讲、党史学习教育、大中小学思政课一体化建设中展现青年担当，实现更大作为。在“大手拉小手，一起跟党走”主题宣讲活动中，宣讲团先后走进兄弟学院、校史馆、附中和周边社区开展宣讲活动30余次，累计覆盖2000余人，活动受到河南电视台、《河南日报》、大象新闻等媒体的关注和报道，切实推动党史学习教育走深、走实、走心。

四、工作经验

一是坚持理论学习走“实”。作为一个理论宣讲类社团，作为一个致力于培养青年马克思主义者的社团，把马克思主义经典著作“学懂弄通、学深悟透”是必要的。邀请校内外专家讲授马克思主义经典篇目和党的创新理论与最新的时政前沿，能够帮助宣讲员正确掌握马克思主义的立场、观点和方法，夯实理论根基，提升政治素养。另外，宣讲团举办“共筑新时代”主题论坛，锻炼宣讲员报告能力，营造良好的学术氛围，激发科研创新的热情，提升培养质量，宣讲员参与省内外学术研讨会 20 余场，进一步增强了宣讲团影响力。

二是坚持红色育人深“耕”。2019 年 9 月 16 日，习近平总书记在河南考察时指出，鄂豫皖苏区根据地是我们党的重要建党基地，焦裕禄精神、红旗渠精神、大别山精神等都是我们党的宝贵精神财富。2022 年 10 月 28 日，习近平总书记在河南安阳考察时再次强调，红旗渠精神同延安精神是一脉相承的，是中华民族不可磨灭的历史记忆，永远震撼人心。河南师范大学马克思主义学院先后在红旗渠干部学院、全国劳模史来贺所在的七里营刘庄、“改革先锋”吴金印所在的唐庄、“太行赤子”张荣锁所在的辉县上八里回龙村等，建立了十个思想政治理论课校外实践教学基地。宣讲团带领学生党员、部分学生代表到实践教学基地，通过参观考察、调研访谈、劳模授课等形式开展实践教学，引导学生去感受历史，感悟先进事迹，强化理想信念。同时，宣讲团依托中国共产党革命精神与中原红色文化资源研究中心，开展一系列针对红色文化的细致性发掘、抢救性保护、系统性整理的科研活动，揭示中原红色精神的历史方位和当代价值，建构起中原红色文化的宣传教育和传承弘扬体系。

三是坚持品牌特色擦“亮”。宣讲员先后走进校史馆、新乡先进群体基地等周边地区开展党史学习教育主题宣讲活动，推动党史学习教育走深、走实、走心。在做好宣讲工作的同时，宣讲员致力于开展特色主题教育。宣讲团三大特色品牌项目活动受到学习强国、河南电视台、中国教育新闻网等媒体报道；“六个一”红色教育实践品牌荣获2019年河南省高校廉洁教育案例评选一等奖；“大手拉小手，一起跟党走”党史学习宣讲团荣获2021年全省暑期社会实践活动优秀团队，被评为第五届河南省“出彩中原”大学生社会实践活动项目；“红孩子学校”的宣讲事迹受到《中国青年报》、《中国教育报》、“学习强国”、《光明日报》等主流媒体报道。

五、工作成效

大学生党员宣讲团依托河南师范大学马克思主义学院学科专业和人才优势，在学院师生的共同努力下，于2021年荣获河南省示范性青年马克思主义社团、河南师范大学青年五四奖章集体（全校仅有两个名额）。与此同时，宣讲团培养了一批优秀的青年马克思主义者和马克思主义理论学科人才。自宣讲团成立以来，先后有十余名成员顺利考取博士研究生，1名成员入选2020年“全国青年马克思主义者培养工程”，5名成员入选2019—2020年度河南省“青年马克思主义者”培养工程，2名成员入选河南师范大学“青年讲师团”，成员累计荣获全国优秀共青团员、中国青少年科技创新奖、国家奖学金、“出彩河南人”最美大学生、河南省文明学生、河南省三好学生等省级以上荣誉30余项，校级荣誉近100项，发表学术论文20余篇。社团成员录制的微电影《无问》获评第四届“我心中的思政课”全国高校大学生微电影展示一等奖，形成了“一个社团一座堡垒，一名成员一面旗帜”的先锋示范作用。

同时，河南师范大学马克思主义学院大学生党员宣讲团从组织建设、活动开展、社会实践、加强校内外共建四个方面入手，通过具有可持续性和示范效应的新思路、新方法塑造中小学生的价值观念、锤炼大学生的党性修养，推进大中小学思政课一体化建设，成功构建“宣讲能人组团、校内外阵地共享、创设不同载体、根据需求点单、社会效果明显”的思政教育模式，进一步传递党的声音、传承红色基因、讲好身边故事，不断扩大宣讲团影响力和覆盖面，打造生动、有温度的理论宣讲，推动习近平新时代中国特色社会主义思想“飞入寻常百姓家”！

（王心婧）

SCHOOL OF MARXISM.HNU
"大手拉小手 一起跟党走"党史学习教育主题活动
河南师大大学生党员宣讲团走进附中
2021年5月
大学生党员宣讲团

红孩子学校

以青年之声传递信仰力量

——武汉大学博士生宣讲团的实践探索

一、基本情况

为进一步推进习近平新时代中国特色社会主义思想深入人心、落地生根、开花结果，按照习近平总书记关于宣讲工作的重要指示精神，在武汉大学党委研究生工作部的指导下，武汉大学学习习近平新时代中国特色社会主义思想博士生宣讲团成立于2017年11月。社团以举旗帜、育新人为思路，以“争做时代先锋，勇当民族脊梁”为宗旨，以“学生教育学生、回答学生、带动学生、团结学生”为目标，深入开展习近平新时代中国特色社会主义思想的宣讲宣传。成立后的五年间，武汉大学博士生宣讲团坚持用青年话语讲好党的创新理论，讲好中国故事，践行党员信仰，从第一届18名博士生发展至第五届34名博士生，共有111名博士生在这里倾情投入、留下足迹，学科、专业覆盖武汉大学所有学科，累计推出近300个宣讲主题，完成了800余次理论宣讲，直接服务师生群众近50万人次，制作推出50余部宣讲微视频，累计获得超700万次关注，有力推动习近平新时代中国特色社会主义思想在师生群众中落地生根、枝繁叶茂。

二、案例背景

2017年11月14日，在党的十九大胜利召开后不久，武汉大学各学科、各专业的博士研究生积极响应党的号召，在湖北省委、武汉大学党委的指导下，成立了华中地区首个学习习近平新时代中国特色社会主义思想博士生宣讲团。五年间，武汉大学博士生宣讲团致力于以青年视角阐释党的理论、用青年话语宣传党的主张、用青年担当践行党的要求，用心学习、用心宣讲、用心担当。

武汉大学博士生宣讲团立足校内，坚持学生在哪里，理论宣讲就跟进到哪里，进支部、进学生宿舍、进实验室开展理论宣讲，将火热的理论宣讲送上门；立足湖北，辐射全国，积极与全国高校宣讲团联合备课、联合宣讲；服务群众，辐射地方，在基层一线锤炼本领，下农村、跑社区、进企事业单位宣讲，让党的创新理论“飞入寻常百姓家”。

三、主要做法

一是严把政治标准大关，夯实理论基础。武汉大学党委研究生工作部高度重视博士生宣讲团的建设，坚持把政治标准放在首位，通过多种方式确保队伍建设的政治方向。其一，严把选拔关，通过分党委遴选推荐、学校面试选拔等流程，保证宣讲队伍的政治素养。其二，严把培养关，接受学校党委研究生工作部的领导和工作指导，接受中央及省、校宣讲团有关领导和专家学者的业务指导，保证宣讲团成员的理论水平。其三，严把成果关，建立健全研讨、备课、试讲、宣讲、反馈等工作链条体系，保证宣讲课程的价值取向。

二是强化精品体系构建，提升宣讲质量。武汉大学博士生宣讲团在宣讲中坚持守正创新，强化精品意识，不断提升宣讲质量。其一，建立多平台、新渠道、广覆盖的宣讲体系。自主研发“鲲鹏云”线上宣讲预约小程序，精心打造“鲲鹏云”、联合宣讲、抖音微宣讲“三位一体”的宣讲体系。其二，树立宣讲与活动的供给侧思维。回应受众关切，完善宣讲内容，明确“大宣讲、小活动”的工作要求，优化“个性化、菜单式”的宣讲与讲座模式。其三，科学设计宣讲主题，保质增量。指导宣讲团成员形成“3+N”宣讲内容储备，推出近300个精品课程。其四，优化活动设计，明确“大宣讲、小活动”的工作要求，根据不同对象量身定制讲座，通过调研、走访和座谈，认真梳理大学生关心的热点难点问题，找准学生、受众的理论需求点，并根据不同学科的特点量身定制讲座。

三是创新多种宣讲方式，引领学习浪潮。自成立以来，武汉大学博士生宣讲团在实践中探索，充分发挥博士生优势和学科特色，在深入调研的基础上以群众喜闻乐见的形式开展宣讲，不断擦亮大学生宣讲品牌。一是率先发起高校联合宣讲，形成新时代全国青年大联合、大学习、大成长的良好局面。2020年，新冠肺炎疫情之下，博士生宣讲团与清华大学首发倡议，联合全国25所高校开展抗疫志愿系列宣讲。2021年以后，博士生宣讲团联合河北高校、两省五校、四省六校学生党支部开展了线上宣讲；联合清华大学等全国36所高校开展了全国高校“党史接力宣讲”、全国“百校研究生颂百年网络接力活动”等活动。二是紧跟新媒体发展步伐，创新开发青年人喜闻乐见的宣讲形式，用优质、及时的内容供给在网络新媒体平台上发青年之声，聚青年之力。2021年年底，党的十九届六中全会召开后，迅速推出“十个坚持”主题视频宣讲，宣讲党的百年奋斗重大成就和历史经验。2022年北京冬奥会开幕前，博士生宣讲团率先推出“冰雪冬奥梦，一起向未来”系列宣讲视频，宣讲“双奥之城”的成就、冬奥的科技奥秘、冬奥的传统文化魅力和运动员拼搏争先的风貌。博士生宣讲团创新推出“博宣电台”，以电台传递中国故事的青年声音。

四是注重深入基层一线，强化社会服务。武汉大学博士生宣讲团认真学习领会习近平总书记关于“大思政课要善用之”的重要论述，在高校宣讲外，提出立足湖北、辐射全国的宣讲思路，以国家发展需求为导向，坚持求知在乡土、宣讲在基层，上山下田，走村入户，深入基层社区、科研一线、革命老区、少数民族地区、贫困山区等地进行理论宣讲，将理论宣讲与脱贫攻坚、蓝天保卫战、科研创新、卡脖子工程的攻关等相结合，足迹遍布20余个省份，在实践大熔炉里不断锤炼党性修养。宣讲团坚持做到“群众在哪里，理论宣讲就跟进到哪里；火热的生活需要什么，理论宣讲就跟进研究什么”。

四、工作经验

一是注重依托学科特色，突出朋辈引领。武汉大学博士生宣讲团是武汉大学发挥朋辈引领作用的重要力量。其一，注重激发优秀博士生的朋辈引领作用。学校创新推出“珞珈‘研’讲”平台，精心打造融理论宣讲和学习引领于一体的新生教育网络平台。其二，注重依托学科优势开展宣讲。博士生宣讲团讲师的学科背景覆盖全校大部分学科领域，为受众提供不同专业的“菜单式”的定制宣讲服务。博士生充分发挥学科优势，打磨具有学科特色、深受青年欢迎的多样化主题，讲出了具有专业特色，又贴近青年学生、吸引青年学生的理论宣讲。武汉大学博士生宣讲团将身边的鲜活故事与党的理论充分融合，将歌曲与视频等形式合理穿插在理论宣讲中，被同学们称为“武汉大学博士生天团”“珞珈山下最会讲故事的人”。

二是注重理论联系实际，突出人才培养。为博士生充分发挥专业特长、能力优势搭建平台、提供舞台，培育理论与实践能力并举的新时代人才。其一，加强学术成果产出。鼓励成员发表以博士生宣讲团署名的前沿问题研究成果，已获批省级课题 1 项、校级课题 2 项。其二，推动博士生宣讲团与博士生基层服务团良性互动，遴选优秀成员加入博士生基层服务团，将理论运用于实践，服务于社会发展。

三是注重发挥示范作用，突出辐射效应。为形成辐射效应，推动影响力升级，充分发挥示范作用，博士生宣讲团立足中部、辐射全国，积极与湖北省内讲师团联动共建，加强交流，扩大湖北全省引领力；加强与全国高校宣讲组织联动共建，增进互动，扩大全国影响力。同时，研究生工作部推动博士生宣讲团到党政机关宣讲、实践，增强服务社会的贡献度；支持博士生宣讲团在主流报刊媒体发表高质量成果，增强传播力和影响力；塑造博士生宣讲团优秀典型，增强引导力和示范力。

五、工作成效

一是形成了具有全国示范效应的学生宣讲品牌。自成立以来，武汉大学博士生宣讲团有关工作被中央教育领导小组工作简报摘编，被《人民日报》、《光明日报》、中国共产党新闻网、新华社等主流媒体宣传报道40余次，获评中央宣传部办公厅“基层理论宣讲先进集体”，获2020年教育部“共抗疫情、爱国力行”主题宣传教育和网络文化成果一等奖、2022年第六届全国高校“礼敬中华优秀传统文化”系列活动特色展示项目等省部级奖励项目5项，成为闪亮的基层宣讲品牌。

二是充分发挥了朋辈引领的育人功能。武汉大学博士生宣讲团利用博士生讲师与青年大学生身份相同、年龄相近、专业相仿的优势，将“天下事”讲成“身边事”，将“书面语”讲成“知心话”。仅第五届宣讲团34名讲师，便累计推出党的十九届六中全会、中国共产党人的精神谱系、北京冬奥会、多语种宣讲、建团百年、时代新人、十年发展看成就等宣讲主题104个，理论宣讲340余讲，组织、参加高校联合宣讲15场，覆盖师生群众24万余人，共推出“十个坚持”“冰雪冬奥梦，一起向未来”“樱花树下”微宣讲视频共15部，获得200万以上浏览量。

三是培育了一批勇担使命的先进典型。学校坚持开展各项培训与活动实现对博士生宣讲团的高标准、严要求，培育和塑造了一批具有家国情怀的先进典型。截至2023年，五届111名博士生宣讲团成员中，出现了荣获全国“最美大学生”、全国“大学生年度人物”、全国高校“百名研究生党员标兵”、中国大学生自强之星等的一批先进典型。

（左征军，陶孝芳，张　昊）

全国青年E齐讲
接续力量共奋进
武汉大学
学习习近平新时代中国特色社会主义思想
博士生宣讲团

四、依托专业特色，凝聚发展合力

高校马院理论宣讲团高质量发展的路径探析

——北京大学马克思主义学院研究生讲师团的实践探索

一、基本情况

北京大学马克思主义学院研究生讲师团（以下简称“讲师团”）坚持“传播党的声音，讲好中国故事，促进成长成才”的宗旨和目的，秉承“以青年影响青年，用理论回应现实，在讲信仰中坚定信仰”的发展理念，设立“运用马克思主义的立场、观点和方法，想青年之所想，讲青年之所讲，用学术讲政治”的活动原则。自2018年成立以来，讲师团在学院党委的指导下茁壮成长，组织规模稳定在50余人，配备兼职学术指导教师25人，围绕历次全会精神、党史学习教育、经典理论问题、时事政策热点等重大主题，在企业事业单位、校内基层支部、跨校联合宣讲等平台组织宣讲三百余场，直接或间接受众十余万人，受到新华社、《人民日报》、《中国教育报》等主流媒体多次报道，成为马克思主义学院独特且靓丽的风景线。

讲师团扎根于北京大学深厚的文化和思想沃土，服务于北京大学马克思主义学院的育人育才机制。在长期历史积淀中，北京大学形成了“直面现实，贯通经典；过程严格，形式多样”的马克思主义理论人才培养体系。讲师团秉持北大独特育人理念，利用其学术资源集聚的优势，融入其人才培养体系各环节，实现宣讲效益指数级的增长，为高校马院理论宣讲团高质量发展开辟崭新路径。

二、案例背景

高校理论宣讲组织在实践创新的引领下富有多样性、动态性、创造性。从类型学上来说，可以按照领导层次、预设主题、运作结构、功能定位的综合标准列为四种：第一种是校级层面谋划的综合性组织，例如复旦博士生讲师团、北京大学博士生讲师团；第二种是以马克思主义学院（简称“马院”）为主题和特色的组织，例如北大马院研究生讲师团、人大马院博士生宣讲团；第三种是聚焦特定主题和时效热点的组织，如北大冬奥宣讲团、上海交大“焦裕禄事迹大学生宣讲团”；第四种是校际宣讲联盟，如西部高校青年宣讲联盟、北京大学倡议成立的高校宣讲联盟。其中，第二种类型的特性在于：马院理论宣讲团能够深耕马克思主义经典理论，具有办好思想政治理论课的学科情怀，深度嵌入马院思政人才的培养体系。

讲师团坚持传承红色基因，接续马列道统。北京大学是中国马克思主义的发祥地，是中国共产党最早的活动基地，是中国马克思主义理论教育的诞生地。1919 年 3 月，北大学生邓中夏、廖书仓等在李大钊、陈独秀的指导下，在北京大学发起成立“平民教育讲演团”。该团宗旨是：增进平民知识，唤起平民之自觉。讲演团来到无产阶级群众中间，宣传科学知识和马克思主义，培训了工人运动骨干，为中国共产党的成立准备了群众基础。时至今日，讲师团传承着“平民教育讲演团”的文化衣钵，将北大红楼作为新成员理论培养和理念灌输的现实场所，让讲师团形成独特的集体历史记忆和现实精神追求。

讲师团坚持育人先要育己，传道还须信道。习近平总书记强调：“传道者自己首先要明道、信道。高校教师要坚持教育者先受教育，努力成为先进思想文化的传播者、党执政的坚定支持者。”马院作为培养高校思政教师的育人主体，必须使马院学子从“自觉”走向“自为”，成为马克思主义坚定的学习者、践行者、信仰者、传播者。讲师团坚持“马院姓马，在马言马”的理念，在培训、备课、宣讲的各个环节始终担起政治责任、守住政治底线、擦亮政治底色，辩证处理好“旗帜鲜明讲政治”的组织原则和“用学术讲政治”的特色方向。正因为如此，讲师团的主责主业首先是培养出真懂、真信、真干的青年马克思主义者，使马院的学科职能与政治责任落地做实，可持续地提高思政人才培养的质量，延伸马院人才培养体系的链条。

讲师团坚持知行合一，注重躬身实践。在马克思主义哲学的视域中，实践是连通主观与客观的桥梁，这既是改造客观世界的过程，又是“改造自己的主观世界——改造自己的认识能力，改造主观世界同客观世界的关系”的过程。宣讲不是一味地向外灌输，而是宣讲者在宣讲实践中改造客观和主观世界，获取在实践基础上的确定性知识的过程。同样，宣讲受众也并非单向地、机械地接受灌输，而是富有创造性地结合自身条件和特点来改造精神世界，进而促使宣讲成效渗透到更多的社会场景。因此，讲师团作为创新思政实践环节的载体，不仅意味着培养能讲、会讲、善讲的思政课教师，更强调讲师团成员能够满足青年群体旺盛的理论需要，配合学校大思政格局，引领社会思想风尚，真正做到扎根马院、立足燕园、放眼全国。

三、主要做法

一是坚持学术为本，科研反哺宣讲。学术性是讲师团的立根之本。与许多组织不同，讲师团始终将“读原著、学原文、悟原理”作为筹备宣讲事务、强化学理呈现的关键，鼓励成员“埋首经典、关注现实”，具有较高的专业素养和学科聚合度。在具体操作上，讲师团学术培养体系包括两大板块：其一是马克思主义经典文献读书会，下辖马克思主义经典理论、党史与党建、马克思主义与青年、形势与政策及新时代新思想 5 个部分，以及 12 个协调攻关专题小组，还定期出版《马克思主义经典读书报》，为推进讲师团成员理论学习常态化提供了实物载体。其二是周末学术演讲沙龙和“5 分钟学术演讲沙龙”，旨在举办以学术演讲为特色的宣讲活动。周末学术演讲沙龙邀请相关领域资深教授担任评议人，对专题汇报进行点评交流，结合讲师团内部练兵，实现思想碰撞。“5 分钟学术演讲沙龙”则以演讲为特殊表达形式，推动对学术与宣讲呈现方式的重构，既考验了参与者的学术素养，又倒逼参与者提升自己的表达水平。

二是坚持课程为王，系统打造精品。打造精品课程是讲师团的特殊使命和职责所在。在长期的宣讲活动中，讲师团凝练出系统打造精品的诸多路径：第一，线上线下、校内校外备课相结合。讲师团多次主办并参与全国高校宣讲团的主题研讨备课活动，形成了良好的校际研讨备课传统，打造起高校理论社团“共商共建共享、同心同向同行”的崭新格局。例如，讲师团曾主办首都五所高校学生理论社团学习十九届五中全会精神——暨“深入学习‘四史’、迎接建党百年”交流研讨会，有效推动相关组织形成宣讲合力。第二，新人试讲和示范宣讲相结合。讲师团日常备课环节由示范宣讲、新人试讲和朋辈讲师点评构成，其目的在于塑造新老成员间的稳固纽带，树立严格宣讲标准，实现“以学促讲、以讲促学”的行动目标。该活动的核心在于点评环节，朋辈讲师和指导老师针对宣讲结构的理论和逻辑思维是否妥当，宣讲形式的实际效果和个体观感是否适宜，宣讲内容的学理深度和优化空间是否充足进行剖析。第三，组织吸纳与课程打造相结合。讲师团打磨精品课程具有动态性、全程性、周期性，依托新老成员的更替变动，有效做优存量课程、做大增量课程、做好课程反馈，使精品课程不断更新迭代、紧跟时政热点。“5 分钟学术演讲沙龙”和周末学术演讲沙龙为讲师团提供了许多富有学理思考和学术潜质的课件，经过多轮集体备课及试讲宣讲，最终形成兼有政治性与学理性的精品课程。讲师团还主动主办承办或参与学院系列名家讲座论坛和高端学术会议，针对性地挖掘具有潜质的讲师和优秀讲题，源源不断地为组织注入活力。

三是坚持服务为实，推进品牌建设。提供优质宣讲公共服务是讲师团的重要价值。讲师团在实践中摸索出“立足校内、辐射校外、服务社会”的发展战略，既能够提升服务效能，提供高质量宣讲，还能够构建宣讲网络、促进长期合作，实现品牌化建设的目标。首先，配合学校思政教育布局，促进支部党建与主题巡讲相融合。仅在 2021 至 2022 年度，讲师团就围绕“党史学习教育”“学习贯彻党的十九届六中全会精神”“喜迎二十大　永远跟党走　奋进新征程”等主题，推出了涵盖 63 个专题宣讲的预约课单，共完成宣讲 108 场，其中校内院系支部 68 场，校外单位 27 场，企业 13 场，线下受众达一万两千余人，线上（含直播平台等）受众达三万余人。其次，带动兄弟高校和企事业单位相关组织进行升级，促进对外交流与主题宣讲相结合。例如，讲师团与西安交大微宣讲团（筑梦社）签署了宣讲合作与学术交流的协议，与北汽新能源党员教育培训中心展开系列合作，定期派出骨干讲师前往单位基层党支部作专题汇报和理论交流。再次，提供优质社会公共服务，促进社会实践与专题宣讲相融合。习近平总书记曾强调："思政课不仅应该在课堂上讲，也应该在社会生活中来讲。"讲师团将思政小课堂和社会大课堂紧密结合，定期开展"一路讲、一路走、一路学"社会实践活动，聚焦改革开放40周年、纪念五四运动100周年、新中国成立70周年等专题热点，为社会基层提供了紧缺的和高质量的理论公共物品。

四、工作经验

总体来说，北大马院研究生讲师团高质量发展的生动实践证明，高校马院理论宣讲组织的缘起、发展和革新具有深厚的现实必然性。从思政工作的系统思维视角来看，必须"把思想政治工作贯穿教育教学全过程，实现全程育人、全方位育人"。然而，如何打通思政工作"最后一公里"，更好地满足青年群体旺盛的理论需求和表达欲望，以及在此基础上形成制度化、规范化、程序化的团体组织，这是传统思政方式未能触及的"末梢"。

从思政工作的形态转换视角来看，必须将灌输式教育与启发式教育相结合，充分激发思政诸对象的积极性、主动性、创造性。高校宣讲组织是在党的领导下开展理论学习、研究、调研、宣传的学生组织，能够以更加符合青年特质的方式延长思政工作链条、创新组织形态、开拓传播路径、强化教育实效，更好地贴近青年生活、引导青年方向、表达青年声音。

从思政工作的实践本质来看，用党的创新理论培养青年马克思主义者的关键，不仅在于通览原著、精学原文、悟透原理，还在于力行实践、敢想敢为、善作善成。宣讲组织为青年提供了实现学思用贯通、知信行统一的实践平台，从功能和本质上扣住了思政工作的重要一环。讲师团在触动思政“末梢”、延长思政链条、更好地培养青年马克思主义者等方面的实践探索充分展现出高质量发展的亮点和特色，具体经验包括：

一是协同推进，合力育人，推动宣讲实践系统化。马院宣讲团具有多重使命和任务：第一，完善实践教学环节。讲师团为马院学生提供了宝贵的锻炼平台，拓宽了提升思政人才综合能力的途径，有助于为社会供给更高素质的思政课教师。第二，创新思政实践载体。讲师团不仅使宣讲受众得到理论教育，而且有利于宣讲者本身学深拓思、锻炼本领、开阔眼界，尤其是在学科交叉和社会实践中不断优化自身知识结构，厚植学科认同和情怀。第三，融入学院育人体系。讲师团的主责主业是更好地培育青年马克思主义者，应当更好地扎根学院，使宣讲全周期活动融入学院学术活动，使宣讲人才培养融入学院培养体系，不断增强讲师团的正外部效益，保持组织边界的动态性、灵活性。

二是提升内涵，打造精品，增强宣讲课程优质化。马院宣讲团具有独具特色的学科优势，拥有成规模的宣讲人才宝库，在马克思主义原理、时事政策热点、党史学习教育等主题上具有不可替代的显著优势。因此，讲师团需要进一步发挥优长，不断增强学术自信和底气，推出系列精品，形成马理论学科在宣讲领域的集群效应。一方面，讲师团需要完成“规定动作”，有效地识别、挖掘、跟踪学术热点，变学术问题为宣讲主题，增强宣讲内容的学理性和深刻性，变学术人才为宣讲人才，为组织提供稳定的队伍储备。另一方面，讲师团需要提供“自选动作”，有意识地汇聚宣讲主题，搭建精品课单，强化各分题间的联系和逻辑，为受众提供高质量的宣讲方案，提升讲师团的集群优势和竞争实力。

三是牢记使命，擦亮底色，促使宣讲内容“讲道理”。理论宣讲团必须要讲对、讲好党的理论，严守政治关卡，还需要改进和完善宣讲内容，实现思政课更好“讲道理”的实效。因此，讲师团应当按照“八个相统一”的标准检视自我，即坚持政治性和学理性相统一、坚持价值性和知识性相统一、坚持建设性和批判性相统一、坚持理论性和实践性相统一、坚持统一性和多样性相统一、坚持主导性和主体性相统一、坚持灌输性和启发性相统一、坚持显性教育和隐性教育相统一。有效输出兼有学理性和政治性的精品课程，打造出政治坚定、理论过硬、富有活力的宣讲团队。

五、工作成效

北京大学马克思主义学院研究生讲师团在四年多的实践探索中，以其扎实过硬的专业素养、开放包容的组织文化、红专并进的政治底色广受各界好评，宣讲印记遍及北京大学各学院系所，宣讲网络联通全国各大高校，受众场均满意度超过90%，甚至经常性地出现一“讲”难求、座无虚席的火热预约情景。讲师团作为北京大学马克思主义学院的标志性工作，也荣获北京大学优秀青年工作项目，并受邀参与录制北京卫视《播火》《韶山下的思政课》和北京大学系列党史教育栏目，受到新华社、《人民日报》、《中国教育报》等主流媒体多次报道，日益展现出蓬勃发展的强劲势头和昂扬奋发的青春风貌。

讲师团也在学院党委的指导下不断加强内部建设，牢记习近平总书记在北京大学考察的重要讲话精神，夯实马克思主义理想信念的坚固基石，用更加健全的制度推进高质量发展。长期以来，讲师团既守住政治和纪律的原则底线，又能够保持相当程度的灵活性和自主性，为活动开展的新模式、新技术、新载体、新内容创造足够的开拓空间。既保证新老成员正常迭代更替，又能够维持宣讲不断、活力不减、质量不降，持续增强组织发展的规范化和稳定性。讲师团将继续坚持“以青年影响青年，用理论回应现实，在讲信仰中坚定信仰”的发展理念，运用马克思主义的立场、观点和方法，想青年之所想，讲青年之所讲，用学术讲政治，更好地为全面建设社会主义现代化国家，讲好中国故事和新时代故事贡献青春力量。

（杨静轩）

永远跟党走
北京大学马克思主义学院研究生讲师团党史学习教育系列宣讲活动启动仪式

点燃青年理论宣讲的先锋炬火

——中国人民大学马克思主义学院博士生宣讲团的实践探索

一、基本情况

中国人民大学马克思主义学院博士生宣讲团（以下简称“宣讲团”）是在马克思主义学院党委支持下、团委指导下的理论类学生组织。自2019年成立以来，宣讲团在全校范围内广纳英才，已组成一支囊括马克思主义学院、经济学院、新闻学院、哲学院、法学院、文学院、环境学院、公共管理学院、教育学院等跨学院、跨专业、跨学段层次的宣讲队伍。近年来，宣讲团先后赴20余个省份开展了700余场理论宣讲和实践调研活动，对象覆盖全国大中小学、党政机关、企事业单位、基层群众和消防官兵等群体，累计辐射线上线下听众逾500万人次，先后得到《人民日报》社、中央广播电视总台、《光明日报》社、“学习强国”等主流媒体报道。新时代新征程上，宣讲团以“青年宣讲先锋队”“党建引领加油站”“理论传播金名片”“时代前沿直通车”为目标定位，依托学校学院的雄厚学术资源和平台优势，踔厉奋发、勇毅前进，在向广大群众传播时代强音的同时彰显新时代人大学子“复兴栋梁，强国先锋”的使命担当。

二、案例背景

党的十八大以来，以习近平同志为核心的党中央以伟大的历史主动精神、巨大的政治勇气、强烈的责任担当推动党和国家事业取得历史性成就、发生历史性变革。党的二十大报告指出：“坚持学思用贯通、知信行统一，把习近平新时代中国特色社会主义思想转化为坚定理想、锤炼党性和指导实践、推动工作的强大力量。”理论宣讲是传播党的创新理论成果的有效途径和重要载体。新形势下，青年理论宣讲工作面临新机遇和新挑战，需要与时俱进、守正创新，进一步提升宣讲的感染力和吸引力、针对性和实效性，让党的创新理论在青年群体中内化于心、外化于行。如何围绕党的中心工作做好理论宣讲工作，传递新时代青年之声，讲好中国故事，是我国高校青年理论宣讲团面临的重要课题。

三、主要做法

宣讲团以“全国高校马院最具影响力的学生理论社团”作为发展定位，创建并发展了“讲、研、学、用”四位一体宣讲实践模式，着力提升政治站位，夯实理论根基，提升宣讲水平，深入学习、研究、阐释、宣传党的二十大精神，致力于开启全国青年理论宣讲事业新局面。

一是强基固本，夯实理论功底。宣讲团立足专业，追踪前沿，不断提升夯实队伍理论根基，坚持以理论研究为基础开展宣讲，注重宣讲的学理性、透彻性。宣讲团讲师从自身专业出发，围绕党和国家重大时政热点，开展多角度、多形式的主题宣讲，为全校各学院和二级单位提供优质党课资源。同时，学院为宣讲团配备高水平专业指导教师，支持举办常态化集体备课活动，联合校内外各组织集中开展理论学习，交流理论宣讲心得，主动提升宣讲工作水平。

二是深化拓展，坚持知行合一。宣讲团深入基层、学校与企业，实现理论与实践相统一。自成立以来，宣讲团积极拓展“学校—社会”联动格局，先后赴北京市、天津市、陕西省、河北省、江苏省、贵州省、福建省、广西壮族自治区等20余个省份开展宣讲调研活动，取得良好社会反响。在宣讲、调研、实践、学习过程中，宣讲团成员不仅提高理论水平，也对广阔中国大地有了更为深入的认知，为新时代的思想理论深入群众探索出一条创新路径。

三是登高创新，推动交流互鉴。在交流互鉴中谋发展壮影响，在融合创新中讲故事展风采献力量。宣讲团不仅在宣讲内容上下功夫，而且在宣讲形式上重创新，强调用好多样化宣传渠道，构建交流互鉴的宣讲平台，实现多学科、跨领域融合创新。借力微宣讲和联合宣讲新形式，以交流促进学习，以学习推进建设，关注同兄弟高校的理论宣讲合作和交流；充分利用好纪录片、专题栏目、VR党建等新媒体技术和平台，联合多方力量讲好中国故事，传递青年声音。

四、工作经验

为进一步深入学习宣传贯彻党的二十大精神，宣讲团通过推动共建宣传新平台，加强工作成果总结和宣传推广。为扩大宣传影响，线上通过人大新闻网推出专题报道30余篇，在校学生处、团委、研究生会、马克思主义学院等官方微信公众号发布推送150余条，阅读量近百万次，向全校师生和社会各界传达宣讲团的工作成效和积极形象。新的征程上，宣讲团致力于把“讲、研、学、用”四位一体宣讲实践模式推向更高水平，着力提升“人大马博”的品牌效应，把“学党史、悟思想、办实事、开新局”融入宣讲团工作各环节。

一是完善团队机制。强化政治站位，增强“四个意识”，做到“两个维护”，主动融入学校和学院党委中心工作，深入推进宣讲团品牌建设，着力凸显“人大马博”品牌特色，充分依托马克思主义学院作为全国“马克思主义理论教学与研究的高地”、马克思主义理论高端人才培养的“工作母机”地位和辐射引领效应，凸显马克思主义学院博士生群体的专业功底和理论优势。重点完善团队架构，提升团队运行效能，增进全体成员的凝聚力和荣誉感。把“青年宣讲先锋队”“党建引领加油站”“理论传播金名片”“时代前沿直通车”设立为新的目标定位，争做新时代全国青年理论宣讲的先锋力量。在学院党委领导、团委的指导下，稳步完成团队管理层的换届工作，厘清各方面职能分工，捋顺体制机制，破解治理短板，进一步增强团队工作的系统性、协调性。

二是练好宣讲内功。定期开展备课会和主题沙龙活动，包括邀请宣讲团指导老师、“全国五一奖章”获得者马慎萧副教授、学院团委指导老师和其他青年讲师为宣讲团成员作宣讲辅导报告，加强团队成员的选题破题能力、内容阐释能力和宣讲技巧；紧跟时政热点，围绕时事热点进行专题解读，组织形式多元化的学习研讨活动；围绕“思政课的本质是讲道理”重要理念，促进理论宣讲内容与个人学术研究方向相整合，促进精品宣讲课程产出；由职能部门负责人作业务专题报告，增强团队成员在各条战线上的实战能力，提升工作效率。加强大型主题系列活动的经验总结，特别是全面总结已经开展的大型系列宣讲实践活动，科学系统筹划和部署“深入学习宣传贯彻党的二十大精神”主题活动。

三是强化品牌建设。用好多样化的宣传渠道，实现多学科、跨领域联合宣讲，是推进品牌建设、扩大品牌影响力的重要举措。深化拓展“学校—社会”联动格局，巩固与贵州省沿河县、河北省灵寿县、福建省武平县、江苏省响水县、四川省荣县（吴玉章故里）等已有宣讲实践基地的合作，丰富合作内涵与合作形式，并在学校、学院对外合作的既有架构基础上，开拓宣讲团与各地方政府、央企国企和社会团体的交流合作，设立实践基地，拓展校地联动、校企联动的广度和深度。建立“大传媒”视野，进一步加强媒体合作，助力团队活动宣介。在巩固既有合作媒体的基础上，增强与《人民日报》《光明日报》《学习时报》《中国教育报》等主流媒体的联系，增强与校媒的联系，丰富传播合作形式，扩大宣讲活动的社会影响，推动品牌效应塑造和推广。

五、工作成效

案例一成效：耕耘理论沃土，聚焦时代前沿。宣讲团立足专业学科优势，及时把握国内外重大时事政治及党和国家重大方针政策讲述党史国情，主题紧扣党和国家的时政要闻。推出的理论宣讲内容覆盖经济、政治、文化、社会、生态文明、国防、外交、党的建设等多角度，涉及“新时代社会主要矛盾”“脱贫攻坚与乡村振兴的有效衔接”“传承红色基因，永葆人民情怀”“承历史之初心，扬革命之精神”“五四运动精神”“习近平生态文明思想”“对改革开放基本逻辑的思考”等多方面理论问题，力求发挥马克思主义理论专业优势，用学术研究成果丰富宣讲内容，把党的最新理论和实践讲透、讲实、讲深。立足理论研习基本盘，设立集体备课和试讲制度，聚焦最新理论的内涵逻辑、最新政策的激励机制、最新探索的学科前沿，充分发挥马克思主义理论、经济学、哲学、法学、新闻学、社会学等学科优势，做到“真学”与“真研”相结合。宣讲团制定110个精品宣讲主题，联合学校党委学工部（处）、组织部、统战部、巡察办、纪委办公室（监察处）、校团委、人大通州新校区建设指挥部、学生党建促进会和青年求是研究社，围绕“学史明理”“学史增信”“学史崇德”“学史力行”四大栏目进行百余场宣讲活动。与“红船领航”计划党员先锋营等多个学生组织联合主办“百人讲百年党史”“百人讲百件党事”“百人讲百位党员”活动，号召人大学子发挥自身优势为党成立百年献礼，用青年之声呼唤时代强音。为深入学习研究和阐释宣传党的二十大精神，宣讲团积极行动、一马当先，第一时间举办理论学习会、宣讲培训会和集体备课会，统筹谋划和推进主题系列活动方案，推出6大专题、66门精品课程，通过理论学习和集体备课，确保“每节课都是好的”“听了都是有收获的”，不断将学科优势转化为宣讲优势，将理论涵养转化为课程魅力，做到“以研促讲”，持续提升宣讲工作实效。

案例二成效：走过山川江流，细说时代新声。天津行，贯彻全会精神，助力全面小康。博士生宣讲团于2019年、2020年两赴天津。2019年11月，与南开大学马克思主义学院、天津市河东区消防救援支队开展校际交流与理论宣讲活动；2020年10月，赴天津市北辰区青光镇铁锅店村、李家房子村围绕脱贫攻坚奔小康和践行“两山”理论、推进绿色发展进行理论宣讲和实践调研。河北行，开展党史宣讲，学习交流共进。为深入学习贯彻习近平总书记在党史学习教育动员大会上的重要讲话精神，推动广大党员群众学习党的历史、体悟党的优良传统，2021年5月，应国家发展改革委派驻灵寿挂职队邀请，赴河北省石家庄市灵寿县开展党史主题宣讲和学习交流活动。中共灵寿县委党校为宣讲团讲师颁授特聘教师证书。贵州行，赓续红色基因，探析乡村振兴。2021年7月，赴贵州省贵阳市、铜仁市、毕节市、遵义市等地开展党史宣讲实践与乡村振兴调研。通过贵州的宣讲走访与实地调研，宣讲团成员以当代青年视角体悟经济社会发展进程，认识并理解国家发展路线，激励自身奋斗。福建行，接力党史宣讲，聚焦生态文明。2021年7月，来到福建省龙岩市武平县学习我国林业改革的“武平经验”，深入了解捷文村林改历程、乡村振兴、文化建设、经济发展等情况，激励当地党员干部牢记初心使命，坚定理想信念，从党的百年历史中汲取力量。江苏行，助力党史学习，传递青年声音。2021年10月，赴中国人民大学苏州校区开展“携手学党史，理论耀光芒”主题宣讲交流活动，走入党校培训班、“形势与政策”课堂、“班团骨干训练营”开展理论宣讲与交流座谈，用生动语言和专业视角讲述中国共产党百年历史，号召学生们树立正确的历史观，深刻体悟马克思主义真理力量，传承和发扬红色基因。

案例三成效：创新宣讲形式，携手共谱新篇。宣讲团广泛开展校际交流和平台共建，同中共中央党校、北京大学、清华大学、北京师范大学、复旦大学、上海交通大学、新疆大学、延安大学、澳门城市大学等全国50余所高校保持密切联络，以促进优秀理论资源吸收融合和宣讲模式创新优化。先后主办6场大型高校联合宣讲活动，受邀参加40余场同兄弟高校联合举办的宣讲活动。2022年4月25日，习近平总书记在中国人民大学考察时亲临思政课现场，对新时代人大青年寄予厚望，勉励同学们传承红色基因，赓续红色血脉，在全面建设社会主义现代化国家新征程中勇当开路先锋、争当事业闯将。宣讲团第一时间深入学习习近平总书记重要讲话精神，举办“青春向党·不负人民”全国28所高校青年联合宣讲会，受到多家主流媒体报道，引发积极舆论反响，有效提升自身品牌的全国影响力。积极推进宣讲模式融合创新，全程加盟央视《红色档案》百集大型党史纪录片制作，选派多名优秀讲师参与中国教育电视台联合全国百所高校举办的《旗帜·中国青年说》等大型节目录制，与《人民日报》社VR新媒体平台开展长期合作，共同打造“人民VR+党史党建”项目等，不断推进新时代理论宣讲工作融合创新。

站在新时代新征程的历史起点上，宣讲团将牢记习近平总书记殷切嘱托，传承光荣传统，赓续红色血脉，把对祖国血浓于水、与人民同呼吸共命运的情感贯穿学业全过程、融汇在宣讲事业的追求中，让听党话、跟党走的信念成为新时代青年的自觉追求，在青春赛道上引领当代中国青年跑出更好成绩！

（肖敏淇，周　鼎，董祥瑞）

中国人民大學
马克思主义学院博士生宣讲团

中国人民大學
中法學院
中国人民大學
马克思主义学院博士生宣讲团

“引进来”夯实讲学基础
“走出去”打造经典品牌

——中国农业大学博士宣讲团的实践探索

一、基本情况

中国农业大学博士宣讲团于2019年成立，在中国农业大学党委支持下，由研究生工作部具体指导，已延续三届，宣讲团始终秉承“宣讲教育、价值塑造、能力培养”三位一体的宗旨理念，始终坚持“学以致讲、讲学互动、以讲促学”的宣讲目标，不断探索宣讲学习的新方法、新模式，围绕党的理论、方针、政策以及时政热点展开学习与宣讲，实现思想政治教育工作“事、时、势”的辩证统一，坚持走进党支部、走进实验室、走进科技小院、走进外校（“四个走进”）。第三届博士生宣讲团共有44名讲师，涵盖17个学院33个专业，受邀开展校内外宣讲活动共27次，参加宣讲讲师人数33人次，累计服务受众约9.6万人次。

宣讲团创新性地探索出四维耦合讲学体系将“学以致讲、讲学互动、以讲促学”的宣讲目标发展好、落实好。宣讲团与二级党支部的党日活动紧密结合，采用预约的方式对各支部进行宣讲工作，坚持通过青年视野、青年思维、青年话语，让党的创新理论和红色故事“飞入寻常百姓家”，引领和带动更多青年学生把党的历史学习好、继承好、发扬好。同时，宣讲团立志讲好校史故事，赓续红色基因，从学校成立史、发展史，各学院成立史、发展史出发，结合校史馆、名人雕塑等资源进行宣讲，重温校史院史，汲取精神力量。宣讲团积极扩大与其他高校博士宣讲团的交流宣讲活动，充分发挥农科院校特色专长，通过讲述农大故事提高农大影响力，让更多的人了解农大、感悟时代之音、汇聚向上力量。

二、案例背景

2019 年 9 月 5 日，中共中央总书记、国家主席、中央军委主席习近平给全国涉农高校的书记校长和专家代表回信。回信强调，中国现代化离不开农业农村现代化，农业农村现代化关键在科技、在人才。新时代，农村是充满希望的田野，是干事创业的广阔舞台，我国高等农林教育大有可为。要始终以立德树人为根本，以强农兴农为己任，拿出更多科技成果，培养更多知农爱农新型人才，为推进农业农村现代化、确保国家粮食安全、提高亿万农民生活水平和思想道德素质、促进山水林田湖草系统治理，为打赢脱贫攻坚战、推进乡村全面振兴不断作出新的更大的贡献。

中国农业大学博士宣讲团牢记“以立德树人为根本，以强农兴农为己任”，致力于培养更多有理想、有本领、能担当的青年马克思主义者，坚决扛起建设社会主义现代化农业强国的责任与使命，坚持用党言党语引领人、用“青”言“青”语感召人，团结更多青年积极投身到乡村振兴战略与中华民族伟大复兴的伟大历史实践当中。

三、主要做法

（一）着力构建四维耦合讲学体系

四维耦合讲学体系是中国农业大学博士宣讲团探索建构的综合性讲学体系，源于“引进来、走出去”的基本思想，这也是四维耦合讲学体系的思想主脉，“四维”包括“学、讲、思、管”四个维度，覆盖宣讲的全方面与全流程。

在“学”这一维度，将学习积累的过程整合为“引进来”的全流程，深入而广泛地学习、领会、总结、吸收先进知识、外部经验、成功模式、典型方法；在“讲”这一维度，将实践交流的过程整合为“走出去”的全流程，将本校特色、内部经验、组织模式与管理理念同其他单位进行交流与互动，以实现进一步的发展与提升。

“学”和“讲”是宣讲工作的两大基本维度，而“思”和“管”则是耦合“学”与“讲”两大基本维度的媒介与途径。“思”的维度涉及思维训练和团队文化氛围，“管”的维度涉及组织管理、制度建设与管理模式，因此需要通过文化建设与组织建设来将“学”和“讲”相串联，通过“学—讲”耦合链以及“思—管”耦合链形成稳定的四维耦合体系。

四维耦合体系“学—讲”耦合链进一步衍生出四大经典“学—讲”模式，分别是“自学—例行练讲”模式、“云学—特色云讲”模式、“互学—联合宣讲”模式、“走学—走学巡讲”

模式，四大模式有机统一于四维耦合体系内，实现“学—讲”全领域覆盖、全方位统筹与全流程反馈，最终形成以“一根主脉两方建设四角发力”为特色的中国农业大学博士宣讲团四维耦合讲学体系。

（二）打造“自学—例行练讲”模式

一是学深悟透新思想，汲取力量振精神。思想理论建设是党的根本建设。加强党的思想理论建设，其首要任务是理论武装和理论创新。中国农业大学党委理论学习宣讲团博士分团以党的创新理论武装头脑，深入学习党史、庆祝建团100周年大会精神、十九届六中全会精神等，不断筑牢信仰之基、补足精神之钙、把稳思想之舵，切实增强贯彻落实的自觉性坚定性，不断提高运用科学理论指导实践、推动宣讲工作的能力，推动党的理论学习往深里走、往实里走、往心里走，做好党的思想政策的传播者。

二是以讲促学，基于同龄人视角，推动讲学互促。高校是传播、实践、推进党的创新理论的前沿阵地，中国农业大学党委理论学习宣讲团博士分团作为在学生中传播党的创新理论的一支生力军，坚持用青年视角阐释党的理论、用青年话语宣传党的主张、用青年担当践行党的要求。从“玉汝于成”“初心弥坚”主题展览到“党的基本理论和路线方针政策”“红色基因，初心使命”等10项专题党课，“从全国两会看奋进新征程”等政策报告宣讲，再到以切身感受讲述冬奥故事、弘扬冬奥精神，讲述为国分忧、为国尽责的科学家事迹，发扬和继承老一辈科学家精神，博士宣讲团结合系统预约的方式，让宣讲工作走入班级、走入党支部、走入社团组织，让党的创新理论和红色故事“飞入寻常百姓家”，引领更多青年学生听党话跟党走，带动青年学生更好地从中国共产党的百年历程中领悟真理的力量。

三是以赛代练，在培训中提升，在比赛中成长。博士宣讲团讲好党的创新理论，做好理论“翻译”工作，其首要任务是练好内功、提升修养、增强本领。博士宣讲团通过邀请新华社记者开展宣讲技巧的专题培训，举办“青春心向党，奋进新征程”中国农业大学党委理论学习宣讲团博士分团宣讲比赛，开展十项主题宣讲内部互讲互评等方式，努力打造能讲会讲的高质量宣讲队伍，提升博士宣讲团的凝聚力、战斗力和创造力，以便更好地发挥党的创新理论播种机的功能。

（三）打造“云学—特色云讲”模式

一是结合多媒体平台与网络技术，实现云端讲学。博士宣讲团推出特色线上预约板块，为全校师生提供高效的预约宣讲平台，也规范了宣讲团内部工作机制。

二是通过线上直播和会议的形式，为联合其他高校互学互讲搭建优质方便的平台。宣讲团线上参与清华大学、中国人民大学、北京航空航天大学、中国政法大学、郑州大学、新疆大学、延安大学等高校的联合宣讲活动，从中学习借鉴积累宣讲经验。同时，宣讲团讲师也多次在联合宣讲活动中进行主题宣讲，代表“农大青年”积极发声。特别是参与清华大学“立言计划”系列活动，与全国优秀高校宣讲团实现联动与交流，相互学习促进。此外，利用宣讲团的专业性，录制校园内包括毛主席像在内的25组雕塑介绍视频，将观众从校内师生延伸至网络社会，实现宣讲受众和宣讲范围的云端拓展。

三是结合网络媒体新技术和农大文化特色，线上线下实现宣讲主题泛边界。除十大基本主题外，宣讲团结合学校特色、时政热点和讲师个人经历，订制乡村振兴主题、冬奥精神主题与校史主题的特色宣讲内容。如“习近平总书记给全国涉农高校回信精神解读”“走进冬奥、感受冬奥、助力冬奥”等。特别是在与延安大学的联合宣讲活动中，以“弘扬延续曲周精神”为主题，讲述农大故事，以此回应延安大学宣讲团讲述的延安精神，并开展了有深度且收获颇丰的交流。

（四）打造“互学—联合宣讲”模式

始终重视交叉宣讲强理论，互学互助促发展。中国农业大学博士宣讲团以网络媒介为载体，与其他高校博士宣讲团广泛开展交流宣讲活动，搭建起了“互学、互助、互讲”的学习交流平台。2021年以后，中国农业大学博士宣讲团与清华大学、中国人民大学、北京航空航天大学、浙江大学、郑州大学、延安大学等高校联合举办了十余场宣讲活动，赓续红色血脉、讲好红色故事、传承红色基因，多名讲师以“弘扬北京冬奥精神”“喜迎党的二十大”等为主题面向全国高校进行直播宣讲，用青春之声展现理论魅力。同时，在“互学—联合宣讲”的模式下，中国农业大学博士宣讲团充分发挥农科院校特色专长，讲师们在一场场深刻且具有感染力和新鲜度的“互学—联合宣讲”活动中，生动地讲述了农大故事，弘扬知农爱农青年的时代担当。

（五）打造“走学—走学巡讲”模式

党的十八大以来，习近平总书记多次前往全国农村地区考察调研，深入农村一线，倾听农民心声，作出重要指示，领航三农发展。这是我们农科学子的行动指南与农业农村现代化的理论遵循。习近平总书记强调：“我们要坚持用大历史观来看待农业、农村、农民问题，只有深刻理解了‘三农’问题，才能更好理解我们这个党、这个国家、这个民族。”为贯彻落实习近平总书记关于教育、三农和青年工作的重要论述，教育引导广大研究生深入农村一线，助力乡村振兴。中国农业大学博士宣讲团开展走学巡讲的讲学模式。以“沿着习近平总书记自十八大以来考察调研的农村足迹”作为主题，引导宣讲团学子做宣讲、看变化、谈体会、受教育、长才干、作贡献。

第一做宣讲。博士宣讲团紧紧围绕党的十八大以来取得的原创性思想、突破性进展和标志性成果，深入到农户家中、田间地头和生产一线，拓展宣讲形式，创新话语宣讲方式，让党的创新理论“飞入寻常百姓家”。

第二看变化。博士宣讲团到总书记考察调研的地方，围绕党的十八大以来的“十年变化”，看景的变化，看人的变化。

第三谈体会。博士宣讲团成员在“昨日重现”中说心路历程，通过切身感受发展变化、农民心声、领袖魅力来受教育悟思想，把所思所获所得以心得体会的形式记录下来，在这个过程中，感悟初心、锤炼情怀、坚定信念、树立志向。

第四作贡献。宣讲团成员发挥专业特色，立足当地发展需求，引导专业资源、科研项目、科技成果等到农村中，以实际行动助力当地经济社会发展。

2022 年 7 月，博士宣讲团开展 2022 年“沿着总书记的足迹”在乡村振兴舞台受教育作贡献研究生暑期社会实践活动。前往广西壮族自治区马山县、云南省大理白族自治州、山东济南市、陕西省延安市、黑龙江省佳木斯市、宁夏石嘴山市、贵州省毕节市等实践地点，做宣讲、看变化、谈体会、作贡献。

中国农业大学博士宣讲团作为广大研究生的“传话筒”，引导青年立服务农业农村现代化的大志，担乡村振兴和民族复兴的大任，在农业希望的田野、在农民互动的课堂中，锻造学农、知农、爱农的情怀，提升学农、强农、兴农的本领。

（六）强化“思—管”耦合

一是加强团队文化建设，增强核心看齐意识与凝聚力。中国农业大学博士生宣讲团通过开展“三会一课”、党日活动和民主生活会等，淬炼思想、落实行动，进一步锤炼博士宣讲团学生党员队伍，提高党建工作质量，更好地发挥博士宣讲团思想政治引领作用。

二是加强团建交流，积极组织运动比赛。大多数成员对体育运动兴趣浓厚，通过齐心协力的运动赛，增强大家的体魄健康，丰富课余生活。

三是组织素质拓展活动，增强团队协作默契度。在条件允许的情况下，集体前往专业场地开展如风雨绳桥、高空天平、手吊环桥等素质拓展活动。

四是组织红色研学，提高政治站位。共同学习习近平总书记重要讲话精神，组织各成员以此为契机加强交流，对宣讲团的建设发展提出意见建议。

五是组织与其他单位宣讲团交流，开门做宣讲。以青年之声行讲学相长之事，高校宣讲团各具特色，各有所长，定期开展交流活动，努力做到全面掌握习近平总书记重要讲话精神的丰富内涵和核心要义，真正成为新时代新思想的领讲人。

（七）坚持不懈加强组织建设

中国农业大学博士生宣讲团实行导师负责制，根据工作需要，设立宣讲部、教研部、媒体联络部门。各部门分工鲜明，宣讲部门主要负责宣讲工作、宣讲后的日常宣传报道工作以及加强与其他高校、媒体的沟通联系；教研部门主要负责根据上级要求研讨宣讲重点、制定宣讲计划以及新晋讲师的培训工作；媒体联络部门主要是负责与校内的二级党支部的对接工作、与校外企业和社区的联系以及协助讲师制作宣讲视频和短片。依托中国农业大学党委研究生工作部，成立了中国农业大学博士宣讲团临时党支部。

博士宣讲团临时党支部是功能性党支部，具有教育管理党员的职能，但不发展党员，不选举党代表，不收缴党费，不涉及党组织关系转接。其职责主要是在进行思想政治引领和服务各项宣讲活动中发挥“战斗堡垒”作用，通过加强组织建设不断加强博士宣讲团的组织力和凝聚力。主要运转机制包括“三会一课”、党日活动和民主生活会等组织生活制度，对支部党员进行政治理论学习教育、党章党规党纪教育、党史学习教育、形势与政策教育、知识技能教育等，实现学习教育常态化、管理服务精细化、工作机制体系化和阵地建设规范化。

四、工作成效

一是实现体系创新，坚持一根主脉两方建设四角发力。四维耦合讲学体系的建构遵循“一根主脉两方建设四角发力”的基本思想，体系建构完整，遵循马克思主义哲学中的联系观原理、认识论原理、矛盾论原理和辩证否定观原理，实现了全领域覆盖、全方位统筹和全流程反馈，能够较好地将宣讲过程中的“学—讲—思—管”相统筹，实现宣讲各层面之间的良性互动。

二是实现应用创新，构建广泛适应跨学科跨专业组织模式。宣讲团成员往往来自不同学科不同专业，有着差异化的专业背景，四维耦合讲学体系拥有充足的弹性，能够为不同学科领域的团员提供统一的学习实践平台与展示平台，充分彰显学科交叉与融合的综合优势，进一步增强宣讲团的覆盖度与综合实力。

三是彰显学科特色，博采众长，弘农强农。中国农业大学博士宣讲团四维耦合讲学体系始终紧扣弘农爱国、强农兴农的使命，不断彰显以农为主题和优势的特色，中国农业大学博士宣讲团融会贯通，将农业、农村、农民的发展与治理故事带给受众，将农大强农兴农的百年坚守和曲周精神同世界分享。

成立以来，中国农业大学博士宣讲团始终坚持“学以致讲、讲学互动、以讲促学”的宣讲目标，争做理论宣传的“扩音器”、青年视野的“传声筒”、时政热点的“翻译官”，一心一意奉献具有时代感、实效性和号召力的优质宣讲，始终传递胸怀“国之大者”的志气、赓续创新的锐气和蓬勃向上的朝气。

（王凯歌，马宇浩，冯金璐，贯玉姣，安倩仪，高雅罕，蒋晓彤，李璐璐）

党员的权利
党员的义务
入党誓词
古生村科技小院——面源污染和水问题

立足专业宣讲理论　声动法心传播信仰

——复旦大学法学院习近平法治思想宣讲团的实践探索

一、基本情况

2020年11月16日至17日，党中央首次提出并系统阐述了习近平法治思想。在学校、学院的大力支持下，复旦大学法学院习近平法治思想宣讲团于2020年12月3日成立，是全国高校最早成立的习近平法治思想学生理论宣讲团之一。宣讲团依托复旦大学博士生宣讲团平台，扎实组织根基建设，创新理论宣讲模式，致力于“培养一批讲师，筹建一批课程，开展一批宣讲”，积极引导法学院学生投身理论宣讲和普法宣传服务。

成立以后，复旦大学法学院习近平法治思想宣讲团经过三次招新和培养，有讲师31人，其中博士生5人，硕士生23人，本科生3人。宣讲团在课程建设中，坚持“政治性”“专业性”和“群众性”相结合的原则，努力打造一批“政治站位高、专业基础牢、受众听得懂”的精品课程。坚持“三轮建设”的原则，坚决把好课程的政治关、专业关和群众关。成立后，宣讲团先后进行了三次集中建课。其中，第一轮建设共建设课程17门，涉及百年党史篇、习近平法治思想基本制度篇、《民法典》篇、国际视野篇四大板块。第二轮新建课程13门，涉及宪法知识宣讲、红色经典案例、《民法典》知识宣讲等多个专题。经第三轮课程清理和更新，宣讲团共有课程33门，涵盖习近平法治思想、新时代法治成就、二十大精神学习、校纪校规等模块，课程结构合理，力求内容上“冒热气”，积极回应新时代的新任务、新形势和新要求；语言上“接地气”，让理论宣讲引起听众思想上的同频共振；成效上“聚人气”，注重互动交流，在常态宣讲中不断精进，把宣讲过程中的好成果、好经验、好做法予以总结沉淀。

二、案例背景

伟大思想领航伟大征程。党的十八大以来，全面依法治国取得了历史性的成就、发生了历史性的变革，其中的重大理论创新成果是形成了习近平法治思想，并将此确立为全面依法治国的根本遵循和行动指南。党对全面依法治国的领导也在依法治国进程中更加坚强有力。

法治兴则国家兴，法治强则国家强。如何加强习近平法治思想的研究与运用，复旦大学法学院师生自觉重担在肩。在这样的时代背景下，法学院习近平法治思想宣讲团秉承复旦大学博士生讲师团“学以致用双向增进，宣传理论服务社会”的宗旨，以习近平法治思想为理论宣讲重点，围绕党的创新理论思想、重要讲话精神、社会法治热点，广泛开展青年理论宣讲，形成以法学院专业特色为基础的学生理论宣讲团。在成立与发展的历程之中，宣讲团依托法学院专业学科优势，充分发挥研究生的理论特长和学生党支部的战斗堡垒作用，探索形成党建引领学科发展的新模式和法治护航时代新人培育的新思路。

三、主要做法

（一）优化组织架构，完善运行机制，将讲团打造成理论学习高地、精神传播阵地、人才培养基地

在宣讲团的核心架构与建团理念上，法学院习近平法治思想宣讲团坚持以讲师培养为中心，在法学院党委的具体指导下，坚持“分工明确、多方联动、条款结合、高效便捷”的组织架构原则，已基本形成并持续贯彻“一体、两翼、双指导、多矩阵”的建团基本理念。

一是坚持以学生骨干具体负责日常管理事务为“一体”。宣讲团下设团长一名，副团长三名，学生骨干之间既分工明确又密切配合，有力保障了讲团日常工作的有序开展和高效推进。二是坚持以法学院学工教师资源和专业教师资源为“两翼”。宣讲团充分利用学院专业学术资源，形成学工队伍与专业教师育人合力，聘请十名学院优秀教师尤其是青年教师，组建宣讲团专家库，对讲师及课程进行培养指导，严把宣讲团理论宣讲的政治关、专业关。三是坚持以法学院党委指导和学校博讲团指导为“双指导”。一方面，接受复旦大学博士生讲师团对宣讲团的指导、管理和监督。另一方面，宣讲团立基于学院，坚持法学院党委的具体指导，发挥好宣讲团作为法学院学生理论宣讲工作排头兵的作用。四是坚持以课程板块和具体宣讲任务为依据建构“多矩阵”。为充分发挥“以老带新”的经验优势，“以博士带硕士”的专业优势，宣讲团实行课程板块化管理，已形成“百年党史宣讲”“宪法知识宣讲”“《民法典》知识宣讲”“十

大红色经典案例”等特色课程板块，板块内选取政治素养高、专业知识强、宣讲经验丰富的讲师作为负责人，切实保障了板块课程建设、宣讲的动态衔接。

（二）立足专业背景，狠抓课程品质，使宣讲在内容上“冒热气”、语言上“接地气”、成效上“聚人气”

宣讲团立足法学专业背景，积极回应新时代新任务、新形式和新要求，不断打磨课程品质，提升宣讲成效。在课程内容方面，对于重要时事热点，宣讲团组织精干力量成立理论学习和课程攻坚小组，提前谋划，周密部署，注重发挥集体力量，发掘党中央最新理论成果中的法学之声，以学促讲、以讲促思、以思促行。例如，在二十大召开前夕，宣讲团即提前组织专题建课小组，制定小组工作计划，任务分解落地，责任细分到人，确保在大会召开后第一时间建设出一批高品质二十大精神专题宣讲课程。二十大召开后一个月内，宣讲团分团即推出课程 5 门，已开展宣讲 17 场，覆盖校内外受众超 1400 人次。在课程语言方面，宣讲团立足基层实际，站稳人民立场，善用群众视角，在讲稿打磨上下足功夫，在互动环节上精心设计，力求将党的重要思想理论、国家法律政策安排讲得深入浅出，做到大众化、通俗化、便民化，让宣讲内容能听懂、可落实、受欢迎，不断推动理论宣讲成为交心谈心、答疑解惑、凝心聚力的过程。在宣讲成效方面，宣讲团把听众满意、学有所获作为检验宣讲成效的重要标尺，通过与听众的互动交流把问题摸实、把方向找准、把思路理清。宣讲团要求每次宣讲专人负责、小组跟进、集中反馈，通过问卷调查和电话回访等多种形式收集听众对所讲课程的建议，对标找差，精准发力。

（三）拓宽宣讲渠道，创新实践形式，让讲师在实践中学理论、在参访中悟思想、在服务中长才干

宣讲团多措并举拓宽宣讲渠道，积极推动理论宣讲与社会实践、志愿服务相结合。既在常态约课授课上下功夫，也在专项理论宣讲活动中出成绩。在宪法宣传周，宣讲团组织"'宪'在出发，与法同行"系列活动，通过校园普法微课与宪法专题宣讲课程，积极传播宪法精神和法治理念。在寒暑假，宣讲团依托学校社会实践平台，筹办组织大型返乡宣讲、返校宣讲，如2022年寒假组织开展"赤诚百年，声动法心"十九届六中全会精神与习近平法治思想返乡理论宣讲社会实践，召集38名学生宣讲人，在全国范围内开展37场理论宣讲，覆盖16个省份，服务1800余名听众，将党的最新理论成果传递到千家万户。

同时，宣讲团积极对接上海红色资源，多次组织集体研学参访活动，专题学习上海革命历史特别是党中央在沪12年的光荣历史，围绕以伟大建党精神为源头的精神谱系积极开展学习、研究和宣讲活动，将党史专题课程建好讲活，引导宣讲受众尤其是青年一代深刻感悟党的百年历程，奋斗何其艰难、经验何其宝贵、精神何其崇高。

四、工作经验

在推进习近平法治思想进学院、进社区、进街道的过程中，不断反思、不断提炼、不断总结。宣讲团在近两年的磨合与发展中，既注重拓宽宣讲的外部边界，又讲求不断推进宣讲团自身的理论探索深度。

（一）以习近平法治思想为魂：坚持理论宣讲与思政教育相结合

在万众宣讲的时代背景下，"学以致用、双向增进"是学生理论宣讲团的建团初心，"理论宣讲与思政教育相结合"是其目标取向。一方面，应当通过理论宣讲积极引导青年学生深入社会、了解社会和服务社会，另一方面，应当通过理论宣讲服务激发青年学生深入理论学习的积极性、主动性，做到主动学、坚定信、生动讲。学而讲之，讲而习之，争当党的创新理论传播者。习近平法治思想立足新时代的历史方位、基本国情和国际环境，立时代之潮头、发时代之先声，科学回答了新时代中国法治建设走什么路、向哪里走、实现什么目标以及怎么实现目标等根本性问题。对于法学专业而言，习近平法治思想是贴近学生实际的宝贵思政资源，亦是习近平法治思想宣讲团对外宣讲的核心主题。习近平法治思想宣讲团以习近平法治思想为魂，通过理论宣讲，充分利用好习近平法治思想这一思政资源，强调专业学习与理论宣讲相结合，理论宣讲与思政教育相结合，凸显专业特色、思政特色，实现学思用贯通，知信行统一。

（二）以高质量精品课程为体：坚持双把关与双提升相结合

课程是宣讲团对外提供“公共产品”的核心载体，而课程质量是决定宣讲成效的根本要素。课程质量的评价应当包含两个维度：其一，基础维度，核心评价要素包括课程的政治性和专业性；其二，高阶维度，核心评价要素为课程的群众性。在基础维度上，宣讲团充分调动学院专业教师资源、学工教师资源、老讲师和博士研究生资源，形成资源合力，通过矩阵式的课程建设模式，通过三次集中课程建设，老讲师和博士研究生把关、学工教师把关以及专业教师把关三轮把关，确保课程“政治站位高、专业基础牢”。在高阶维度上，宣讲团坚持“以老带新”“以博士带硕士”，坚持“建设好一批时代新课程、传承好一批精品老课程”。在新课建设上，宣讲团坚持面向群众所需、实践所需和时代所需筹备新课，先后结合《民法典》《未成年人保护法》《宪法》等主题筹建一批受众喜闻乐见的课程，结合百年党史、党的十九届六中全会以及党的二十大等主题筹建一批时代所需的课程。在老课传承上，对于课程质量高、受众反映好、传承价值高的老课，宣讲团推出课程传承计划，实现老讲师带新讲师，新讲师继承和发展老课程的模式，实现高质量精品课程的持续供给。

（三）以多元化宣讲形式为形：坚持传统宣讲与创新形式相结合

不断创新宣讲形式，理论宣讲才能具有源源不断的生命力。除了传统“讲师备课，听众点播”宣讲模式，宣讲团积极依托学校、学院提供的各种平台资源，实现宣讲形式的创新，育人功能的整合。一方面，充分整合学校、学院党团资源，实现宣讲团与党支部、团支部课程共建，做到“习团领学、党团自学、宣讲促学”，另一方面，充分整合学校、学院社会实践等支持平台，实现“理论宣讲＋实地参访”“理论宣讲＋社会实践”，从单向宣讲转变为双向交流，从书斋课堂走进实景实地，从校园阵地拓展社会讲堂，推进“沉浸式”宣讲、“互动式”宣讲、“融合式”宣讲。与此同时，在服务形式上，宣讲团坚持线下线上相结合、推进课程走出学校、走进院系街道社区。根据实际需求，提供线上、线下以及线上线下相结合的授课形式。

五、工作成效

复旦大学法学院习近平法治思想宣讲团通过近两年的探索、反思与总结，已经形成了队伍质量与宣讲质量同步提升的良性循环，宣讲的吸引力与影响力也得到了扎实的提升。截至 2022 年 11 月，宣讲团讲师已在校内外宣讲课程超过 100 场，授课对象涵盖复旦大学法学院、经济学院、环境科学系、国际文化交流学院、药学院、工研院、材料系、计算机学院、信息工程学院等学院本科生、研究生党支部、党章学习小组、团校学生，以及校外民星一村社区、江湾城街道湾谷园区、黄浦区新文明实践中心、东明路街道团工委、天坪街道社区、芷江西路街道社区居民，听课人次超过5000。与此同时，宣讲团始终活跃在校内外法治宣传前沿，通过校、院两级平台，参与街道和社区活动，所开展的各项普法宣传与习近平法治思想宣讲活动都取得了较好成果。

（徐仁进，李　誉，吴　昱）

復旦大學法学院
习近平法治思想宣讲团

复旦大学法学院
习近平法治思想宣讲团

立足学科使命　发挥专业特长
讲好政治学中国故事

——复旦大学国际关系与公共事务学院“国箴务实”讲师团的实践探索

一、基本情况

“国箴务实”讲师团成立于2020年11月，是一支由复旦大学国际关系与公共事务学院（简称国务学院）研究生党员、入党积极分子和入党申请人组成，得到学院分党委支持，立足政治学大类专业的学生理论宣讲团。讲师团的前身是国务学院2018级硕士生党支部组建的党课宣讲队。2020年11月，为响应“四史”教育活动，贯彻落实党的十九届五中全会精神，国务学院2019级硕士生党支部将党课宣讲队扩建为“国箴务实”讲师团。

“国箴务实”讲师团秉持“以学为先、以讲促学、讲学相长”的宣讲理念，在学深悟透的基础之上，开发具有政治性、专业性的系列党课。

组织架构上，“国箴务实”讲师团实行“双导师”制，设有思政指导老师和专业指导老师各一名，保证课程的政治性与专业性。成员构成上，讲师团由运营团队、讲师团队两部分组成，设团队负责人一名负责管理团队日常工作。运营团队下设财务组、宣传组和课程运营组三个小组，协助团队负责人开展后勤保障工作；讲师团队由研究生中的党员、入党积极分子和入党申请人组成，并准备吸纳符合条件的本科高年级学生加入。

“国箴务实”讲师团自成立至2023年，累计发展讲师38人；累计开设课程39门，涵盖党史校史教育、政治学类、公共管理类、国际政治类等多个主题；在学校内外接受约课12场次，服务听众约500人次，累计授课时长约30小时。2022—2023学年秋季学期，“国箴务实”讲师团共发展两批次、14名讲师，覆盖硕士、博士等不同培养层次；开设15门课程，包含二十大精神宣讲、党史校史教育、大国外交等主题。

二、案例背景

2020年10月，党的十九届五中全会在北京胜利召开，在全会发布的公报中提到“坚持马克思主义在意识形态领域的指导地位，坚定文化自信，坚持以社会主义核心价值观引领文化建设，加强社会主义精神文明建设，围绕举旗帜、聚民心、育新人、兴文化、展形象的使命任务”。

复旦大学国际关系与公共事务学院前身是1923年建立的复旦大学政治学系；1964年，经中共中央批准成立国际政治系，成为新中国最早设立的三个国际政治系之一。国务学院拥有国家哲学社会科学创新基地、国家网信办和教育部共建的网络安全和治理基地、上海市智库等重要科研基地，同时也是全国公共管理硕士（MPA）专业学位首批培养机构之一。学院始终坚持“卓越为公”的教育理念，注重培养学生的全球视野、国家意识和专业才能。

正是在这种环境的影响下，国务学院2019级硕士研究生结合专业所学，宣传党的政策方针，成立“国箴务实”讲师团，助力党的十九届五中全会精神落到实处。

三、主要做法

为宣传贯彻党的二十大精神，落实《中共中央关于认真学习宣传贯彻党的二十大精神的决定》的各项要求，践行“以学为先、以讲促学、讲学相长”的宣讲理念，讲师团在实际工作中，从以下三个方面，开展工作。

一是严抓入口，发挥专业优势。

严格招募标准。讲师团依托学院各研究生党支部，开展讲师招募工作。充分引导党员发挥模范带头作用，同时面向入党积极分子和入党申请人群体，遴选符合条件且志于宣讲的同学，讲师中党员比例为86%。入党积极分子和入党申请人也积极参与讲师团工作，其中一名讲师开设的“从《红星照耀中国》看中国共产党为什么行”在第五届上海市高校学生理论宣讲微课程比赛中被评为复旦大学校内赛二等奖。

这一方面保证了讲师的基本理论素养，另一方面也打破了其他学生社团通常存在的人员流动性大的问题，稳定了讲师选拔的“基本盘”。从2020年成立以来，讲师团成员在团时间均超过一年，保证了宣讲工作开展的稳定性。

发挥学科优势。国务学院拥有政治学（A+）和公共管理（A-）两个国家A类学科，是国家“双一流”学科建设单位。

讲师团的讲师均来自政治学专业以及相关的公共管理专业、国际政治专业，有扎实的基本功，具备全球视野和国家意识。在开展理论宣讲时，能够从政治学理论视角出发，将党治国理政的智慧与当下的社会实际相结合，宣讲马克思主义中国化、时代化的最新成果。讲理而不脱离实际，论事而不囿于眼前。借用学科知识，将党的理论娓娓道来；通过理论宣讲，加深理论学习和专业知识学习，切实做到以讲促学。在课程设置中，本团队开设有"'探秘'数字政府，感受'上海温度'""新时代中国意识形态安全：挑战、机遇与我们能做的工作""十八大以来中国国际规范的传播路径与成效"等一系列立足专业、展现国家治理体系和治理能力现代化进程的课程。其中，开设"新时代中国意识形态安全：挑战、机遇与我们能做的工作"课程的讲师成为国务学院国际关系专业博士，正在从事有关研究。

二是反复打磨，严把课程质量关。

加强理论培训。为了讲透理论、让宣讲更生动，讲师团重视对于讲师的培训工作。讲师需要接受党支部开展的至少两次培养教学活动，提升讲师理论素养。

保障课程质量。为保证课程质量，从课程设计到上讲台，讲师团提出反复打磨的"六步走"流程，严把质量关。

第一步：讲师结合党的理论、时事与个人专业兴趣，需拟定课程题目及大纲，提交团队指导老师审核。

第二步：指导老师就题目的政治性、趣味性，课程框架的完整性、逻辑性等提出意见。

第三步：讲师根据意见修改、调整课程设计，开展课程讲稿的撰写工作，并制作展示材料。

第四步：当讲师准备完全后，运营团队会组织团队内部试讲。邀请如研工组长、团队指导老师、复旦大学博士生讲师团的金牌讲师等作为点评嘉宾，全方位、多角度对课程内容开展评估，并提出修改意见。

第五步：试讲结束后，讲师根据试讲意见再次完善材料，形成完整的讲稿和 PPT，并提交至课程运营组。

第六步：由指导老师再次把关。内容无误后，课程即可上线接受预约。

整个备课流程，历经四次审核、四次修改。多重把关打磨，保证了课程的优良质量。

三是规范运营，开拓宣讲新局面。

完善组织架构。为确保讲师有足够精力投入课程建设，讲师团成立运营团队，专门负责维持社团日常运营和推广相关课程。运营团队下设财务组，由专人分管账目，做到团队负责人与团队资金分离，保障团队收支公开透明。运营团队还设有宣传组，通过多渠道宣传和推广讲师课程，提升理论宣讲的主动性。此外，运营团队中设立课程运营组，发挥串联作用，协助团队指导教师统筹组织备课各环节的工作，确保课程按时上线。讲师团负责人在日常工作中指导讲师团队和运营团队，协助指导教师开展各项活动，将工作安排落到实处。

创新宣传形式。宣传组定期通过“复旦大学国务学院团学联”公众号和“复旦大学博士生讲师团”公众号，对讲师团课程进行介绍推广，并在培养教育、团队试讲等环节发布新闻稿，展现讲师团风采。

除了公众号推文，讲师团积极探索新的宣传形式。党的二十大后，讲师团结合二十大报告中提到的“新时代十年的伟大变革”以及“发展全过程人民民主，保障人民当家作主”等内容，策划拍摄系列“微党课”，依次展现青年学子眼中新时代十年的伟大变革。结合政治学等专业知识，宣传讲解党在二十大报告中提到的重要理论命题。坚持“四史”教育活动，讲透、讲好“四史”与中华民族发展史。以微视频等新的宣传形式，吸引更多听众，更好发挥青年在理论宣讲中的作用。

四、工作经验

一是明确课程的政治性。坚持课程的政治性是第一要务。通过设置思政指导教师、严把讲师入口关和课程质量关，保证讲师和课程能做到“两个维护”、捍卫“两个确立”、坚持“四个自信”。有关课程需要紧密围绕党的有关理论与方针政策，用生动形象的语言，将党的理论传播到广大青年群体中去。

二是保证课程的专业性。“以学为先、以讲促学、讲学相长”的基本要求在于“以学为先”。因此，做好理论宣讲首先需要讲师学透党的理论知识，将思想统一到党的政策上来。拥有政治学学科背景的“国箴务实”讲师团，希望发挥政治学学科特色，通过结合党和国家事业的政治理论宣讲，向听众传达，中国共产党治国理政的智慧是从中国实践提炼、升华的理论，是马克思主义中国化时代化的最新成果，是中国特色政治学理论体系的最新发展。

三是提升管理的规范性。课程建设不是一个人智慧的结晶，而是团队集思广益、通力合作的结果。明确成员分工，确立团队制度，保障团队中每名成员都能在自己的位置上发挥出最大的潜力。同时，还能够使各项举措制度化、体系化，确保讲师团工作的稳定性和规范性。

五、工作成效

讲师团成立以后，团队成员坚定理想信念，用行动将“以学为先、以讲促学、讲学相长”落到实处，取得一系列育人成果。团队讲师积极参与复旦大学博士生讲师团“研读新时代”微视频的录制，用自身亲历解读全过程人民民主、中国特色大国外交，累计点播量超 2 万；部分课程参加第五届上海市高校学生理论宣讲微课程比赛，获复旦大学校内赛二等奖。

团队成员将专业所学与理论讲解有机结合。日常学习过程中，积极学习政治学理论知识，结合现实生活体悟国家治理体系和治理能力现代化建设，用生动事例讲好党的政治理论。国际关系专业讲师结合自身研究内容，详细阐述新时代我国意识形态安全面临的风险，用鲜活的语言、身边的案例为听众讲解党有关意识形态安全的理论。

团队成员将党的理论内化于心、外化于行。时刻牢记习总书记对青年的嘱托，继续争做“有理想、敢担当、能吃苦、肯奋斗的新时代好青年”。

（朱　峰，赵晓惠，和学山，吴　婧）

用“芯”科普集成电路
全“芯”服务科技强国

——复旦大学微电子学院芯创讲师团的实践探索

一、基本情况

复旦大学是我国最早从事研究和发展微电子技术的单位之一。从20世纪50年代谢希德老校长筚路蓝缕开创新中国半导体物理学科开始，一批批复旦人肩负重大使命，扎根教学与科研一线，在推进技术攻坚克难的同时也着力培养面向新时代的集成电路领军人才。

为积极响应党中央“深入实施科教兴国战略、人才强国战略、创新驱动发展战略”的号召，积极发挥专业优势做好集成电路的理论科普宣传。复旦大学微电子学院芯创讲师团于2020年11月正式成立，是依托复旦大学微电子学院，以开展集成电路知识科普为主要方向，由学院教师和学生共同参与的公益团体。

芯创讲师团结合微电子学科特色，围绕集成电路的应用实践、人才培养、行业发展搭建了科普篇（何为芯片及应用）、发展奋斗篇（中国半导体发展史，含复旦微电人的奋斗史）、国际技术篇（全球集成电路的技术发展）、产业篇（集成电路的产业风云）四大系列主题课程。2023年，讲师团有教师讲师18名，学生讲师40名，累计开展宣讲活动40余次，与校外多家单位组织建立合作关系。讲师团设学生团长一人，学生副团长两人，负责讲师团日常运营与制度建设工作。根据实际工作需要，讲师团内设立了组织建设、课程管理、宣传研究三个部门，负责内部培训、课程管理、主题宣讲、外联实践、宣传研究等工作。

二、案例背景

2019年8月，中共中央办公厅、国务院办公厅印发实施《关于深化新时代学校思想政治理论课改革创新的若干意见》，强调坚持思政课建设与党的创新理论武装同步推进，全面推动习近平新时代中国特色社会主义思想进教材进课堂进学生头脑，把社会主义核心价值观贯穿国民教育全过程。2020年1月8日，在“不忘初心、牢记使命”主题教育总结大会上的讲话中，习近平总书记强调，“要把学习贯彻党的创新理论作为思想武装的重中之重，同学习马克思主义基本原理贯通起来，同学习党史、新中国史、改革开放史、社会主义发展史结合起来，同新时代我们进行伟大斗争、建设伟大工程、推进伟大事业、实现伟大梦想的丰富实践联系起来”。

党的十八大以来，以习近平同志为核心的党中央坚持实施创新驱动发展战略，把科技自立自强作为国家发展的战略支撑，多次强调要把关键核心技术掌握在自己手中，只争朝夕地突破集成电路等领域的“卡脖子”问题。2020年7月，国务院印发《新时期促进集成电路产业和软件产业高质量发展的若干政策》，进一步优化集成电路产业发展环境，提升产业创新能力和发展质量。2020 年 10 月，党的十九届五中全会提出，坚持创新在我国现代化建设全局中的核心地位，把科技自立自强作为国家发展的战略支撑。2021 年 12 月，《“十四五”国家信息化规划》指出，要推动完成信息领域核心技术突破，加快集成电路关键技术攻关，推动计算芯片、存储芯片等创新，加快集成电路设计工具、重点装备和高纯靶材等关键材料研发，推动绝缘栅双极型晶体管（IGBT）、微机电系统（MEMS）等特色工艺突破。2022 年 10 月党的二十大报告也明确指出，“必须坚持科技是第一生产力、人才是第一资源、创新是第一动力，深入实施科教兴国战略、人才强国战略、创新驱动发展战略”，“加快实现高水平科技自立自强。以国家战略需求为导向，集聚力量进行原创性引领性科技攻关，坚决打赢关键核心技术攻坚战”。

在国家战略有需求、学院发展有实力的背景下，复旦大学微电子学院积极组织筹建芯创讲师团，以实际行动服务国家战略、服务社会需求。讲师团力求以中国芯筑中国梦，帮助校内外师生、社会群体特别是青少年熟悉集成电路知识，了解国家集成电路发展战略，进而吸引更多人才主动投身集成电路领域。讲师团在学院指导下不断发展，旨在让集成电路知识进高校、进社区、进中学，此外还积极开展西部公益科普支教以及产业沙龙等特色实践。

三、主要做法

在两年多的发展里，芯创讲师团始终以培育优秀的讲师团队、提升课程质量为核心，用“芯”科普集成电路产业发展，吸引更多人才集聚和关注集成电路领域，服务国家科教兴国战略。

第一，凝聚学院合力，搭建优质导师团队，夯实课程质量。为深入贯彻落实习近平总书记重要指示精神，加快推进集成电路人才培养和产业发展，学校组织微电子学院与上海国盛集团、上海市科学技术协会通力协作，利用各自在技术研究、人才培养、科普宣传等方面的优势，组织动员 18 位骨干教师历时一年多，精心编著了国内首套系统介绍集成电路全产业链的科普丛书《“芯”路丛书》。丛书共 6 册，约 60 万字，以适合中学生阅读的经典科普读物为定位，发挥启蒙教育作用。该套丛书是芯创讲师团的专业科普参考教材。

讲师团包括导师宣讲团和学生宣讲团两部分。《“芯”路丛书》作者团队全部加入芯创导师宣讲团，同时也兼任学生宣讲团的指导老师，主要面向校内外大师论坛、企业单位大规模邀约以及内部培训开展宣讲科普。学生讲师团通过从校内有志于专业科普的本科生与研究生中公开遴选的优秀骨干组建而成，主要面向校内各院系、其他高校、中学、社区街道等组织开展不同层次、不同形式的科普宣讲。

讲师团以自主、合作、探究的模式开展自主备课与集体备课，结合课程体系与个人兴趣开发课程。一堂完善的科普宣讲会先后通过学院内部的试讲打磨、丛书作者和学科专业老师的内容指导，在针对性的内容得到完善后才能开放预约并对外宣讲。宣讲团会及时跟踪收集课程评价与反馈，建立完善的课程评价体系，不断选拔优秀讲师，组织内部研讨学习，不断提升课程质量、增加宣讲趣味性，力争为受众提供更高质量的科普内容。

第二，融合学科特色，服务集成电路人才培养。习近平总书记在二十大报告中强调，实施科教兴国战略，强化现代化建设人才支撑。教育、科技、人才是全面建设社会主义现代化国家的基础性、战略性支撑。芯创讲师团在进行专业科普的同时融入专业知识转化，学院也会组织讲师实地参访交流学习，增强专业认同感，增强科研报国的理想信念。讲师团在开展集成电路知识进中学、到西部等活动时引导广大青少年了解集成电路的发展历程，感受集成电路的重要性，认识到我们面临的“卡脖子”问题，引发对集成电路的感性认识和思考，播撒兴趣的种子，吸引他们立志投身集成电路领域，为微电子学科源源不断输送可造之才。在开展科普出校园、进社区的系列活动时，讲师团则以吸引更多优秀社会人才向集成电路产业集聚为核心开展针对性宣讲。在线上线下扎实开展宣讲工作的同时，讲师团也积极利用公众号、视频号等多种形式进行自媒体宣传推广，实现社会服务效应最大化。

第三，做好行业科普，回应社会关切。近几年，伴随着中美贸易摩擦，集成电路发展成为社会舆论焦点，也成为科技强国的重要发展领域。芯创讲师团课程内容围绕集成电路应用实践、技术发展、人才培养、行业发展搭建了科普、发展奋斗、国际技术、产业四大主题课程，通过专业科普宣讲，做好科学引导，回应社会关切，努力成为科技强国战略宣传载体。

四、经验启示

一是要学院协同，做好讲师团队梯队化培育。学院党委积极动员学院最优秀师资队伍通过多轮研讨和行业调研，凝聚学院合力编著《“芯”路丛书》集成电路专业科普教材，积极依托芯创讲师团为科普宣讲载体，做好专业知识和行业动态科普，做好导师宣讲团队和学生宣讲团队的梯队化培育，做好宣讲服务的社会化评价，及时完善讲师专业化科普能力和课程质量建设。

二是融入人才培养，推动学科建设。芯创讲师团课程内容围绕集成电路应用实践、技术发展、人才培养、行业发展、应用实践搭建了系列主题课程，讲师团队可以在宣讲过程中进一步做好专业知识转化应用，也可以更好引导青年学子树立科研报国的理想信念，培养具有国际竞争力的青年科技人才后备军，努力培养和加速积聚国家战略人才力量，从而推动高校自身集成电路人才培养和学科建设，把发展科技第一生产力、培养人才第一资源、增强创新第一动力有机结合起来。

三是勇担社会使命，与时代同频共振。在国家大力发展集成电路产业的时代背景下，芯创课程内容将紧密结合集成电路发展的国际背景和技术前沿，课程内容会融合国际国内的大背景和时政热点，做到课程内容紧跟时代前沿和技术趋势，引导更多社会群众了解集成电路发展战略，引导更多青年学子投身国家集成电路发展战略，同时积极主动回应社会对集成电路产业发展热点的关切。

五、工作成效

两年多来，芯创讲师团用“芯”科普集成电路产业发展，全“芯”服务科技强国战略理论宣讲，致力于针对校内外师生、中小学校青少年、社会群体等不同受众人群，分层次开展科普宣传、兴趣培养、科研攻关、产业发展等形式的活动，全方面展示集成电路发展历程和前沿动态，让社会各界都更加清楚地了解中国集成电路产业的艰辛奋斗历程，更加严肃客观地认识到当前产业面临的严峻挑战，更加深刻地感受到一批批微电子人在党的领导下为攻坚克难不懈奋斗的拼搏精神。

两年多来，芯创讲师团与上海国盛集团、上海图书馆、上海科学普及出版社等多家校外单位，与上海复旦附属中学、上海中学、上海南洋模范中学等多所重点高中，与浦东新区张江镇文明办等多个街道和党群服务中心开展常态化合作，在复旦大学各院系、党团支部、党小组以及社会组织中都收获了良好反响。芯创讲师团成员先后荣获2020—2021年度浦东新区张江镇优秀志愿者、2021年度复旦大学博士生讲师团四星级分团等多项荣誉。2022年先后参与复旦大学、上海国盛集团和上海市科学技术协会联合举办的《“芯”路丛书》发布会暨集成电路创新发展与青年人才培养研讨会、参与上海图书馆和上海科学普及出版社举办的集成电路产业发展历程专题科普分享会议，同时亮相由上海科学普及出版社在上海书展举办的专题讲座报告会等相关活动。

（孙晓雷，尹　娜，郑叶萍）

循“环”之声 “境”待未来

——复旦大学环境科学与工程系 BEAD 水滴宣讲团的实践探索

一、基本情况

2019 年，为了顺应我国环境科学和大气保护事业迅猛发展的需要，以实际行动贯彻落实习近平生态文明思想，在复旦大学环境科学与工程系党委的大力支持下，环境科学与工程系及大气与海洋科学系筹建 BEAD 水滴宣讲团，组织研究生走出实验室，结合自己的环境专业所学进行知识宣讲。BEAD 水滴宣讲团，取名自 Be Environmental and Atmospheric Disseminator，意为环境与大气知识的传播者。宣讲团成员积极学习领会党的重要会议精神，用理论武器武装自身，关心国家生态文明建设领域的最新方针政策，既拥有国际视野和胸怀，又深耕中国环境问题，将环境专业知识科普、生态文明建设的人文关怀以及正确价值观的引导相结合，广泛开展习近平生态文明思想理论宣讲，普及节能减排绿色低碳生活理念，像小水滴一样，坚持不懈地在学思践悟中坚定理想信念，贡献复旦环境人的青春力量。

经过讲师自行申报、讲课架构搭建、专业教师把关、系内组织试讲等数轮准备，至2023年，BEAD水滴宣讲团已正式推出16门课程：介绍减少垃圾5R原则、手把手教学有趣零废弃体验的“从垃圾到减废”；深入分析建筑“绿色之道”的“可持续发展——绿色建筑”；以生动案例介绍日常现象的“体感温度极值变化及其影响”；通过互动游戏讲述生活垃圾分类现状及垃圾处理等问题的“我们与垃圾”；剖析中国在世界舞台上为环境保护和大气保护事业作出贡献的“重信守诺，大国担当”；介绍碳循环基本原理与机制并以一天生活举例的“碳循环与碳足迹”；讲述光与生活密切关系的“光的AB面”；讲述台风结构发展、路径强度、气候变化以及减轻灾害方法的“台风科普”；讲述生态文明建设与校园生活的“绿色校园行，我们在路上”；传递可持续膳食观念的“星球健康与营养膳食”；介绍双碳目标与政策背景的“一‘碳’究竟：‘双碳’与我们的未来”；科普碳排放的环保和贸易问题的“中国碳中和大计将怎样影响这代人的生活与工作”；介绍中国特色现代化气象建设过程的“新中国的人民气象发展史”；介绍苏州河华丽变身城市“生活秀带”的“从苏州河治理看上海城市生态建设”；引入人民城市理念展现城市公园建设的“推进上海公园城市建设，绘制绿色人民城市画卷”；展现绿水青山引领高质量发展的“‘两山论’引领经济建设和绿色发展并行”。

二、案例背景

生态兴则文明兴。党的十八大以来，以习近平同志为核心的党中央谋划开展了一系列具有根本性、长远性、开创性的工作，推动我国生态环境保护乃至生态文明建设从实践到认识发生了历史性、转折性、全局性变化。党的十九大对坚决打好污染防治攻坚战作出重要部署。2018 年，习近平总书记在全国生态环境保护大会上提出“绿水青山就是金山银山”；《十九届五中全会公报》明确提出，到 2035 年，我国要广泛形成绿色生产生活方式，碳排放达峰后稳中有降，生态环境根本好转，美丽中国建设目标基本实现。党的二十大报告指出，“我们要推进美丽中国建设，坚持山水林田湖草沙一体化保护和系统治理，统筹产业结构调整、污染治理、生态保护、应对气候变化，协同推进降碳、减污、扩绿、增长，推进生态优先、节约集约、绿色低碳发展”。大自然是人类赖以生存发展的基本条件。尊重自然、顺应自然、保护自然，是全面建设社会主义现代化国家的内在要求。必须牢固树立和践行绿水青山就是金山银山的理念，站在人与自然和谐共生的高度谋划发展。

为进一步宣传习近平生态文明思想，BEAD 水滴宣讲团探索形成“学以致讲—以讲促学—讲学相长”的宣讲育人理念，组织讲师结合自身环境专业背景，围绕时事政治、环境热点开展专题宣讲，实现专业知识“遍地开花”、理论宣讲“精准滴灌”、跨学科交流“和声共振”。宣讲团立足校园、面向上海、辐射全国，依托环境专业背景，开设地球健康、生态系统等多方位课程，广泛传播环保理论知识，普及节能减排绿色低碳生活理念，满足广大高校师生、中小学和社区基层群众的学习需求。基于现实需求，宣讲团不断拓宽宣讲思路、创新宣讲方法、提升宣讲能力，努力扩展 BEAD 水滴宣讲团的品牌影响力。

三、主要做法

一是坚持学思践悟：理论与实践并重，科教与人文兼顾，

在学与讲、知与行中彰显复旦环境学子的青春风采。BEAD水滴宣讲团的活动开展包括前期理论学习与知识储备、主题选择与课程设计、课程试讲与评估、开展宣讲实践以及经验总结反思，宣讲团每名成员深入学习习近平生态文明思想，努力将理论思想与专业思想相结合，将自身学术思想转化为宣讲实践，在宣传实践中学思践悟，形成理论宣讲、学术科研与社会科普的良性互动。

二是强化使命担当：结合时事政治，根植环保理念，致力培养有理想、敢作为、肯担当的新时代环境新人。自成立以来，BEAD水滴宣讲团注重将习近平生态文明思想理论宣讲与环境专业知识科普有机结合，立足于新时代历史方位，把握时政热点，聚焦现实问题，选取“极端天气”“碳达峰碳中和”“乡村振兴”“大气污染防治”“人民城市建设”“两山论与绿色发展”等重点内容进行深入剖析，将环境领域相关知识同国家发展战略结合起来，开阔学生的视野，理清学生的模糊认知，提高学生的思想认同，进一步让习近平新时代中国特色社会主义思想在青年心中深深扎根。例如，在福建省福州一中的宣讲中，宣讲团成员向学生传递“人民城市”理念，带动学生思考和感受人民城市建设中深切的人文关怀，启发学生在未来的生活中更加关心城市建设与社会发展，厚植生态文明的理念；在江苏省泗洪县魏营中学、湖北省麻城市张家畈中学等地，宣讲团围绕“乡村振兴”开展主题宣讲，结合当地发展现状与问题，引领学生对家乡建设进行思考与探索，助力青年学生树立起为祖国为家乡为人民不断奋斗的人生理想和家国情怀。通过线下宣讲，强化学生对习近平生态文明思想核心要义、精神实质、丰富内涵、实践要求的理解，有效提升了学生思政工作的时代感、实效性和感召力。

三是奋力开拓创新：扎根专业基础，发挥学科优势，探索多元、创新的宣讲内容形式和公众参与路径。BEAD水滴宣讲团针对不同的群体受众的特点，精心设计不同的课程内容，加强教育宣传成效。面对中小学生，宣讲团从营养膳食、空气质量、光的影响等日常生活中息息相关的各个方面出发，在宣讲习近平生态文明思想理论、科普环境专业知识的同时，激发学生的兴趣和活动参与的积极性，引导学生养成良好的生活习惯，从生活中的小事做起，为国家的生态文明建设作出贡献；面对高校师生，宣讲团宣讲“双碳”目标与国家发展、生态文明系列科普、美丽乡村建设等内容，让师生更加了解当前我国发展战略和生态文明建设成果，培养为国家社会发展进行服务建设的意识；进入社区基层，宣讲团围绕绿色生活、低碳出行、垃圾分类等主题向社区基层党员和群众传播绿色低碳生活理念，形成“党员带好头，群众共携手”的党群联动模式，积极为人居环境的改善和社区文化的建设增添力量。

四、工作经验

一是坚持拓宽宣讲工作做法，创新理论宣讲路径。宣讲团成员学习贯彻习近平生态文明思想，立足环境专业优势，将专业术语转化为浅显易懂或生动有趣的表达，形成科普性课程。将科普宣讲与实践调研相结合，打造“水滴中国行”品牌，讲师赴福州市、晋江市、杭州市、宿迁市及上海市内杨浦区、闵行区、宝山区等多个单位进行实践与宣讲。2020年在新冠肺炎疫情的影响下，BEAD水滴宣讲团拍摄了首部宣传视频，并为其中六位讲师录制线上授课视频，在腾讯“成长星球”平台上线，进一步丰富宣讲方式，扩大宣讲受众面。2022年以后，宣讲团十余名成员录制的“循环”系列宣讲短视频已形成微课程9期，宣讲群体覆盖高校、中小学、社区基层等千余人。BEAD水滴宣讲团通过线上与线下相结合、实践与宣讲并进的方式推进主题特色宣讲系列活动，既线下深入一线，打造互动链条，又线上横向拓展，广泛覆盖受众。

二是坚持打造环境特色品牌，理论成果多维普及。BEAD水滴宣讲团在致力于宣传习近平生态文明思想、传递环保理念、科普环保知识、助力环保活动的同时，形成理论宣讲、思政教育与知识科普的良性循环，将宣讲与实践相结合，带领大家亲身参与环境保护，用更多富有创意的方式实现环境友好的生活方式。水滴团组织“清新绿植、创意DIY”和“绿意讲师团”等活动，深入中小学与社区，寓教于乐，将习近平生态文明思想与环境领域的专业知识用通俗易懂的语言传播给社区民众，用实际行动耐心解答社区民众在现实生活中遇到的各类生态环境问题，帮助社会公众更好理解我国生态环境现状，真正将所学变为所用、将所思变为所为。

五、工作成效

经过三年多的发展，BEAD水滴宣讲团取得了卓越的成绩。

一是学思践悟，引领学生与国家未来发展同行。通过建课初期的数轮修改试讲，讲师不断打磨课程内容、丰富课程内涵、提升课程价值，做到了理论知识的落地、落实和落细；通过线下宣讲过程中的练习调整，讲师根据受众对象进行课程调整升级。在课程孵化到落地的过程中，真正做到了“学、思、用”

贯通，“知、信、行”统一，聚焦我国生态文明建设新的发展变化，更好引领学生与国家未来发展同向同行。

二是内容充实，打造了专业特色品牌。在已推出的16门课程既涵盖“碳排放”“碳达峰与碳中和”“垃圾分类”“星球健康与膳食”等时事热点，也包含“大国担当”“乡村振兴”“人民城市建设”“两山论与绿色发展”等时政热点，同时也有结合自身专业背景展开的“绿色建筑”“体感温度”“雾霾”“光感”“台风”等科普内容。水滴宣讲团的讲师既拥有国际视野，又深耕中国国情，将环境专业知识与习近平生态文明思想相结合，发挥学科间交叉优势，促进文理渗透、资源下沉。

三是受众广泛，宣传了环保绿色之音。自成立以后，水滴宣讲团力争做理论宣传的“扩音器”、青年视野的“传声筒”、时政热点的“翻译官”。累计推出16门课程接受预约，宣讲单位包含系党章学习小组、“绿水青山”基层团校、上海市杨浦区长海路街道、上海市包头中学、福建省福州一中、福建省英林中学、杭州市启正中学、腾讯“成长星球”平台、江苏省魏营中学等，讲师足迹遍布上海、重庆、江苏、福建、浙江等省份十余个城市，宣讲受众累计4000余人。

回望百年，青春向党。党的二十大报告指出“促进人与自然共生是中国式现代化的本质要求”，BEAD水滴宣讲团积极响应“喜迎二十大、永远跟党走、奋进新征程”的时代主题，致力于带领广大青年学子深入研究党的二十大对于生态环境保护的新部署新要求，以党的二十大精神为引领，提升社会关注，汇聚磅礴力量。未来我们将围绕党的二十大精神及习近平生态文明思想开设12门全新的课程，借助环境专业背景，在二十大新的历史征程的背景下，为建设美丽中国贡献力量。水滴宣讲团也会一以贯之地学习贯彻习近平生态文明思想，将传播环保理论知识，普及节能减排绿色低碳生活理念作为己任，发掘学科特色、擦亮品牌底色，聚焦我国生态文明建设新的发展变化，探索更具多样性、丰富性、创新性的活动，厚植生态文明理念，向社会传播环境之声。

（王　文，王静怡，韩艾曦，蔡钟瑶）

林太珏环境楼
复旦环境BEAD水滴宣讲团

复旦大学环境科学与工程系
BEAD水滴宣讲团
邮箱: clrj.orange@qq.com
谢谢！

“三力三集”青年宣讲培育模式

——复旦大学马克思主义学院望道师生讲师团的实践探索

一、基本情况

自 2019 年 12 月成立以来，复旦大学马克思主义学院望道讲师团依托学院学生党支部，通过党小组学习、集体备课、专家点评备课等形式，着力打造具有学科特色的品牌学生活动，以线上和线下约课的方式向复旦大学全体师生提供宣讲课程，加强全体学生的理论学习水平。讲师团管理组设有指导老师若干，学生团长 1 名，副团长 2 名，负责整体运营与统筹；设立组织、课务、培训、宣传、联络等部门，负责课程设计、讲课菜单管理、讲师的招募与各项技能培训、宣传联络等工作。

至 2023 年，望道讲师团共有 52 门可预约课程，学生讲师 56 名。除了常规课程外，望道讲师团为更好地将宣讲带入基层，满足校内外对国家重大会议精神、重要决策方针的学习需求，于 2020 年 11 月成立十九届五中全会精神师生宣讲团；于 2021 年 11 月成立十九届六中全会精神师生宣讲团；于 2022 年 10 月成立二十大精神师生宣讲团，成为复旦全校第一个由学院牵头成立的重大会议精神解读专题宣讲团。凭借马克思主义学院的理论资源与师资优势，望道讲师团围绕十九届五中全会、十九届六中全会、党的二十大等重大会议精神学习累计开展宣讲活动 90 余次，覆盖复旦大学 18 个学院、47 个团支部，与校外多个街道、党群服务中心开展常态化合作，得到复旦大学诸多学院、党团支部、党小组以及社会组织的良好响应。

二、工作背景

理论宣讲工作是党的宣传事业的重要组成部分，担负着理论普及、思想引导、凝聚共识的重要作用，是以生动实践传递红色精神的活动载体、运用习近平新时代中国特色社会主义思想铸魂育人的重要形式。2019 年 2 月，团中央下发《关于在全团实施“青年讲师团”计划的通知》，旨在选树一批政治立场坚定、理论素养较高、个人事迹突出、宣讲能力优秀的青年讲师，在全团范围内组建一支宣传习近平新时代中国特色社会主义思想和党的十九大精神的“宣讲轻骑兵”，推进马克思主义中国化时代化青年化，推动党的青年理论武装工作创新发展。2019 年 8 月，中共中央办公厅、国务院办公厅印发实施《关于深化新时代学校思想政治理论课改革创新的若干意见》，强调坚持思政课建设与党的创新理论武装同步推进，全面推动习近平新时代中国特色社会主义思想进教材进课堂进学生头脑，把社会主义核心价值观贯穿国民教育全过程。坚持培养高素质专业化思政课教师队伍，积极为这支队伍成长发展搭建平台、创造条件。坚持问题导向和目标导向相结合，注重推动思政课建设内涵式发展，全面提升学生思想政治理论素养，实现知、情、意、行的统一。正是在这样的背景下，复旦大学马克思主义学院望道讲师团应运而生。

复旦大学马克思主义学院作为全国首批重点马克思主义学院，具备全国高校思政课教师研修基地、教育部高校辅导员培训和研修基地、教育部师德师风建设基地、教育部中央统战部“中国特色社会主义统一战线理论研究基地”、全国高校思政课名师工作室、全国高校“思想道德与法治”教学创新中心等基地平台，承担着为全国高校培养优秀思政课教师的重任。2019年年末，复旦大学马克思主义学院紧密结合学院学科特色和专业优势，以习近平总书记关于教育的重要论述精神为指导，以满足学生成长成才的需求、培养思想政治理论课教师后备人才为价值导向，贯彻落实中办国办《关于深化新时代学校思想政治理论课改革创新的若干意见》，积极响应《团中央关于在全团实施“青年讲师团”计划的通知》号召，成立“复旦大学马克思主义学院望道师生讲师团”。考虑到研究生在深入课堂学习、扎实理论知识的基础上，普遍缺乏实际锻炼机制和平台的问题，望道讲师团创新工作思路、拓展资源平台，以复旦大学各个学生党支部、团支部、班级为平台，通过师生宣讲的形式，广泛宣传马克思主义中国化时代化的最新理论成果，搭建思想政治教育的第二课堂。

三年多的时间里，望道师生讲师团一方面致力于加强马克思主义学院研究生讲课实践能力，真正将课堂和书本所学的马克思主义理论知识转化为广大青年学生“听得懂、听得进”的课程，将研究生培养成能将马克思主义理论“说得出、讲得好”的优秀讲师，积累了丰富的工作经验，收获了一定社会反响；另一方面，将望道师生讲师团作为学院思政课的有效补充，反哺学校思政课建设，为马克思主义学院思政课圈层化教学增加了新的渠道。2022 年，是中国共产主义青年团成立 100 周年，也是我们党召开第二十次全国代表大会的重要时刻，复旦大学马克思主义学院望道讲师团望在上海全市的交流学习中反思总结成功工作经验，探索优化多元创新的宣讲机制，进一步发挥大学生理论类社团在思想引领、服务社会方面的先锋作用，以实际行动迎接党的二十大胜利召开。

三、做法成效

复旦马院望道讲师团通过两年多的磨炼与摸索，在大学生理论类社团宣讲工作中，逐渐形成了“三力”工作模式与“三集”备课模式。“三力三集”的工作与备课模式，是复旦马院望道讲师团经过不断精进与完善所打造的大学生理论类社团组织特色模式。其中，“三力”指的是凝结宣讲合力打造共建共育的培育模式、团结备课主力形成“三集三提”的备课模式、联结理论张力推进线上线下的宣讲模式。“三集三提”指的是集中研讨提问题、集中培训提素质、集中备课提质量的思政备课模式。

一是通过师生共建共育，凝结宣讲合力。望道讲师团坚持师生共建的理念，以复旦大学各个学生党支部、团支部为平台，分为学生讲师团与教师宣讲团。学生讲师团面向学生党团支部，教师宣讲团面向教师党团支部，分层次、分对象进行理论宣讲。望道讲师团坚持师生共育的原则。学生讲师与教师集中研讨，共同商讨课程选题，相互交流学习。学生讲师与教师集体备课，共同磨课试讲，实现经验交流。学生讲师向教师学习理论培训课程、演讲与口才培训课程、仪容仪态培训课程、办公软件制作课程，提高自身综合素质。通过“两共”培育模式，推动师生共同成长，打造可持续宣讲团队。

二是通过课程齐教齐学，团结备课主力。集中研讨提问题。师生讲师定期进行线下座谈会，持续深入学习习近平新时代中国特色社会主义思想，集中研讨课程选题与讲课思路。集中培训提素质。望道讲师团的讲师会定期参与教学技能培训、先进理论培训等相关培训课程，每次的培训都由专业的同辈讲师或青年教师主讲，提高讲师专业素质与技能。集中备课提质量。望道师生讲师团采取集体备课制度，通过小组备课、集体备课、试讲磨课、专家点评等形式不断提升课程质量，持续推出优质课程。通过“两集中”备课模式，充分运用马克思主义学院资源，打造金牌课程。

三是打通线上线下，联结理论张力。望道讲师团推行线上线下相结合的立体宣讲模式，集中宣讲与常态化宣讲同步推进。做实线下宣讲，做亮线上宣讲，线下宣讲精准发力，线上宣讲广泛传播，扎实推进理论学习与教育宣讲活动。尤其在2022年“保卫大上海”疫情防控战中，望道讲师团积极发挥理论堡垒作用，在校园封控的特殊局势下，组织“建团百年精神”主题宣讲课程，通过B站、腾讯会议等线上渠道，向青年学生直播理论课程，传递青年力量，鼓舞青年热情。通过“两渠道”宣讲模式，灵活创建宣讲情境，提高宣讲品牌度。

四、经验启示

（一）宣讲团队：构筑师生宣讲共同体，擘画理论学习同心圆

“指导教师—讲师”共同体是一种教育共同体，是指在“指导教师—讲师”互动过程中逐步形成的，在需要、意向和精神

意志上具有同一性，在交往、沟通和感情关系上具有协调性的有机体。这一共同体中，指导教师能够指导讲师精进课程，提高讲课能力；讲师能够不断吸收新的知识，积累经验。指导教师和讲师之间不是主客体关系，也不是“主体—主体”关系，而是主体间关系，双方以承认另一方存在、形成互动为前提，是“异质主体”。因此，指导教师和讲师之间能够形成良好的互动，实现经验的交流。同时，讲师本身作为课程内容讲解者，在“讲师—学生”之间实现角色的转换，在课程讲授过程中，将“指导教师—讲师”的语境在“讲师—学生”之间进行建构，将经验建立于实践基础上。

（二）宣讲内容：知识性价值性从小处着手，生活性生动性上大思政课

在“课程思政”理念下，讲师团课程设置在学科方面，涵盖了多个马克思主义理论学科，具有思想政治教育的含蕴，在此基础上，将知识性与价值性进行整合。一方面，课程内容具有一定知识性；另一方面，课程目的指向引导正确的价值观念，实现意识形态的传播，具有价值性。“课程思政”的理念不仅在讲师团课程中应有所体现，在其他各类课程中也应有所体现，甚至超越课程范围，让思想政治教育工作渗透到生活的方方面面。在强调各行业知识性的同时，基于中国社会的状况与条件，传播主流价值观。

（三）宣讲环境：拓宽宣讲场域，促进理论性和实践性的统一

2019 年 3 月，习近平总书记在学校思想政治理论课教师座谈会上强调，思政课改革创新“要坚持理论性和实践性相统一，用科学理论培养人，重视思政课的实践性，把思政小课堂同社会大课堂结合起来”。2021 年 3 月 6 日，习近平总书记在全国两会期间提出了“大思政课”的理念。强调“思政课不仅应该在课堂上讲，也应该在社会生活中来讲”，“‘大思政课’我们要善用之，一定要跟现实结合起来”。讲师团注重将校园内固定场域的小课堂与开放场域的社会大课堂结合，依据形势将现场宣讲与线上云平台结合，多次赴社区街道、中小学进行有针对性的课程宣讲，在教学互动中加深对社会不同群体的认知程度，在实践中提升理论水平与宣传能力，发挥教育者的主体间性和能动性，推动社会层面的党史学习教育氛围的形成。

（四）宣讲模式：开展可持续培育，杜绝“第一次宣讲”

在宣讲队伍打造方面，坚持广培养、严接收、可持续三大原则。讲师团队由马克思主义学院师生构成，要充分利用他们的理论知识与经验储备，广泛动员学生以“小而精”的专业选题打磨课程，吸收有课程、有想法的人员进入讲师团成为后备力量，打造高校学生上讲台的示范格局。对于尚未成熟的讲师，从备课、讲课等方面提供帮助，推进集体大备课的交流模式，增进预备讲师互动，避免未成型的课程出现“烂尾”现象。对于成熟的青年讲师，对其课程要在备课与讲课中多次进行打磨，做到精益求精，激发其主动性与积极性，打造精品课程，提高课程的辐射范围。

（郑银琪，邢　程，葛世林）

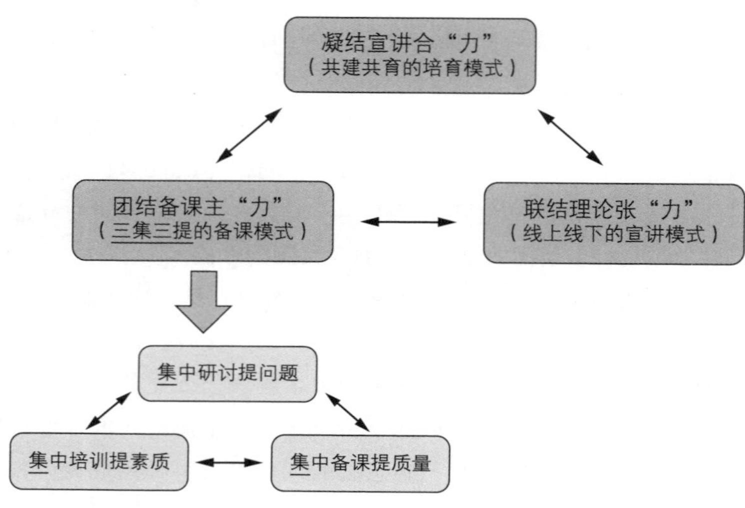
凝结宣讲合“力”
（共建共育的培育模式）
团结备课主“力”
（三集三提的备课模式）
联结理论张“力”
（线上线下的宣讲模式）
集中研讨提问题
集中培训提素质
集中备课提质量

复旦大学马克思主义学院望道学生讲师团成立大会暨第一次培训会

后　记

复旦大学博士生讲师团是国内最早成立的大学生理论宣讲团体之一。自2002年成立以来，复旦博讲团始终秉承“学以致用双向增进，宣传理论服务社会”的宗旨，积极打造复旦学子理论学习的精神高地和服务群众的思想阵地，形成深耕复旦、引领上海、辐射全国的格局和影响，成为高校大学生学习宣传党的创新理论的“现象级”存在。

2022年党的二十大胜利召开之际，恰逢庆祝复旦博讲团成立20周年，在中共上海市委宣传部、市教卫工作党委等部门的指导下，复旦博讲团依托上海市大学生理论宣讲联盟，成功举办大学生理论类社团宣讲工作论坛。论坛得到来自清华大学、北京大学等的全国近百家大学生理论类社团的鼎力支持，累计收到工作案例百余篇。11月29日，来自66所高校、90多家大学生理论类社团的师生代表500余人齐聚一堂，围绕如何讲好党的二十大精神、如何建好大学生理论类社团等议题，在交流研讨中碰撞思想火花、凝聚行动共识。

为了进一步互学互鉴、共担使命，打造大学生理论宣讲新格局，复旦博讲团坚持优中选优的原则，从论坛交流案例中精选出三十余篇集结成册，既是对复旦博讲团成立20周年的热烈庆祝和全国大学生理论宣讲工作的系统回顾，也期待总结凝练的工作成效和经验能够推动大学生理论宣讲事业继续出新出人出成效，让党的创新理论真正及时生动地飞入寻常百姓家。

编者
2023 年 4 月

图书在版编目(CIP)数据

青春之火与理论之光:新时代大学生理论宣讲社团工作案例汇编/复旦大学博士生讲师团编. —上海:上海人民出版社,2023
ISBN 978-7-208-18307-0

Ⅰ.①青… Ⅱ.①复… Ⅲ.①高等学校-思想政治教育-案例-汇编-中国 Ⅳ.①G641

中国国家版本馆CIP数据核字(2023)第087841号

责任编辑 刘华鱼
封面设计 一本好书

青春之火与理论之光
——新时代大学生理论宣讲社团工作案例汇编
复旦大学博士生讲师团 编

出　　版 上海人民出版社
(201101 上海市闵行区号景路159弄C座)
发　　行 上海人民出版社发行中心
印　　刷 上海商务联西印刷有限公司
开　　本 890×1240 1/32
印　　张 11.25
插　　页 2
字　　数 256,000
版　　次 2023年6月第1版
印　　次 2023年6月第1次印刷
ISBN 978-7-208-18307-0/D·4136
定　　价 65.00元